楞嚴大意

王永元 著

上海古籍出版社

图书在版编目(CIP)数据

楞严大意/王永元著. —上海：上海古籍出版社，
2020.6
（佛典新读）
ISBN 978-7-5325-9649-2

Ⅰ.①楞…　Ⅱ.①王…　Ⅲ.①大乘—佛经—研究
Ⅳ.①B942.1

中国版本图书馆 CIP 数据核字(2020)第 096392 号

佛典新读
楞严大意

王永元　著

上海古籍出版社出版发行
（上海瑞金二路 272 号　邮政编码 200020）
（1）网址：www.guji.com.cn
（2）E-mail：guji1@guji.com.cn
（3）易文网网址：www.ewen.co
上海惠敦印务科技有限公司印刷
开本 890×1240　1/32　印张 12.625　插页 2　字数 222,000
2020 年 6 月第 1 版　2020 年 6 月第 1 次印刷
印数：1—2,100
ISBN 978-7-5325-9649-2
B·1162　定价：49.00 元
如有质量问题,请与承印公司联系

目　录

自序

余曾应李正有、郑钟福各位居士之邀约,在市第一福利院居士安养部讲《楞严经》。每月讲一次,共讲三十五次,历时近三年始毕。当时曾编写讲义三十五篇,以但阐大意,不重文字训释,乃题曰《楞严大意》。今上海佛学书局、佛教居士林欲将此稿出版,命余作序。辞不获已,乃为序曰:

夫学佛之道,唯有四端:一曰学教,二曰明理,三曰修行,四曰证果。教者,佛菩萨所说经论是也;理者,经论中所示中道实相之理也;行者,为证中道实相之理而修妙行也;果者,以修妙行故,而亲证中道实相之理也。今此《大佛顶首楞严经》,是佛亲说,是为教也;经中开示常住真心、性净明体,即是中道实相之理也;二十五圣各各入于圆通妙门,是为证中道实相之理,而修妙行也;六十圣位,是修妙行所获之妙果也。若非精研经义,安能识得常住真心,性净明体乎?不识此心,安能入于圆通之妙门乎?不入圆通妙门,则六十圣位不可得也。以是观之,欲入佛者，必由精研经义始矣。今之学佛者多矣，然而精研经义者，实难遇其人哉！可不悲欤！

或曰：净土法门，只要具足信愿，专持名号，便得往生。既往生已，即得证无生忍，登欢喜地，何必学教明理乎？曰：此说似是而非也。何以言之？净土法门，出于佛说，此即教也。若非深研净土经论，何以知净土之所以然乎？六字洪名，乃至光明寿命，琼林玉沼，悉是中道实相之理，此非理乎？不达此理，而心外取法，非净土之妙因也。一句弥陀，即已囊括三乘，即能顿超十地，非妙行乎？证无生忍，登欢喜地，是其妙果也。若非然者，纵得往生，亦不过疑城胎狱而已，非净土之正旨也。细读净土经论，必知余言之不谬矣！

钝根凡夫谨序

一九九七年五月

分科

　　全经分三大分：一、序分，二、正宗分，三、流通分。

　　一、序分，未讲。

　　二、正宗分，有三分：一、见道分，二、修道分，三、证道分。见道，谓见常住真心；修道，谓依常住真心而修行；证道，谓证常住真心。

　　一、见道分，其宗旨为显示常住真心，令人得见。常住真心，即如来藏心。分为二科：第一，破阿难认妄迷真显如来藏；第二，破满慈（即富楼那弥多罗尼子）执相难性显如来藏。

　　见道分第一，破阿难认妄迷真显如来藏，有四科：初为七处征心，次示真妄二源，三为破妄显真（破妄见显真见），四为会缘入实。

　　初科、七处征心，见经文第一卷中。

　　次科、真妄二源，见经文第一卷中。

　　三科、破妄显真（破妄见显真见），分二：初、正破妄，二、破余疑。

初、正破妄,有九段:一、举拳验见,二、舒光辨见,三、观河示见,乃至九、文殊启请,如来发明。见经文第二卷。

二、破余疑,先破自然;次破因缘;中间一段为破二种见妄,即别业妄见与同分妄见;最后复破和合、非和合。见经文第二卷中。破妄显真至此已竟。

四科、会缘入实,有五科:初、会五阴,二、会六入,三、会十二处,四、会十八界,五、会七大。

初、会五阴,见经文第二卷末。

次、会六入,见经文第三卷初。

三、会十二处,见经文第三卷中。

四、会十八界,见经文第三卷中。

五、会七大,见经文第三卷后分。破阿难认妄迷真显如来藏已竟。

见道分第二,破满慈执相难性显如来藏,有二科:一为释藏性生相之疑,二为释藏性俱遍之疑。

初科释藏性生相之疑,见经文第四卷前分。

次科释藏性俱遍之疑,见经文第四卷中。见道分至此已竟。

二、修道分。修道,谓依常住真心而修行。分为两科:一者,二决定义;二者,离魔业行。

修道分第一,二决定义,分为三科:初、正明二义,次、别破疑情，三、广引修证。

初科正明二义中，有二：初、因果同异门，二、根尘结解门。

初、因果同异门，见经文第四卷中。

二、根尘结解门，见经文第四卷中。

次科别破疑情有三：初、破真识断灭疑，二、破解结同体疑，后、破六解一亡疑。

初破真识断灭疑，见经文第四卷末。

次破解结同体疑，见经文第五卷初。

后破六解一亡疑，见经文第五卷中。次别破疑情已竟。

三科广引修证，为三：第一，二十四圣各说宿因；第二，观音菩萨详示耳门；第三，文殊大士选择圆通。

一、二十四圣各说宿因，有二十四段，初憍陈那至二十四大势至菩萨，见经文第五卷中后分。

二、观音菩萨详示耳门，见经文第六卷初分。

三、文殊大士选择圆通，见经文第六卷中。二决定义已竟。

修道分第二，离魔业行，有二：初、自行离魔，二、他力离魔。

初、自行离魔，见经文第六卷后分。

二、他力离魔，见经文第七卷前分及中间。修道分至此已竟。

三、证道分。证道，请证常住真心。分为二科：初明迷真起妄，次明返妄归真。

初明迷真起妄，见经文第七卷末后。

次明返妄归真，见经文第八卷前分。正宗分至此已竟。

三、流通分。有四科：初为文殊请问经名，次为广辨七趣因果，三为详明五阴魔境，四为显示弘持功德。

初科、文殊请问经名，见经文第八卷中。

次科、广辨七趣因果，有三：初、约情想以总明，次、就业报以别辨，后、结妄因以诫离。

初、约情想以总明，见经文第八卷中。

次、就业报以别辨，有七，即地狱、鬼、畜、人与诸仙，天及修罗也。地狱等五趣，见经文第八卷后分。天及修罗，见经文第八卷末与第九卷初。

三、结妄因以诫离，见经文第九卷初。广辨七趣因果已竟。

三科、详明五阴魔境，有三：初、总明真妄，次、别显五阴，三、除断顿渐。

初、总明真妄，见经文第九卷中。

次、别显五阴，有五：初、示色阴境，次、示受阴境，三、示想阴境，四、示行阴境，五、示识阴境。

初、示色阴境，见经文第九卷中。

二、示受阴境，见经文第九卷中。

三、示想阴境，见经文第九卷末后。

四、示行阴境，见经文第十卷前分。

五、示识阴境，见经文第十卷中。

三、除断顿渐，见经文第十卷后分。

四科、显示弘持功德，见经文第十卷末。全文竟。

楞严经卷一

甲一、序分

如是我闻，一时佛在室罗筏城，祇桓精舍。与大比丘众，千二百五十人俱。皆是无漏大阿罗汉，佛子住持，善超诸有，能于国土成就威仪；从佛转轮，妙堪遗嘱，严净毗尼，弘范三界，应身无量，度脱众生，拔济未来，越诸尘累。其名曰：大智舍利弗、摩诃目犍连、摩诃拘绵罗、富楼那弥多罗尼子、须菩提、优波尼沙陀等，而为上首。复有无量辟支无学，并其初心，同来佛所，属诸比丘，休夏自恣。十方菩萨咨决心疑，钦奉慈严，将求密义。即时如来敷座宴安，为诸会中宣示深奥，法筵清众，得未曾有。迦陵仙音遍十方界，恒沙菩萨来聚道场，文殊师利而为上首。

时波斯匿王为其父王讳日营斋，请佛官掖，自迎如来，广设珍羞，无上妙味，兼复亲延诸大菩萨。城中复有长者、居士，同时饭僧，伫佛来应。佛敕文殊分领菩萨及阿罗汉，应诸斋主。唯有阿难先受别请，远游未还，不遑僧次；既无上座及阿阇黎，途中独归。其日无供，即时，阿难执持应器，于所游城次第循乞。心中初求最后檀越以为斋主；无问净秽、刹利尊姓，及旃陀罗，方行等慈，不择微贱，发意圆成一切众生无量功德。阿难已知如来世尊诃须菩提及大迦叶，为阿罗汉、心不均平；钦仰如来开阐无遮，度诸疑谤。经彼城隍，徐步郭门，严整威仪，肃恭斋法。

尔时，阿难因乞食次，经历淫室，遭大幻术，摩登伽女以娑毗迦罗先梵天咒摄入淫席，淫躬抚摩，将毁戒体。如来知彼淫术所加，斋毕旋归，王及大臣、长者、居士俱来随佛，愿闻法要。于时，世尊顶放百宝无畏光明，光中出生千叶宝莲，有佛化身结跏趺坐，宣说神咒，敕文殊师利将咒往护；恶咒消灭，提奖阿难及摩登伽，归来佛所。

甲二、正宗分　乙一、见道分　丙一、破阿难认妄迷真显如来藏　丁一、七处征心

阿难见佛，顶礼悲泣，恨无始来一向多闻，未全道

力。殷勤启请十方如来得成菩提，妙奢摩他、三摩、禅那最初方便。于时复有恒沙菩萨及诸十方大阿罗汉、辟支佛等，俱愿乐闻，退坐默然，承受圣旨。

佛告阿难："汝我同气，情均天伦；当初发心，于我法中见何胜相，顿舍世间深重恩爱？"

阿难白佛："我见如来三十二相，胜妙殊绝，形体映彻，犹如琉璃；常自思惟：此相非是欲爱所生，何以故？欲气粗浊，腥臊交遘，脓血杂乱，不能发生胜净妙明紫金光聚，是以渴仰，从佛剃落。"

佛言："善哉，阿难。汝等当知，一切众生，从无始来，生死相续，皆由不知常住真心，性净明体。用诸妄想，此想不真，故有轮转。汝今欲研无上菩提，真发明性，应当直心酬我所问。十方如来同一道故，出离生死皆以直心，心言直故，如是乃至终始地位，中间永无诸委曲相。阿难，我今问汝：当汝发心，缘于如来三十二相，将何所见？谁为爱乐？"

阿难白佛言："世尊，如是爱乐用我心目：由目观见如来胜相，心生爱乐，故我发心愿舍生死。"

佛告阿难："如汝所说，真所爱乐因于心目，若不识知心目所在，则不能得降伏尘劳。譬如国王，为贼所侵，发兵讨除，是兵要当知贼所在。使汝流转，心目为咎。

吾今问汝，唯心与目，今何所在?"

阿难白佛言:"世尊，一切世间十种异生，同将识心居在身内;纵观如来，青莲华眼亦在佛面。我今观此浮根四尘，只在我面。如是，识心实居身内。"

佛告阿难:"汝今现坐如来讲堂，观祇陀林今何所在?"

"世尊，此大重阁清净讲堂在给孤园;今祇陀林实在堂外。"

"阿难，汝今堂中先何所见?"

"世尊，我在堂中先见如来，次观大众，如是外望，方瞩林园。"

"阿难，汝瞩林园，因何有见?"

"世尊，此大讲堂户牖开豁，故我在堂得远瞻见。"

尔时，世尊在大众中，舒金色臂摩阿难顶，告示阿难及诸大众:"有三摩提，名大佛顶首楞严王，具足万行，十方如来一门超出妙庄严路。汝今谛听。"阿难顶礼，伏受慈旨。

佛告阿难:"如汝所言，身在讲堂，户牖开豁，远瞩林园。亦有众生在此堂中，不见如来，见堂外者?"

阿难答言:"世尊，在堂不见如来，能见林泉，无有是处。"

"阿难，汝亦如是。汝之心灵一切明了，若汝现前所明了心实在身内，尔时先合了知内身。颇有众生先见身中，后观外物？纵不能见心、肝、脾、胃，爪生、发长、筋转、脉摇，诚合明了，如何不知？必不内知，云何知外？是故应知，汝言'觉了能知之心住在身内'，无有是处。"

阿难稽首而白佛言："我闻如来如是法音，悟知我心实居身外。所以者何？譬如灯光然于室中，是灯必能先照室内，从其室门，后及庭际；一切众生不见身中，独见身外，亦如灯光居在室外，不能照室。是义必明，将无所惑，同佛了义，得无妄耶？"

佛告阿难："是诸比丘适来从我室罗筏城，循乞抟食，归祇陀林，我已宿斋。汝观比丘，一人食时，诸人饱不？"

阿难答言："不也，世尊。何以故？是诸比丘虽阿罗汉，躯命不同，云何一人能令众饱？"

佛告阿难："若汝觉了知见之心实在身外，身心相外，自不相干，则心所知，身不能觉；觉在身际，心不能知。我今示汝兜罗绵手，汝眼见时，心分别不？"

阿难答言："如是，世尊。"

佛告阿难："若相知者，云何在外？是故应知，汝言

'觉了能知之心住在身外'，无有是处。"

阿难白佛言："世尊，如佛所言，不见内故，不居身内；身心相知，不相离故，不在身外；我今思惟，知在一处。"

佛言："处今何在？"

阿难言："此了知心，既不知内，而能见外，如我思忖，潜伏根里。犹如有人取琉璃椀合其两眼，虽有物合而不留碍：彼根随见，随即分别。然我觉了能知之心不见内者，为在根故；分明瞩外无障碍者，潜根内故。"

佛告阿难："如汝所言，潜根内者，犹如琉璃，彼人当以琉璃笼眼，当见山河，见琉璃不？"

"如是，世尊，是人当以琉璃笼眼，实见琉璃。"

佛告阿难："汝心若同琉璃合者，当见山河，何不见眼？若见眼者，眼即同境，不得成随；若不能见，云何说言'此了知心潜在根内，如琉璃合'？是故应知，汝言'觉了能知之心潜伏根里，如琉璃合'，无有是处。"

阿难白佛言："世尊，我今又作如是思惟：是众生身，腑藏在中，窍穴居外；有藏则暗，有窍则明。今我对佛，开眼见明，名为见外；闭眼见暗，名为见内。是义云何？"

佛告阿难："汝当闭眼见暗之时，此暗境界为与眼对？为不对眼？若与眼对，暗在眼前，云何成内？若成内者，居暗室中无日、月、灯，此室暗中皆汝焦腑？若不对者，云何成见？若离外见，内对所成，合眼见暗名为身中；开眼见明，何不见面？若不见面，内对不成；见面若成，此了知心及与眼根乃在虚空，何成在内？若在虚空，自非汝体，即应如来今见汝面，亦是汝身？汝眼已知，身合非觉。必汝执言，身眼两觉，应有二知，即汝一身，应成两佛。是故应知，汝言'见暗名见内'者，无有是处。"

阿难言："我常闻佛开示四众：'由心生故，种种法生；由法生故，种种心生。'我今思惟：即思惟体，实我心性。随所合处，心则随有，亦非内、外、中间三处。"

佛告阿难："汝今说言'由法生故，种种心生，随所合处，心随有'者，是心无体，则无所合；若无有体，而能合者，则十九界，因七尘合，是义不然。若有体者，如汝以手自挃其体，汝所知心为复内出？为从外入？若复内出，还见身中；若从外来，先合见面。"

阿难言："见是其眼，心知非眼，为见非义。"

佛言："若眼能见，汝在室中，门能见不？则诸已死尚有眼存，应皆见物，若见物者，云何名死？阿难，又汝觉了能知之心，若必有体，为复一体？为有多体？今在汝身，为复遍体？为不遍体？若一体者，则汝以手挃一支时，四支应觉。若咸觉者，挃应无在；若挃有所，则汝一体自不能成。若多体者，则成多人，何体为汝？若遍体者，同前所挃；若不遍者，当汝触头亦触其足，头有所觉，足应无知；今汝不然。是故应知，'随所合处，心则随有'，无有是处。"

阿难白佛言："世尊，我亦闻佛与文殊等诸法王子，谈实相时，世尊亦言：'心不在内，亦不在外。'如我思惟：内无所见，外不相知；内无知故，在内不成；身心相知，在外非义；今相知故，复内无见，当在中间。"

佛言："汝言中间，中必不迷，非无所在。今汝推中，中何为在？为复在处？为当在身？若在身者，在边非中，在中同内；若在处者，为有所表？为无所表？无表同无，表则无定。何以故？如人以表，表为中时，东看则西，南观成北，表体既混，心应杂乱。"

阿难言："我所说中，非此二种，如世尊言：'眼色为缘，生于眼识。'眼有分别，色尘无知，识生其中，则为心在。"

佛言："汝心若在根尘之中，此之心体，为复兼二？为不兼二？若兼二者，物体杂乱，物非体知，成敌两立，云何为中？兼二不成，非知不知，即无体性，中何为相？是故应知，'当在中间'，无有是处。"

阿难白佛言:"世尊,我昔见佛与大目连、须菩提、富楼那、舍利弗四大弟子共转法轮,常言:'觉知分别心性,既不在内,亦不在外,不在中间,俱无所在,一切无着,名之为心。'则我无着,名为心不?"

佛告阿难:"汝言觉知分别心性俱无在者,世间虚空、水、陆、飞行,诸所物象,名为一切,汝不着者,为在?为无?无则同于龟毛兔角,云何不着?有不着者,不可名无;无相则无,非无则相,相有则在,云何无着?是故应知,'一切无着,名觉知心',无有是处。"

《楞严经》的要旨,在显示常住真心。这一问题经中讲得很清楚,应该是没有什么可怀疑的。古德解释此经,依据通例,分为序、正、流通三分。正宗复分见道、修道、证道三分。见道,谓见常住真心;修道,谓依此心修行;证道,谓证此心。今且据见道分经文,以证今义。

从第一卷"阿难见佛,顶礼悲泣"至第四卷中为见道分。

佛在经初即告阿难:"汝等当知,一切众生,从无始来,生死相续,皆由不知常住真心,性净明体。用诸妄想,此想不真,故有轮转。"这里,首先提出了常住真心。不生灭故,名为"常住";非虚妄故,名之为"真";灵明觉照,名之为"心"。"常住真心"下,复加"性净明体"四字者：以一切众生本具此心，不假修为，故名为"性"；远离妄染，故名为"净"；圆照法界，故名为"明"；是万法之本，故名为"体"。这里说的妄想，不是指泛泛然的胡思乱想，是指根本、枝末两种无明。以不知常住真心故，便起根本无明。由根本无明生三细六粗，名枝末无明。无明非一，故名为"诸"。如是无明，唯是虚妄心想，故名"妄想"。若离妄想，便能亲证常住真心。证未圆满，名法身菩萨；彻证此心，名为成佛。

佛即说譬喻云："譬如国王，为贼所侵，发兵讨除，是兵要当知贼所在。"国王譬常住真心。贼譬无明。为贼所侵，譬不知常住真心故，而起无明。无明既起，真心便隐。发兵讨除，譬用始觉之智，破灭无明。是兵要当知贼所在，用始觉智破无明时，应当知道无明妄心在于何处。不问何者为无明，而问无明在于何处，因为只要知道无明所在，即可用智慧破灭，不必更问无明何如。如发现贼巢，贼自在中，不用更觅。然而无明实无处所，不但无处所，即无明亦不可得。何以故？以本是虚妄故。若悟无明不可得，即知常住真心，元来未失。这样就天下太平，万国来朝。何以故？以贼已破灭故。灭贼者，不是要打歼灭战。何以故？以贼不可得故。不但贼不可得，虽兵亦不可得。这就是见道分中的要义。

有人讲经，把第六意识当作贼，这是不对的。为什么呢？如无想定中，第六意识不行。照此理论，第六意识不行，就是贼已讨平。贼已讨平，应该可以彻证常住真心，成无上菩提了。而实不然，无想定是外道定，为一切贤圣之所呵责。又如灭尽定中，不恒行心心所灭，即前六识心心所不行，而恒行一分心心所亦灭，即包括第八识一分与第七识心心所也不行，所谓"心及心法，一切俱亡，名为灭尽"。照此理论，入灭尽定者，更应该可以彻证常住真心，成无上菩提了。然而此只是二乘所得定，比之楞严大定，尚大远在。这就说明，非灭第六，能证真心。经中所说"贼"者，定是无明，尤其是根本无明，绝非第六意识。

佛在第一卷"七处征心"之后，向阿难等开示二种根本："一者，无始生死根本，则汝今者，与诸众生，用攀缘心，为自性者。二者，无始菩提涅槃元清净体，则汝今者，识精元明，能生诸缘，缘所遗者。"这里说的无始生死根本，就是根本无明；无始菩提涅槃元清净体，就是常住真心。常住真心与无明都称"无始"者，以真心本有，无明元空，不可觅其始起之时故。

既以根本无明为生死根本，何以经中说"用攀缘心，为自性者"？无明妄心，如何说为"攀缘心"？根据《起信论》义，不觉妄动，名为无明。以妄动故，心境妄现。今以攀缘解释妄动，义旨相符。又古德解攀缘心，谓即前七处妄认者。按前七处妄认者，是为"觉了能知之心"，或说是"觉知分别心性"，或说是"觉知心"，其实正指根本无明。何以"觉知心"是根本无明？以常住真心，即法界体，圆明彻照，无能觉所觉、能知所知故。不达真心，妄起觉知，如是觉知，正是无明。有人以第六意识为生死根本者，是把鼠窃狗盗之辈当作贼帅，实为大误。又第六意识，至转依位，即是妙观察智。若灭此识，便无所知晓，即闻思修慧，尚不得生，应化之身，何能具足？故不可从。

"识精元明，能生诸缘，缘所遗者"，识即第八识，《起信论》所说生灭与不生灭和合，名"梨耶"者是。识精是梨耶中不生灭分。元明，指此不生灭者，即是本觉妙明。能生诸缘，谓十法界依正色心，一切诸法，依此而生。缘所遗者，谓虽能生诸缘，而非诸缘之所及。此即"见犹离见，见不能及"之义。故知即是常住真心。若离此心，更无菩提涅槃元清净体之可说。此是一经主要关节，切莫错认。

佛于第一卷末云："云何汝今，以动为身，以动为境，从始洎终，念念生灭，遗失真性，颠倒行事？"此处以动为身，以动为境，正指无明。动，谓不觉故心动，是为业识；身之与境，正是转、现二识。念念生灭，正是无明。真性是不生灭法，无明是生灭法。真性，即常住真心。据妙明言，名之为"心"；据本具言，名之为"性"。迷真心而起无明，是为颠倒；悟无明本是真心，即名为正。

有人以见性为真性，此亦大误。何以故？经云："此见虽非妙精明心，如第二月，非是月影。"则知见性，虽非如根尘相对而起之诸识，但仍如第二月，不是真月。真月喻真性，第二月喻见性。故知见性是妄，妙心是真。第二卷中，佛又说："见与见缘，并所想相，如虚空华，本无所有。此见及缘，元是菩提妙净明体。"见，即见性；见缘，即见所缘境；所想相，即能缘所缘相对时所起心识之相。如是诸法，都如空花，本无所有。以此明证，见性是妄，不可误认为真。虽然如此，即此见性，及所缘境，所起心识之相，元来即是常住真心。何以故？以全妄皆真，法界之中，唯一真心，无二法故。菩提，即觉；妙，谓寂灭；净，谓无染；明，谓遍照；为诸法本，故名为体。"此见妙明，与诸空尘，亦复如是。本是妙明无上菩提净圆真心，妄为色空，及与闻见。如第二月，谁为是月？又谁非月？"此处文字，更加明白。见闻色空，同为虚妄，如第二月。第二月者，不可说是月，亦不可说非月。何以故？本无有故。故知，认见性为真性，恰是认贼为子，自劫家宝。欲凭此妄法，求无上菩提，譬如蒸沙作饭，哪得疗饥！

不是离常住真心，别有见闻色空等妄法。妄法之性，即是真心。以是义故，五阴、六入、十二处、十八界、七大，皆名为妄；常住真心，是名为真。妄相本空，故无可指；真性元真，唯是妙明。法相宗说俗有真无，今法性宗说真有俗无。真何以有？不生灭故。俗何以无？虚妄相故。又亦可说真无俗有。真何以无？离妄染故。俗何以有？有虚相故。

今欲显示常住真心，更从三方面说明其义：

一者空义。在此心中，五阴、六入、十二处、十八界、七大，一切诸法皆不可得。何以故？以如是等法皆虚妄故，譬如空花、二月、镜像、梦境，不可究诘，故名为空。

二者不空义。以此真心，清净圆满，具足一切功德。五阴、六入、十二处、十八界、七大，皆于此心中，随缘显现，故名不空。

三者空与不空皆不可说。若说空者，名损减谤；说不空者，名增益谤；说亦空亦不空，名相违谤；说非空非不空，名戏论谤。何以故？以此真心远离遍计所执，非是思量言语之可及故。又妄法无故，可说为空；具足一切功德故，可说不空；即二边故，亦空亦不空；离二边故，非空非不空。为悟众生，皆可得说。

《楞严经》第一卷中，阿难请佛开示"妙奢摩他、三摩、禅那最初方便"。只此一请，是为全经纲要。十卷《楞严》，都是解答这一问题。《圆觉经》说，欲证圆觉，须修三法。一者奢摩他，经称"寂静奢摩他"；二者三摩钵提，经称"如幻三摩提"（三摩，即是三摩钵提之略）；

三者禅那，经称"禅那唯寂灭"。奢摩他以寂静为行，三摩钵提以观如幻为行，禅那以寂灭为行。十方如来，因此三法，得证菩提；十方菩萨种种方便，一切同异，皆依如是三种事业。而修此三法，必以"悟净圆觉"而为先导。今以《楞严》会通《圆觉》。奢摩他、三摩钵提、禅那三种法门，即一法门。一法门者，即楞严大定是。净圆觉心即是常住真心，此心得显，名之为悟。十方如来，皆因修学楞严大定，得证菩提；十方菩萨，皆依此法，圆成佛道。此法殊胜，无有伦比，故名为"妙"。楞严大定，是成佛的方便；而悟净圆觉即开显常住真心，又是修学楞严大定的方便。是故经中说为"最初方便"。开显常住真心，是为修学楞严大定的方便。不见此心，纵得禅定，皆成魔外，或成二乘，不得成佛。若误将生死根本当作常住真心，依之修学，这就叫作"认贼为子，自劫家宝"。若因谬解，毁谤正法，且将长堕三途，求出无期。故知学佛，切须慎重，慧命所系，不可草草。

在此经中，佛首先开示阿难："一切众生，从无始来，生死相续，皆由不知常住真心，性净明体。用诸妄想，此想不真，故有轮转。"这里已标示出一经大旨，就是"破妄显真"。妄谓妄想，此指无明，是生死根本，故须破；真谓真心，此心即是三世诸佛平等法身，证此心故名为成佛，故须显。

七处征心，旨在破妄。妄破则真显，譬如云开月现，风止波澄。显为破妄，密在显真。

佛告阿难："使汝流转，心目为咎。吾今问汝，唯心与目，今何所在？"此处佛特为明示心目是生死根本。心是能知之心，目是能见之眼，乍观似是两物，其实眼非能见，眼以心故，方能有见，是故心眼实是一物。故于经中，但征于心，不征于眼。第二卷中辨见之文，似是征眼，其实见即是心，是故辨见实是辨心。辨见之义，至文再论。

"唯心与目，今何所在？"这就是征。征是诘难之义。此处所说之心，是为觉了能知之心。此觉了能知之心，并非仅指第六意识，第七、第八皆属此心。由不达常住真心，心即妄动，而有无明。由无明故，即转常住真心，而成生灭妄心。阿赖耶识及七转识心、心所法，全是生灭妄心，而尤以赖耶为生死之本。赖耶即第八识，八识心王有其四分（八个识心王、心所，一一皆有四分）。其觉了能知之心，正指赖耶见分。一切众生，皆执此心，以为自我，以是因缘，流转生死。故必征破，令无有余。

古德云："在胎名神，处世名人，在眼观照，在耳听闻，在鼻嗅香，在口谈论，在手执捉，在足运奔，遍现俱该法界，收摄在一微尘，知之者谓是佛性，不识者唤作精魂。"依此道理，见闻觉知，都是佛性妙用，云何此经说"觉了能知之心"是生死根本，喻之为贼，必须征破？答曰："觉了能知之心"，虽说是妄，其实本是真心妙用。所谓妙用者，是真心随缘施为，但不是体。欲修大定，须识心体，是故经中说为"常住真心，性净明体"。若识此体，则觉了能知之心，便为妙用，这叫作"全妄即真"；若不识此体，执觉了能知之心以为自我，这就变为"全真成妄"。所以说："知之者谓是佛性，不识者唤作精魂。"真妄二心，非一非二。二心若一，真即是妄，妄即是真，诸佛众生，便无区别。又破妄时，亦应破真，若破真心，便成断灭。二心若异，即成一人有两个心，亦无此理。但今文主旨，在于破妄，妄破即真显。见闻觉知，即是真心妙用，后当阐述，暂不具论。

七处者：一谓心在内。佛破之云："心若在内，即在身中。若在身中，应见脏腑，今不能见脏腑。故知觉了能知之心，不在身内。"

二谓心在外。佛破之云："心若在外，即与我身了不相干。心在外故，身应无觉，犹如彼食，不能饱此。故知觉了能知之心，不在身外。"

三谓潜在根里。佛破之云："心若潜伏在于根中者，当汝之根对外境时，应先见眼，后见外境，而实不然。故知觉了能知之心，非潜根里。"

四谓此心非定内外。开眼见明，名为见外；闭眼见暗，名为见内。佛破之云："闭眼见暗，前尘自暗，何名见内？

若以见暗为见内者，则人处于暗室之中，所有室中一切众物，皆成自身心肝脾肺，有是理乎？又开眼见明，名见外者，仍然说明心在身中，前已破讫，不用更破。故说觉了能知之心，非定内外，无有是处。"

五谓随所合处，心即随有。佛破之云："汝说随所合处，心随有者，今问此心，为是有体？为是无体？若是无体，无体即无所有。既无所有，云何有合？若有体者，体在何处？在内在外？又若有体，为一为多？若是一体，挃一肢时，四肢应觉，而实不然。若多体者，则成多人，理又不可。又若有体，为遍不遍？心若遍体，即同一体，前已破竟。若不遍体，何以头足同时有觉？故知随所合处，心即随有，亦无是处。"

六谓心在中间。佛破之云："汝说心在中间，云何为中？若在身中，即同在内。若在身外，以何为中？若说心在根尘之中，眼有分别，色尘无知，如是二法，性质不同，哪得有中？故知心在中间，亦无是处。"

七谓一切无著，名之为心。佛破之云："汝说无著，为有外境？为无外境？若无外境，则一切事物，便同龟毛兔角，本无所有。无所有故，即不可说有著无著。若有外境，则此心与外境接触，即名为著，何谓无著？故说一切无著，名之为心，亦无是处。"

如是辗转七计，都被征破。始知妄心，毕竟无在。若

妄心是有，必有所在。今知无在，即悟妄心本不可得。心
不有处妄元无，妄元无处即菩提，故知破妄即是显真。譬
如讨贼，须觅贼巢。今觅贼巢不可得故，始知本来无贼，
何用讨除？尘劳自息，生死元空。心王御宇，四海承风。
故经偈云："妙湛总持不动尊，首楞严王世希有。消我亿劫
颠倒想，不历僧祇获法身。"正是此义。故知此法，殊胜超
绝，世所稀有。今日得遇，皆是夙植胜因，非比等闲。一
历耳根，永为道种；暂生微信，亦阶不退。况复谛信，恭
敬受持，其为功德，何可称量！凡有见闻，皆宜庆幸！

丁二、真妄二源

尔时，阿难在大众中，即从座起，偏袒右肩，右膝
着地，合掌恭敬而白佛言："我是如来最小之弟，蒙佛慈
爱，虽今出家，犹恃憍怜，所以多闻，未得无漏，不能
折伏娑毗罗咒，为彼所转，溺于淫舍。当由不知真际所
诣。唯愿世尊大慈哀愍，开示我等奢摩他路，令诸阐提
隳弥戾车。"作是语已，五体投地，及诸大众，倾渴翘
伫，钦闻示诲。

尔时，世尊从其面门放种种光，其光晃耀，如百千
日，普佛世界六种震动。如是十方微尘国土，一时开现。
佛之威神，令诸世界合成一界。其世界中，所有一切诸

大菩萨，皆住本国，合掌承听。

佛告阿难："一切众生从无始来，种种颠倒，业种自然，如恶叉聚。诸修行人不能得成无上菩提，乃至别成声闻、缘觉，及成外道、诸天、魔王及魔眷属，皆由不知二种根本，错乱修习；犹如煮沙欲成嘉馔，纵经尘劫终不能得。云何二种？阿难，一者，无始生死根本，则汝今者，与诸众生，用攀缘心，为自性者。二者，无始菩提涅槃元清净体，则汝今者，识精元明，能生诸缘，缘所遗者。由诸众生遗此本明，虽终日行而不自觉，枉入诸趣。阿难，汝今欲知奢摩他路，愿出生死，今复问汝。"

即时如来举金色臂，屈五轮指，语阿难言："汝今见不？"

阿难言："见。"

佛言："汝何所见？"

阿难言："我见如来举臂屈指，为光明拳，耀我心目。"

佛言："汝将谁见？"

阿难言："我与大众同将眼见。"

佛告阿难："汝今答我，如来屈指为光明拳，耀汝心目。汝目可见，以何为心当我拳耀？"

阿难言:"如来现今征心所在,而我以心推穷寻逐,即能推者,我将为心。"

佛言:"咄!阿难,此非汝心。"

阿难矍然,避座合掌,起立白佛:"此非我心,当名何等?"

佛告阿难:"此是前尘虚妄相想,惑汝真性,由汝无始至于今生,认贼为子,失汝元常,故受轮转。"

阿难白佛言:"世尊,我佛宠弟,心爱佛故,令我出家;我心何独供养如来,乃至遍历恒沙国土,承事诸佛及善知识,发大勇猛,行诸一切难行法事,皆用此心;纵令谤法,永退善根,亦因此心。若此发明不是心者,我乃无心,同诸土木。离此觉知更无所有,云何如来说此非心?我实惊怖,兼此大众无不疑惑。唯垂大悲,开示未悟。"

尔时,世尊开示阿难及诸大众,欲令心入无生法忍。于师子座摩阿难顶,而告之言:"如来常说:诸法所生,唯心所现,一切因果、世界、微尘,因心成体。阿难,若诸世界一切所有,其中乃至草叶缕结,诘其根元,咸有体性,纵令虚空,亦有名貌,何况清净、妙净明心,性一切心,而自无体?若汝执吝分别觉观所了知性必为心者,此心即应离诸一切色、香、味、触诸尘事业,别有全性。如汝今者，承听我法，此则因声而有分别；纵灭一切见、闻、觉、知，内守幽闲，犹为法尘分别影事。我非敕汝执为非心，但汝于心微细揣摩，若离前尘有分别性，即真汝心。若分别性离尘无体，斯则前尘分别影事。尘非常住，若变灭时，此心则同龟毛兔角；则汝法身同于断灭，其谁修证无生法忍？"即时阿难与诸大众，默然自失。

佛告阿难："世间一切诸修学人，现前虽成九次第定，不得漏尽成阿罗汉，皆由执此生死妄想，误为真实。是故汝今虽得多闻，不成圣果。"

阿难闻已，重复悲泪，五体投地，长跪合掌而白佛言："自我从佛发心出家，恃佛威神，常自思惟无劳我修，将谓如来惠我三昧，不知身心本不相代，失我本心，虽身出家，心不入道，譬如穷子，舍父逃逝。今日乃知：虽有多闻，若不修行，与不闻等；如人说食，终不能饱。世尊，我等今者二障所缠，良由不知寂常心性，唯愿如来哀愍穷露，发妙明心，开我道眼。"

即时如来从胸卐字涌出宝光，其光晃昱，有百千色，十方微尘普佛世界一时周遍，遍灌十方所有宝刹诸如来顶，旋至阿难及诸大众。告阿难言："吾今为汝建大法幢，亦令十方一切众生获妙微密性净明心，得清净眼。

阿难，汝先答我见光明拳，此拳光明因何所有？云何成拳？汝将谁见？"

阿难言："由佛全体阎浮檀金，赩如宝山清净所生，故有光明；我实眼观；五轮指端屈握示人，故有拳相。"

佛告阿难："如来今日实言告汝，诸有智者，要以譬喻而得开悟。阿难，譬如我拳，若无我手，不成我拳；若无汝眼，不成汝见；以汝眼根，例我拳理，其义均不？"

阿难言："唯然，世尊，既无我眼，不成我见；以我眼根，例如来拳，事义相类。"

佛告阿难："汝言相类，是义不然。何以故？如无手人，拳毕竟灭；彼无眼者，非见全无。所以者何？汝试于途询问盲人：'汝何所见？'彼诸盲人必来答汝：'我今眼前唯见黑暗，更无他瞩。'以是义观，前尘自暗，见何亏损？"

阿难言："诸盲眼前唯睹黑暗，云何成见？"

佛告阿难："诸盲无眼，唯观黑暗，与有眼人处于暗室，二黑有别？为无有别？"

"如是，世尊，此暗中人与彼群盲，二黑校量，曾无有异。"

"阿难，若无眼人全见前黑，忽得眼光，还于前尘见种种色，名眼见者；彼暗中人全见前黑，忽获灯光，亦于前尘见种种色，应名灯见。若灯见者，灯能有见，自不名灯；又则灯观，何关汝事？是故当知：灯能显色，如是见者是眼非灯；眼能显色，如是见性是心非眼。"

阿难虽复得闻是言，与诸大众口已默然，心未开悟，犹冀如来慈音宣示。合掌清心，伫佛悲诲。

尔时，世尊舒兜罗绵网相光手，开五轮指，诲敕阿难及诸大众："我初成道，于鹿园中，为阿若多五比丘等及汝四众言：'一切众生不成菩提及阿罗汉，皆由客尘烦恼所误。'汝等当时因何开悟，今成圣果？"

时憍陈那起立白佛："我今长老，于大众中独得解名，因悟客尘二字成果。世尊，譬如行客投寄旅亭，或宿或食，宿食事毕，俶装前途，不遑安住；若实主人，自无攸往。如是思惟：不住名客，住名主人，以不住者名为客义。又如新霁，清旸升天，光入隙中，发明空中诸有尘相。尘质摇动，虚空寂然。如是思惟：澄寂名空，摇动名尘，以摇动者名为尘义。"

佛言："如是。"

即时如来于大众中，屈五轮指，屈已复开，开已又屈，谓阿难言："汝今何见？"

阿难言："我见如来百宝轮掌，众中开合。"

佛告阿难："汝见我手众中开合，为是我手有开有合？为复汝见有开有合？"

阿难言："世尊宝手众中开合，我见如来手自开合，非我见性有开有合。"

佛言："谁动？谁静？"

阿难言："佛手不住，而我见性尚无有静，谁为无住？"

佛言："如是。"

如来于是从轮掌中飞一宝光在阿难右，即时阿难回首右盼；又放一光在阿难左，阿难又则回首左盼。佛告阿难："汝头今日何因摇动？"

阿难言："我见如来出妙宝光，来我左右，故左右观，头自摇动。"

"阿难，汝盼佛光，左右动头，为汝头动？为复见动？"

"世尊，我头自动，而我见性尚无有止，谁为摇动？"

佛言："如是。"

于是如来普告大众："若复众生，以摇动者名之为尘，以不住者名之为客。汝观阿难，头自动摇，见无所动；又汝观我，手自开合，见无舒卷。云何汝今，以动为身，以动为境，从始泊终，念念生灭，遗失真性，颠倒行事，性心失真，认物为己，轮回是中，自取流转?"

前面两讲，反复说明此经正宗见道分，主旨在于显示常住真心。常住真心，也就是如来藏心。在《楞严义海》中，把见道一科分为"显如来藏心"。显如来藏心又分二科：第一为"破阿难认妄迷真显如来藏"，有三卷经文；第二为"破满慈（即富楼那弥多罗尼子）执相难性显如来藏"，经文不到一卷，即至第四卷"如何自欺，尚留观听"止。见道分止此。此下为修道分。

在"破阿难认妄迷真"中，七处征心部分已讲讫，此下显示真妄二源。

二源者：一为妄源，即无始生死根本；二为真源，即无始菩提涅槃元清净体。亦名二种根本。

妄源，即攀缘心。攀缘心者，即经文中所说"聚缘内摇，趣外奔逸，昏扰扰相，以为心性"者是。并非仅指第六意识，攀缘六尘境界，名攀缘心。第六意识是转识，依赖耶生，故不可视为无始生死根本。无始生死根本，唯赖耶可以当之。若问赖耶相状如何，简略言之，就是"无始时来，一类相续，常无间断"，"无始时来，念念生灭，前后变异"，"无始时来，刹那刹那，果生因灭，非断非常"。《唯识颂》说为"恒转如瀑流"，即是此识之相。若问赖耶因何而有，第一，无始就有。若不是无始就有，终不可说本来是常住真心，后来却变为赖耶。第二，若欲研究妄源，则以不悟常住真心故，一念妄动，迷真成妄，此妄即是阿赖耶识。今欲返妄归真，亦无其他方法，唯有开悟常住真心。悟此心故，心即不动。不动即是无生灭，无生灭故，即无生死。说不动者，不是制心不动，以本不动故。当未悟时，妄见有动；今既显真，故无有动。譬如醉见屋转，屋实不转；迷谓方移，方实不移。妄见生灭，实无生灭。无生灭故，即是涅槃。

真源，即是"识精元明，能生诸缘，缘所遗者"。古德解释"识精元明"就是《起信论》中所说的本觉。元即是本，明即是觉。谓此本觉，即在众生妄识之中，而其相微细，故曰"识精元明"。如是识精，变起根身、种子、器世间等，名"生诸缘"。诸缘既起，元明即隐，名为"缘所遗者"。总之，真源者，即是众生本觉。此本觉心，即是隐在众生妄心中的常住真心。常住真心怎么会隐在众生妄心之中？一切众生，本有此心，以不悟故，心即妄动。心妄动故，全不生灭体变为生灭。由生灭妄心当家作主，常住真心即被隐覆，如浮云掩月，尘埃蔽镜。现在要令明镜皓月显发光辉，最妙的方法，就是悟知本无浮云，亦无尘埃，明镜当台，皓月临空，何幽不烛？何像不显？若不解此，且从第二门头去拂拭尘埃，净除云翳，也是功不唐捐。

示真妄二源后，即有推征妄体一段文。虽经七处征心，心不可得，阿难犹谓"即能推者，我将为心"。能推者，即攀缘心。经中亦称"分别觉观，所了知性"，亦称"分别性"，此心即是第八赖耶。或疑赖耶与舍受相应，不能分别违顺境相，何得名为攀缘分别？其实不然。阿赖耶识既有攀缘，亦能分别。不过行相微细，不像第六意识的粗显而已。如《唯识三十》颂赖耶云："不可知执受，处了，常与触、作意、受、想、思相应，唯舍受。"执受，谓赖耶执受种子及根身。处，即器世间。了，谓了别。谓此赖耶，于所执受及器世间，能了别故。了别是此识行相。了是能缘，于所执受及器世间是其所缘。以其能缘所缘，行相微细，难了知故，名"不可知"，非是无缘，是故说名阿赖耶识为攀缘分别。又此识与触、作意、受、想、思五心所相应。根境识三法和合，名之为触；于所缘境，引起注意，名为作意；此识虽与舍受相应，亦能领纳所缘之境，名之为受；于境取像，名之为想；令心造作，名之为思。赖耶与如是等心所相应，岂非攀缘分别！唯以行相微细，难了知故。若说赖耶无攀缘分别，正是被他瞒过了。误以赖耶为无攀缘分别，又把它当作菩提涅槃元清净体，这真叫作"认贼为子，失汝元常"，叫作"执此生死妄想，误为真实"。以是义故，真妄二源，不可不详察而明辨之。

为什么说此攀缘分别为无有体？以此攀缘分别之心，因迷常住真心而起，如波涛依水，故唯常住真心为有体，而此攀缘分别为无有体。但这样讲，唯有深信法性宗义，依圣言量，方能理解。今阿难示同未悟，故且以心境相待之义明之。何谓心境相待？谓因心有境，因境有心。因心有境，故境无体；因境有心，故心无体。如前六识，若离色、声、香、味、触、法六尘之境，则不可得，故无有体。又如第七，缘第八识见分为境，若离八识见分，亦不可得，故亦无体。第八赖耶，则缘种子、根身及器世间为境，若离如是诸法，亦不可得，故亦无体。八识心王及诸心所，无不具有见相等四分：见分为能缘，相分为所缘，若离相分，即无见分可得；自证分以见分为境，若无见分，自证分证些什么？证自证分以自证分为境，若无自证，证自证分又证些什么？故皆无体。故经中言："由尘发知，因根有相。相见无性，同于交芦。"以是义故，八识心王及诸心所，皆不可得，以无体故。既无有体，岂可以无体者名为自心？

八识心王及诸心所皆不可谓为心，唯常住真心名之为心。那么是否说常住真心离于所缘，独为能缘，故为有体，有体故，名之为心？此义亦非。何以故？以有所缘，方有能缘；有能缘故，方有所缘。故不可说常住真心离于所缘，独为能缘。禅宗说此心"历历孤明""朗然独照""灵光独耀"等等，不过显示此心光明寂照，灵鉴不昧。不可执著语言文字，谓此常住真心独为能缘。

根据教义，以如如智，观如如理。能观为智，所观为境。由境发智，因智显理。故以智为能缘，如为所缘。其实，如即是智，智即是如。以智夺如，唯智无如；以如夺智，唯如无智；如智俱夺，皆不可得；如智俱不夺，以方便故，皆可得说。得意而言，四句皆可；不得意者，悉为妄执。

经文"若离前尘，有分别性，即真汝心"，这是纵夺。谓先纵之，纵令离了所缘，有能缘心，此心可说是常住真心；后复夺之，以事实上，离了所缘，决无能缘，是故此心毕竟同于龟毛兔角，永不可得。这是破他以攀缘分别为自心性，不可说没有常住真心。

九次第定，谓四禅四空及灭受想定。此中说"阿罗汉"，不是指声闻乘第四阿罗汉果，是指大乘阿罗汉。此阿罗汉，亦译为"阿罗诃"，即如来十号之一。《璎珞经》中说初地菩萨至七地菩萨，皆名阿罗汉。无漏也不是一般讲的无漏，而是以断除烦恼、所知二障为无漏。经意谓一切众生所以不能断除烦恼、所知二障，不能证无生忍，不能得入大乘初地乃至七地，皆由不了常住真心，而执攀缘分别之心，即生死妄想，以为自性，以是因缘，长沦生死。八识心王及诸心所，皆名生死妄想，而以赖耶为根本。

这一段文中，确示常住真心是有。经云："何况清净妙净明心，性一切心，而自无体。"既非无体，自应是有，但也不可因之起有见。执常住真心是无，这是断见；执常住真心是有，则是常见。断常二见，俱名邪见。真心妙明，不落断常有无。若闻人说真心是有，不起常执，何以故？以真心虽妙用无方，而实不可得故。若闻人说真心是无，不生断见，何以故？以真心虽无相无名，而灵鉴不昧故。若闻人说真心亦有亦无，心不迷昧，何以故？为悟众生，皆可说故。若闻人说真心非有非无，亦不生疑，何以故？妙净明体，离戏论故。又若闻人说真心是有，知是显体，因之得悟自性圆满，具足一切功德；若闻人说真心是无，知是破妄，因之得悟自性清净，远离一切妄缘；若闻人说真心亦有亦无，知是方便说法，即从此二门得见真心；若闻人说真心非有非无，知是离语言文字，直显此心，即能得意忘象，见月忘指。能如是者，名为善学。

楞严经卷二

丁三、破妄显真　戊一、正破妄

尔时，阿难及诸大众，闻佛示诲，身心泰然。念无始来失却本心，妄认缘尘分别影事。今日开悟，如失乳儿忽遇慈母，合掌礼佛。愿闻如来显出身心真妄、虚实、现前生灭与不生灭，二发明性。

时波斯匿王起立白佛："我昔未承诸佛诲敕，见迦旃延、毗罗胝子，咸言：'此身死后断灭，名为涅槃。'我虽值佛，今犹狐疑，云何发挥，证知此心不生灭地？今此大众诸有漏者，咸皆愿闻。"

佛告大王："汝身现在，今复问汝：汝此肉身为同金刚常住不朽？为复变坏？"

"世尊，我今此身终从变灭。"

佛言："大王，汝未曾灭，云何知灭？"

"世尊，我此无常变坏之身虽未曾灭，我观现前念念迁谢，新新不住，如火成灰，渐渐销殒，殒亡不息，决知此身当从灭尽。"

佛言："如是。大王，汝今生龄已从衰老，颜貌何如童子之时?"

"世尊，我昔孩孺，肤腠润泽；年至长成，血气充满；而今颓龄，迫于衰耄，形色枯悴，精神昏昧，发白面皱，逮将不久，如何见比充盛之时?"

佛言："大王，汝之形容应不顿朽?"

王言："世尊，变化密移，我诚不觉，寒暑迁流，渐至于此。何以故? 我年二十虽号年少，颜貌已老初十岁时；三十之年又衰二十；于今六十又过于二，观五十时宛然强壮。世尊，我见密移，虽此殂落，其间流易且限十年；若复令我微细思惟，其变宁唯一纪、二纪，实为年变；岂唯年变，亦兼月化；何直月化，兼又日迁。沉思谛观，刹那刹那，念念之间不得停住，故知我身终从变灭。"

佛告大王："汝见变化迁改不停，悟知汝灭；亦于灭时，汝知身中有不灭耶?"

波斯匿王合掌白佛："我实不知。"

佛言："我今示汝不生灭性。大王，汝年几时见恒河水?"

王言："我生三岁，慈母携我谒耆婆天，经过此流，尔时即知是恒河水。"

佛言："大王，如汝所说，二十之时衰于十岁，乃至六十，日月岁时念念迁变；则汝三岁见此河时，至年十三其水云何？"

王言："如三岁时，宛然无异；乃至于今，年六十二，亦无有异。"

佛言："汝今自伤发白面皱，其面必定皱于童年；则汝今时观此恒河，与昔童时，观河之见，有童耄不？"

王言："不也，世尊。"

佛言："大王，汝面虽皱，而此见精性未曾皱；皱者为变，不皱非变。变者受灭，彼不变者元无生灭，云何于中受汝生死？而犹引彼末伽黎等，都言此身死后全灭？"

王闻是言，信知身后舍生趣生，与诸大众踊跃欢喜，得未曾有。

阿难即从座起，礼佛合掌，长跪白佛："世尊，若此见闻必不生灭，云何世尊名我等辈遗失真性，颠倒行事？愿兴慈悲，洗我尘垢。"

即时如来垂金色臂，轮手下指，示阿难言："汝今见我母陀罗手，为正为倒？"

阿难言:"世间众生以此为倒,而我不知谁正谁倒。"

佛告阿难:"若世间人以此为倒,即世间人将何为正?"

阿难言:"如来竖臂,兜罗绵手上指于空,则名为正。"

佛即竖臂,告阿难言:"若此颠倒,首尾相换,诸世间人一倍瞻视。则知汝身与诸如来清净法身,比类发明,如来之身名正遍知,汝等之身号性颠倒。随汝谛观,汝身佛身称颠倒者,名字何处号为颠倒?"

于时阿难与诸大众,瞪瞢瞻佛,目睛不瞬,不知身心颠倒所在。佛兴慈悲,哀愍阿难及诸大众,发海潮音,遍告同会:"诸善男子,我常说言:色、心、诸缘,及心所使,诸所缘法,唯心所现。汝身汝心皆是妙明、真精、妙心中所现物。云何汝等,遗失本妙,圆妙明心,宝明妙性,认悟中迷?晦昧为空,空晦暗中,结暗为色。色杂妄想,想相为身。聚缘内摇,趣外奔逸,昏扰扰相,以为心性。一迷为心,决定惑为色身之内。不知色身,外洎山河,虚空大地,咸是妙明真心中物。譬如澄清百千大海,弃之,唯认一浮沤体,目为全潮,穷尽瀛渤。汝等即是迷中倍人,如我垂手,等无差别,如来说为可怜愍者。"

阿难承佛悲救深诲，垂泣叉手而白佛言："我虽承佛如是妙音，悟妙明心、元所圆满、常住心地。而我悟佛现说法音，现以缘心、允所瞻仰，徒获此心，未敢认为本元心地。愿佛哀愍，宣示圆音，拔我疑根，归无上道。"

佛告阿难："汝等尚以缘心听法，此法亦缘，非得法性。如人以手指月示人，彼人因指，当应看月。若复观指以为月体，此人岂唯亡失月轮，亦亡其指，何以故？以所标指为明月故。岂唯亡指，亦复不识明之与暗，何以故？即以指体为月明性，明暗二性无所了故。汝亦如是。若以分别我说法音为汝心者，此心自应离分别音有分别性；譬如有客寄宿旅亭，暂止便去，终不常住，而掌亭人都无所去，名为亭主。此亦如是：若真汝心，则无所去，云何离声无分别性？斯则岂唯声分别心；分别我容，离诸色相无分别性。如是乃至分别都无，非色非空，拘舍离等昧为冥谛，离诸法缘无分别性。则汝心性各有所还，云何为主？"

阿难言："若我心性各有所还，则如来说妙明元心云何无还？唯垂哀愍，为我宣说。"

佛告阿难："且汝见我见精明元，此见虽非妙精明心，如第二月，非是月影。汝应谛听，今当示汝无所还地。阿难，此大讲堂洞开东方，日轮升天则有明耀；中夜黑月，云雾晦暝，则复昏暗；户牖之隙，则复见通；墙宇之间，则复观壅；分别之处，则复见缘；顽虚之中，遍是空性；郁垺之象，则纡昏尘；澄霁敛氛，又观清净。阿难，汝咸看此诸变化相，吾今各还本所因处。云何本因？阿难，此诸变化，明还日轮，何以故？无日不明，明因属日，是故还日。暗还黑月，通还户牖，壅还墙宇，缘还分别，顽虚还空，郁垺还尘，清明还霁，则诸世间一切所有，不出斯类。汝见八种见精明性，当欲谁还？何以故？若还于明，则不明时无复见暗；虽明暗等种种差别，见无差别。诸可还者自然非汝，不汝还者，非汝而谁？则知汝心本妙、明、净。汝自迷闷，丧本受轮，于生死中常被漂溺，是故如来名可怜愍。"

阿难言："我虽识此见性无还，云何得知是我真性？"

佛告阿难："吾今问汝：今汝未得无漏清净，承佛神力见于初禅得无障碍；而阿那律见阎浮提，如观掌中庵摩罗果；诸菩萨等，见百千界；十方如来，穷尽微尘清净国土，无所不瞩；众生洞视，不过分寸。阿难，且吾与汝，观四天王所住宫殿，中间遍览水、陆、空行，虽有昏明种种形像，无非前尘分别留碍。汝应于此分别自他，今吾将汝择于见中谁是我体？谁为物象？阿难，极汝见源，从日月宫，是物非汝；至七金山，周遍谛观，虽种种光，亦物非汝；渐渐更观，云腾鸟飞，风动尘起，树木山川，草芥人畜，咸物非汝。阿难，是诸近远诸有物性，虽复差殊，同汝见精清净所瞩，则诸物类自有差别，见性无殊，此精妙明诚汝见性。若见是物，则汝亦可见吾之见。若同见者名为见吾，吾不见时，何不见吾不见之处？若见不见，自然非彼不见之相；若不见吾不见之地，自然非物，云何非汝？又则汝今见物之时，汝既见物，物亦见汝；体性纷杂，则汝与我并诸世间不成安立。阿难，若汝见时，是汝非我。见性周遍，非汝而谁？云何自疑汝之真性，性汝不真，取我求实？”

阿难白佛言：“世尊，若此见性必我非余，我与如来观四天王胜藏宝殿，居日月宫，此见周圆，遍娑婆国；退归精舍，只见伽蓝；清心户堂，但瞻檐庑。世尊，此见如是，其体本来周遍一界，今在室中唯满一室，为复此见缩大为小？为当墙宇夹令断绝？我今不知斯义所在，愿垂弘慈，为我敷演。”

佛告阿难：“一切世间，大小内外诸所事业，各属前尘，不应说言见有舒缩。譬如方器中见方空；吾复问汝：此方器中所见方空，为复定方？为不定方？若定方者，别安圆器，空应不圆。若不定者，在方器中应无方空。

汝言不知斯义所在；义性如是，云何为在？阿难，若复欲令入无方圆，但除器方，空体无方，不应说言：更除虚空方相所在。若如汝问：'入室之时缩见令小'，仰观日时，汝岂挽见齐于日面？若筑墙宇能夹见断，穿为小窦宁无续迹？是义不然。一切众生从无始来，迷己为物，失于本心，为物所转，故于是中观大观小。若能转物，则同如来。身心圆明，不动道场，于一毛端，遍能含受十方国土。"

阿难白佛言："世尊，若此见精必我妙性，今此妙性现在我前；见必我真，我今身心复是何物？而今身心分别有实；彼见无别分辨我身。若实我心，令我今见，见性实我，而身非我。何殊如来先所难言：'物能见我'。惟垂大慈，开发未悟。"

佛告阿难："今汝所言，见在汝前，是义非实。若实汝前，汝实见者，则此见精既有方所，非无指示。且今与汝坐祇陀林，遍观林渠及与殿堂，上至日月，前对恒河。汝今于我师子座前，举手指陈是种种相：阴者是林，明者是日，碍者是壁，通者是空，如是乃至草树纤毫，大小虽殊，但可有形，无不指着。若必其见现在汝前，汝应以手确实指陈何者是见？阿难，当知若空是见，既已成见，何者是空？若物是见，既已是见，何者为物？

汝可微细披剥万象，析出精、明、净、妙、见元，指陈
示我，同彼诸物，分明无惑。"

阿难言："我今于此重阁讲堂，远洎恒河，上观日
月，举手所指，纵目所观，指皆是物，无是见者。世尊，
如佛所说，况我有漏，初学声闻，乃至菩萨亦不能于万
物象前剖出精见，离一切物别有自性。"

佛言："如是，如是。"

佛复告阿难："如汝所言，无有见精离一切物别有自
性；则汝所指是物之中无是见者。今复告汝：汝与如来
坐祇陀林，更观林苑，乃至日月种种象殊，必无见精受
汝所指，汝又发明，此诸物中何者非见？"

阿难言："我实遍见此祇陀林，不知是中何者非见。
何以故？若树非见，云何见树？若树即见，复云何树？
如是乃至，若空非见，云何见空？若空即见，复云何空？
我又思惟：是万象中，微细发明，无非见者。"

佛言："如是，如是。"

于是大众非无学者，闻佛此言，茫然不知是义终始；
一时惶悚，失其所守。如来知其魂虑变慴，心生怜愍，
安慰阿难及诸大众："诸善男子，无上法王是真实语，如
所如说，不诳不妄，非末伽黎四种不死矫乱论议。汝谛
思惟，无忝哀慕。"

　　是时文殊师利法王子愍诸四众，在大众中即从座起，顶礼佛足，合掌恭敬而白佛言："世尊，此诸大众不悟如来发明二种精见，色、空，是、非是义。世尊，若此前缘色空等象，若是见者，应有所指；若非见者，应无所瞩。而今不知是义所归，故有惊怖。非是畴昔，善根轻鲜，唯愿如来大慈发明，此诸物象与此见精，元是何物？于其中间，无是、非是。"

　　佛告文殊及诸大众："十方如来及大菩萨，于其自住三摩地中，见与见缘，并所想相，如虚空华，本无所有。此见及缘，元是菩提妙净明体，云何于中有是、非是？文殊，吾今问汝：如汝文殊，更有文殊是文殊者？为无文殊？"

　　"如是，世尊，我真文殊，无是文殊。何以故？若有是者，则二文殊；然我今日非无文殊，于中实无是非二相。"

　　佛言："此见妙明，与诸空尘，亦复如是。本是妙明无上菩提，净圆真心，妄为色空，及与闻见。如第二月，谁为是月？又谁非月？文殊，但一月真，中间自无是月、非月。是以汝今观见与尘，种种发明，名为妄想，不能于中出是非是。由是真精妙觉明性，故能令汝出指非指。"

阿难认妄迷真，已明妄心无在；"此非汝心"，更显妄心无体。妄心不但无在，且亦无体，则知妄心本空。妄心空故，真心自现。则《楞严》大旨，已经彻显无遗。当于此中入三摩地。又破妄心者，不但破识之见分，亦复破其相分。不但破心法，亦破色法。

示真妄二源者，为令众生知妄无体，悟真本有，背尘合觉，复本归元。由不悟真心，转真成妄，是故长劫飘零，轮转无穷，纵令勤苦修行，不成正果。若悟真心，则全妄即真，众生与佛，元无差别。

破妄心者，意在破赖耶。不破赖耶，生死根本尚在，云何得出轮回。但初学之人，智慧浅劣，闻破妄心，每误认为仅破第六意识。（若真能破第六意识，其法亦妙。何以故？以尘空故，则根亦寂，根尘双亡，识不可得。根尘识三，俱寂灭故，赖耶亦不得独存，故亦舍其本名。此即《金刚经》不住色声香味触法布施，应无所住而生其心也。今人破第六，迥非如此。但欲制止此识，令不起耳。此乃无想外道之类也。）故复有"破妄见显真见"一大章，即第一卷中阿难启请如来发妙明心，开我道眼，至第二卷中，佛示"一切浮尘诸幻化相，当处出生，随处灭尽，幻妄称相，其性真为妙觉明体"，乃至迷悟生死，了无所得止，有一卷文。自此而下，会五阴、六入、十二处、十八界本如来藏妙真如性，是时方为真实显示常住真心矣。

破妄心者，本破赖耶，其义犹隐。今破妄见，则直指赖耶见分。见分空故，余执皆遣。

破妄见显真见，可分二科：一者，正破妄；二者，破余疑。

正破妄有九段：一、举拳验见。二、舒光辨见。三、观河示见。四、垂手论见。五、不还显见。六、见非是物。七、见无舒缩。八、见非即离。九、文殊启请，如来发明，结前八段为一大章。此处八段，由浅入深，从粗至细，各有微义，宜细求之。文殊主智，故最后须由文殊启请，抉择真妄。

破余疑，破见性因缘自然，非因缘自然，和合非和合，即《中论》四检不生。分别二种见妄为因缘自然，非因缘自然，犹如撮摩虚空，只益自劳。见妄尽时，妙明自彰。此后复有破和合非和合一段文，而以破二种见妄安于中间者，以二种见妄，不可计为因缘自然，非因缘自然，故文便示之。至破和合非和合已，不必再言二种见妄，以已破故。最后数行文，总结非因缘自然，非不因缘自然，非和合非不和合。为令众生，知妄本空，悟真本有。自此以后，则为彻显真心矣！

今正破妄。一者，举拳验见。

从"阿难闻已，重复悲泪"至"获妙微密性净明心，得清净眼"此数行文，为破妄见显真见之缘起。阿难请佛

"发妙明心，开我道眼"，妙明心即常住真心。寂常心性，亦即常住真心。性但言体，心兼体用。道眼，请根本、后得二智；二障，谓烦恼障、所知障。烦恼障即烦恼、随烦恼，如是烦恼，喧动差别，能障根本智；所知障谓根本无明，如是无明，昏迷不觉，能障后得智。若见真心，则二障俱破。

"如来从胸卍字涌出宝光"者，佛胸卍字，表吉祥万德；宝光表妙心照用；光遍佛界，示清净本然；遍灌佛顶，表极果所同；旋及大众，示群灵共有。此即显示常住真心，具足万德；十方世界，清净本然，唯一真心；如是真心，极果所同，群灵共有。建大法幢，幢表摧邪立正。邪异既摧，知见既正，则妙心可获，道眼得开。是为破妄显真发起因缘。

从"阿难，汝先答我见光明拳"至"如是见性，是心非眼"一段，方是举拳验见之文。前文佛不许阿难以能见者为心，此处明示阿难见性是心，何也？前文阿难以推穷寻逐者为心，此是前尘虚妄相想，故佛不许。此处佛示见性离于眼根，离眼根故，亦应离于明暗色空。经文盲人瞩暗，其义不在能瞩暗相，而在于显示盲人亦具见性。如是见性，乃是隐覆于生灭妄心中之真心，离缘而见，非谓能见明暗之见也，故曰"如是见性，是心非眼"。一切众生，皆有真心。此心灵明寂照，无幽不烛。于真心中，所见明暗色空，及能见之性，皆不可得。若以能见之性为真，却成执赖耶见分。如是见分，虽不藉眼，依然是妄。《起信论》中说为能见相，正是指此。后文称此为见妄，为捏目所成之第二月，喻为目之赤眚。圣旨昭然，宜应无惑。

二者，舒光辨见。

从"阿难虽复得闻是言"至"轮回是中，自取流转"一段，为舒光辨见。

不住名客，住名主人，摇动名尘，澄寂名空。此以客尘喻妄，主空喻真。

佛手开合，见无舒卷；佛手不住，见无动静；头自摇动，见无所动。此以摇动为妄，无动为真，故曰"以动为身，以动为境"，"遗失真性，颠倒行事"。性心失真者，不知自己本有常住真心。认物为己者，认能见之心为我，所见之境为我所，而不知如是能所心境，全体虚妄，如空花二月，不可执著。不执著者，非谓起心离执，以虚妄之法不可执故。水中捉月，空里寻花，虽有至愚，亦不如是！

此中以摇动为妄，不动为真。言不动者，不是制心不动，以真心寂照，本不动故。又以真心本无动静之相，名为不动。厌喧求寂，离动修静，非是正定。修妙奢摩，不从此入。

三者，观河示见。

从"尔时，阿难及诸大众"至"踊跃欢喜，得未曾有”一段，为观河示见。

阿难请佛开示身心真实虚妄，现前生灭与不生灭二发明性。生灭者，虚妄之心；不生灭者，真实之心。而波斯匿王唯以死后断灭为问。涅槃之性，离于断常，非生灭，非不生灭。此处文义，但于生灭法中，示不生灭性，故曰“证知此心不生灭地”。

无常变坏之身，念念迁谢，新新不住；而观河之见，六十年来，了无有异。无常变坏之身，是为生灭妄法；六十年来无异者，即是不生灭真心。既不生灭，即无生死，肇公《物不迁论》即显此义。匿王“信知身后舍生趣生”，仅悟死后非是断灭而已，尚未通晓生灭中有不生灭性，生死中有涅槃性。当是示同未悟，以起下文故耳。

生灭与不生灭法须仔细研求，不可草率。经中偈云：“陀那微细识，习气成瀑流，真非真恐迷，我常不开演。”阿陀那识即阿赖耶识，其行相微细，难以了知；习气即赖耶中含藏之种子；此识刹那刹那，一类相续，如瀑流水，似不生灭，而实生灭。外道所执神我，即是此识。佛教学者，亦往往执此识为真常者，乃至禅宗大德，亦有未免，如《心灯录》作者可证。此书专标“此我”，谓见得“此我”，便名开悟，无复余事，不知“此我”正是无始生死根本。我于四十几年前，即曾见此书，当时乐其简易，意颇好之。其实全是邪见妄说，误人慧命，为害实甚。

　　四者，垂手论见。

　　从"阿难即从座起礼佛"至"如来说为可怜愍者"一段，为垂手论见。

　　"如来之身，名正遍知，汝等之身，号性颠倒。"何谓颠倒？不悟"色心诸缘，及心所使，诸所缘法，唯心所现"，而执之为实，是名颠倒。复以如是诸虚妄法，执为我与我所，而忘失真心，是又一颠倒。

　　"晦昧为空"，即"迷妄有虚空"；"空晦暗中，结暗为色"，即"想澄成国土"；"色杂妄想，想相为身；聚缘内摇，趣外奔逸，昏扰扰相，以为心性"，即"知觉乃众生"。由是众生正报、国土依报、五阴实法，三皆具足，是名颠倒。此等妄法，皆是妙心所现。一切众生，不能即幻妄而悟妙体，反乃遗本妙而执幻妄，确认心在幻质之内，曾不知妙明真心，范围天地，包罗万象。何异弃澄清百千大海，惟认一浮沤体，目为全潮，穷尽瀛渤。是则名为双重颠倒，故号迷中倍人。今欲开悟妙明真心，不须他法，但知依正二报、五阴实法，皆是幻妄，不可执捉。妄法空时，唯妙明心，圆照法界。《华严经》说："一切众生，皆有如来智慧德相，但以妄想执著，而不证得。若离妄想，则一切智、自然智、无师智，即得现前。"古德亦言："只有去翳法，无有与明法。"故知但破妄法，妙体自彰。

　　五者，不还显见。

从"阿难承佛悲救深诲"至"是故如来名可怜愍"一段，为不还显见。

真心无能所之相。能闻缘心，固然不是本元心地。此处正简所缘之法及能缘心，以明真体。

以所标指为明月者，此中虽遣所标之指，正简能缘之心，故云"若以分别我说法音，为汝心者"。如是分别之性，各有所还，非是真实，故为所简。唯有见精，则无所还。然此见精，亦复是妄，如第二月，故亦须还。还于何所？谓还无明。由无明故，而有能见；无明若破，此见即还。妙净明心，离于见相，是则方为本元心地，真不还耳。

此中破妄显真，谓诸法皆妄，以有还故。唯此见精，如第二月，虽非真月，非是月影，切近于真，可说无还。故权借此，以破诸妄，诸妄皆寂，真心彻显。到此境界，唯一妙心，圆明彻照，我与毗卢，了无差别。故曰"心佛众生，三无差别"，即此意也。

破妄见显真见，有其二科：一为正破妄，二为破余疑。正破妄有九章，第一至第五，前已讲讫；今讲第六至第九四章。即六、见非是物；七、见无舒缩；八、见非即离；九、最后文殊启请，如来发明，结前八章为一大章。

见有真妄，须明义旨。若有能见所见，能见者心，所见者境，以心缘境，因境显心，而有见者，此妄见也。如是妄见，皆堕生灭。谓缘会则生，缘散则灭，是虚妄法，非真心也。如是妄见，由迷常住真心，不达法界一相，于无分别中，妄生分别，全妙明心，成生灭见，故名为妄。若离能所心境等相，唯妙明心，圆照法界，色心诸法，悉入圆明。如是见者，实无有见，是真见也。经中以月喻真心，以第二月喻妄见。如是妄见，由迷真心而起，其实无体，故名为妄。非是月影者，谓此捏目所成之二月，全体虚妄，了无所有，若循其本，元是真心，非是真心真能转变成此妄见也。

六者，见非是物。

从"阿难言，我虽识此见性无还"至"性汝不真，取我求实"，为第六见非是物。

阿难问言："云何得知，如是见性，是我真性？"其意盖谓，此见是妄，今言无还，则示此见是真性也。以何义旨，说此妄见，是真性乎？若以喻说，如是二月实为虚妄。今言无还，则示此月是真月也。此意难解，故须启问。

佛初示阿难：未得无漏之声闻及阿那律（即阿㝹楼驮，佛弟子中天眼第一）、菩萨、诸佛，以至一切众生，见量虽异，见性无殊。约见性言，同是妙明见精，清净所瞩。如是妙明，是真性也。或疑如是见精，不离能所，何言真性？以此见精见一切时，能见之见、所见之物，同一清净妙觉明心，实无能所心境之异，故知即是真性也。

此下明见非是物。若以能见者是见，所见者是物，有能所心境等相，是为妄见。此义已了。今言能见之见是妙明心，所见之物同是妙明。能见妙明，此义易知；所见之物同是妙明，此义难解。若所见物是妙明者，则成见性是物，是为阿难之所疑也。为解此疑，故须释破。

经文"若见是物，则汝亦可见吾之见"等者，明示见非是物也。若见是物，则吾之见亦为是物。吾之见性既是物者，汝即应可见吾之见。若汝与吾同见一物，汝见此物，以为即是见吾之见。审如是者，吾今不见一物之时，汝应见吾不见之处。纵汝意谓，当吾不见一物之时，汝知吾见不见诸物，便言见吾不见之处。其实吾今不见一物，不见之相终不可得，汝何自称见吾不见？汝既不能见吾不见，则亦不能见吾之见。若汝不能见吾之见，则知见性非是物也。吾之见性，若非是物，则汝见性，亦非是物。见非是物。非是物故，即是真见。如是真见，即汝清净妙明真性。何为致疑，不能自识？若汝定以见性为物，汝能见物，物亦见汝。如是，则令有情无情，体性错乱，不可分辨，有是理乎？

末后，佛复开示阿难："当汝见物之时，如是妙明，亲体呈露，周遍法界，悉入圆明，不见物时，妙明亦显。此则真是汝真性也。汝何迷昧，尚存疑惑，反欲向吾求真性乎？"

七者，见无舒缩。

从"阿难白佛言，世尊，若此见性，必我非余"至"遍能含受十方国土"，为第七见无舒缩。

阿难已知见性非物，清净妙明，圆照法界。犹有疑者，谓此妙明，既周法界，何以我今所见广狭，遇缘而异？其周圆者，果何在乎？

佛示阿难，汝之见性，清净妙明，犹如虚空，非是方圆。见有广狭，犹如众器，有方有圆。器有方圆，空无方圆。见有广狭，而此妙明，其性周圆，不拘广狭，何有舒缩？为物所转者，谓迷妙明，见广狭也。若能转物者，悟妙明故，微尘毛孔，乃至十方诸佛国土，唯是妙明清净真心，平等一相，更无内外之殊、大小之异也。今我此身即同光明遍照之体，今我此心全是清净圆镜之智。如是身心，圆周法界，从本已来，常住不动。既灭前尘，唯是妙明，故一毛孔，与十方等。是则名为心能转物，即同如来也。

八者，见非即离。

从"阿难白佛言，世尊，若此见精，必我妙性"至"微细发明，无非见者，佛言，如是如是"，为第八见非即离。

阿难闻说见性周遍，则知山河大地、尘毛国土，皆我妙性。犹有疑者，谓山河大地、尘毛国土，皆我妙性，是则妙性现在我前，我今身心复是何物？以山河大地、尘毛国土，皆是外物。今谓如是外物是我心者，而此外物实无心智，云何是心？若外物是心，我今身心复是何物？岂外物是心，而我身心反是物乎？

佛告阿难："汝言妙性现在我前，此说非也。若汝执言妙明见性现在前者，汝且观此林渠、殿堂、恒河、日月，乃至草树纤毫，何者是见？即何者是汝之妙性？"阿难答言："如是一切，悉皆是物，无是见者。"是则诸法非妙性也。"离一切物，别有自性"者，言如是妙性，不但初学声闻，虽菩萨亦不能于万物前剖出而示人。故知离一切物，别有妙性也。

佛复告阿难："汝言如是一切，皆非是见，而欲离物求妙性者，今复问汝，汝今所见，林苑日月，种种相殊，如是诸物，何者非见？"即问何物非是妙性？阿难答言："今我谛观，如是一切，无非见者。"乃谓一切，皆妙性也。以若非见，则不应见，今得见故，知非非见。又亦不可说即是见，若即是见，云何名物？以是义故，如是一切，皆即妙性，若非妙性，云何今见？又亦不可说如是物为我妙性，若是妙性，云何名物？

以是故知，非即物是妙性，亦非离物有妙性。如是色空等象，皆是虚妄，如虚空华，不可究诘。即此见精，亦如空华，不可究诘。于如是等色空闻见虚妄法中，实无是妙非妙、即性离性之可说也。

九者，文殊启请，如来发明。

从"于是大众非无学者"至"故能令汝，出指非指"，为第九文殊启请，如来发明，总结前八段为一大章。至此正破妄竟。

大众茫然者，既云物非是见，又云物无非见；既云即物是见，又云离物有见。不知是义之所归趣，故失其所守也。文殊启请者，如是义旨，非是有学小智所及，唯文殊大智方能抉择也。

"十方如来及大菩萨，于其自住三摩地中"，此言三摩地，即楞严大定也。于楞严大定之中，能见之心、所见之物，以及心物二法相遇合时所起之想，如是等法，皆如空华，本无所有。了见万法，唯一圆融，清净宝觉。清净觉中更无是见非见、即物离物之可说者。诸妄皆尽，一真独露，破妄显真，义始圆彻。

如汝文殊者，谓汝是文殊也，此喻真心也；更有文殊者，谓复有一文殊，此喻妄心也；是文殊为无文殊者，谓复有一文殊，而此文殊实无有也，此喻妄心无所有也。文殊答言我真文殊者，我是真文殊，喻真心也；无是文殊者，谓不复更有一文殊，喻离真心，无妄心也；"若有是，则二文殊"者，若更有一文殊，则成两个文殊，喻若谓有妄心，则成真妄二个心也；然我今日非无文殊者，今我是真文殊，非是更有而实非有之无文殊，喻唯一真心，无妄心也；无是非二相者，唯一真心，实无妄心，何有是非即离之可说耶?

此处言妙明者，即是见精，谓闻见也；空尘者，色空诸法也。如是色空及与闻见，本无所有，唯是妙明无上菩提净圆真心。于是真心中，色空闻见，如第二月。若言是月，本无如是妄影；若言非月，而是迷于真月所现。如是二月，不可说是月，亦不可说非月。而实天上唯一真月，更无第二是月非月之可说者，喻唯一真心。不可说真心之外，复有虚妄心境。更不可说如是虚妄心境，是心非心，即真离真。若悟真心，则是非双亡，即离俱泯，是则名为"出指非指"也。

大火聚中，不留点雪；寂光境里，哪有纤尘？一切染污，皆为清净；一切痴暗，唯是光明；一切生灭，莫非常住；一切窒碍，悉入圆通。一切众生无量烦恼，皆即诸佛无上菩提；一切众生无边生死，本是如来大般涅槃。是为破妄显真之极致，楞严大定之真境也。彻底呈示，了无有隐，有智慧者，领取此旨。

戊二、破余疑

阿难白佛言："世尊，诚如法王所说，觉缘遍十方界，湛然常住，性非生灭；与先梵志娑毗迦罗所谈冥谛，及投灰等诸外道种，说有真我，遍满十方，有何差别？

世尊亦曾于楞伽山，为大慧等敷演斯义：‘彼外道等常说自然，我说因缘，非彼境界。’我今观此觉性自然，非生非灭，远离一切虚妄颠倒，似非因缘，与彼自然，云何开示，不入群邪，获真实心，妙觉明性？"

佛告阿难："我今如是开示方便，真实告汝，汝犹未悟，惑为自然。阿难，若必自然，自须甄明，有自然体。汝且观此妙明见中，以何为自？此见为复以明为自？以暗为自？以空为自？以塞为自？阿难，若明为自，应不见暗；若复以空为自体者，应不见塞；如是乃至诸暗等相以为自者，则于明时，见性断灭，云何见明？"

阿难言："必此妙见性非自然，我今发明是因缘生；心犹未明，咨询如来，是义云何合因缘性？"

佛言："汝言因缘，吾复问汝：汝今因见，见性现前，此见为复因明有见？因暗有见？因空有见？因塞有见？阿难，若因明有，应不见暗；如因暗有，应不见明；如是乃至因空、因塞，同于明暗。复次，阿难，此见又复缘明有见？缘暗有见？缘空有见？缘塞有见？阿难，若缘空有，应不见塞；若缘塞有，应不见空；如是乃至缘明、缘暗，同于空塞。当知如是精觉妙明，非因非缘，亦非自然，非不自然，无非、不非，无是、非是，离一切相，即一切法。汝今云何于中措心，以诸世间戏论名相而得分别？如以手掌撮摩虚空，只益自劳，虚空云何随汝执捉？"

阿难白佛言："世尊，必妙觉性非因非缘，世尊云何常与比丘宣说：见性具四种缘，所谓因空、因明、因心、因眼？是义云何？"

佛言："阿难，我说世间诸因缘相，非第一义。阿难，吾复问汝：诸世间人说'我能见'，云何名见？云何不见？"

阿难言："世人因于日、月、灯光，见种种相，名之为见；若复无此三种光明，则不能见。"

"阿难，若无明时名不见者，应不见暗。若必见暗，此但无明，云何无见？阿难，若在暗时，不见明故，名为不见；今在明时，不见暗相，还名不见？如是二相俱名不见。若复二相自相陵夺，非汝见性于中暂无；如是则知二俱名见。云何不见？是故阿难，汝今当知：见明之时，见非是明；见暗之时，见非是暗；见空之时，见非是空；见塞之时，见非是塞。四义成就。汝复应知，见见之时，见非是见；见犹离见，见不能及。云何复说因缘、自然及和合相？汝等声闻，狭劣无识，不能通达清净实相。吾今诲汝，当善思惟，无得疲怠妙菩提路。"

阿难白佛言："世尊，如佛世尊为我等辈宣说因缘及与自然；诸和合相与不和合，心犹未开，而今更闻'见见非见'，重增迷闷。伏愿弘慈，施大慧目，开示我等觉心明净。"作是语已，悲泪顶礼，承受圣旨。

尔时，世尊怜愍阿难及诸大众，将欲敷演大陀罗尼，诸三摩提，妙修行路。告阿难言："汝虽强记，但益多闻，于奢摩他微密观照，心犹未了。汝今谛听，吾当为汝分别开示，亦令将来诸有漏者获菩提果。阿难，一切众生轮回世间，由二颠倒，分别见妄，当处发生，当业轮转。云何二见？一者众生别业妄见，二者众生同分妄见。云何名为别业妄见？阿难，如世间人目有赤眚，夜见灯光别有圆影五色重叠。于意云何？此夜灯明所现圆光，为是灯色？为当见色？阿难，此若灯色，则非眚人何不同见？而此圆影唯眚之观？若是见色，见已成色，则彼眚人见圆影者，名为何等？复次，阿难，若此圆影离灯别有，则合傍观屏、帐、几、筵有圆影出？离见别有，应非眼瞩，云何眚人目见圆影？是故当知：色实在灯，见病为影；影、见俱眚，见眚非病，终不应言是灯是见，于是中有非灯非见。如第二月，非体、非影。何以故？第二之观捏所成故。诸有智者不应说言：此捏根元是形、非形，离见、非见。此亦如是，目眚所成，今欲名谁是灯是见？何况分别非灯非见？云何名为同分妄见？阿难，此阎浮提，除大海水，中间平陆有三千洲。正中大洲东西括量，大国凡有二千三百。其余小洲在诸海中，其间或有三两百国，或一或二，至于三十、四十、五十。阿难，若复此中有一小洲，只有两国，唯一国人同感恶缘，则彼小洲当土众生，睹诸一切不祥境界：或见二日，或见两月，其中乃至晕、适、佩、玦、彗、孛、飞、流，负、耳、虹、蜺，种种恶相。但此国见，彼国众生本所不见，亦复不闻。阿难，吾今为汝以此二事，进、退、合明。阿难，如彼众生别业妄见，瞩灯光中所现圆影，虽现似境，终彼见者目眚所成。眚即见劳，非色所造。然见眚者终无见咎。例汝今日以目观见山河国土及诸众生，皆是无始见病所成。见与见缘，似现前境，元我觉明见所缘眚，觉见即眚。本觉明心，觉缘非眚。觉所觉眚，觉非眚中。此实见见，云何复名觉、闻、知、见？是故汝今见我及汝并诸世间十类众生，皆即见眚，非见眚者。彼见真精，性非眚者，故不名见。阿难，如彼众生同分妄见，例彼妄见别业一人：一病目人同彼一国，彼见圆影眚妄所生。此众同分所现不祥，同见业中瘴恶所起，俱是无始见妄所生。例阎浮提三千洲中兼四大海、娑婆世界，并洎十方诸有漏国及诸众生，同是觉明无漏妙心见闻觉知虚妄病缘，和合妄生，和合妄死。

若能远离诸和合缘及不和合，则复灭除诸生死因，圆满菩提不生灭性。清净本心，本觉常住。阿难，汝虽先悟本觉妙明，性非因缘、非自然性，而犹未明如是觉元非和合生及不和合。阿难，吾今复以前尘问汝：汝今犹以一切世间妄想和合，诸因缘性而自疑惑，证菩提心和合起者。则汝今者妙净见精，为与明和？为与暗和？为与通和？为与塞和？若明和者，且汝观明，当明现前，何处杂见？见、相可辨，杂何形像？若非见者，云何见明？若即见者，云何见见？必见圆满，何处和明？若明圆满，不合见和。见必异明，杂则失彼性、明名字，杂失明、性，和明非义。彼暗与通，及诸群塞，亦复如是。复次，阿难，又汝今者妙净见精，为与明合？为与暗合？为与通合？为与塞合？若明合者，至于暗时，明相已灭，此见即不与诸暗合，云何见暗？若见暗时，不与暗合，与明合者，应非见明。既不见明，云何明合了明非暗？彼暗与通，及诸群塞，亦复如是。”

阿难白佛言：“世尊，如我思惟：此妙觉元与诸缘尘及心念虑非和合耶？”

佛言：“汝今又言觉非和合。吾复问汝：此妙见精非和合者，为非明和？为非暗和？为非通和？为非塞和？若非明和，则见与明必有边畔。汝且谛观：何处是明？

何处是见？在见在明，自何为畔？阿难，若明际中必无
见者，则不相及，自不知其明相所在，畔云何成？彼暗
与通，及诸群塞，亦复如是。又妙见精非和合者，为非
明合？为非暗合？为非通合？为非塞合？若非明合，则
见与明，性、相乖角，如耳与明，了不相触。见且不知
明相所在，云何甄明合、非合理？彼暗与通，及诸群塞，
亦复如是。阿难，汝犹未明一切浮尘诸幻化相，当处出
生，**随处灭尽，幻妄称相，其性真为妙觉明体。**”

今解破妄见显真见中第二科破余疑。破余疑者，即明
见性非因缘自然，非和合非不和合。中间一段为破二种见
妄。最后结之曰："一切浮尘诸幻化相，当处出生，随处灭
尽，幻妄称相，其性真为妙觉明体。"一切浮尘诸幻化相
者，总指一切妄心妄境，所谓"凡所有相，皆是虚妄"者
也。见闻觉知，色香味触，无有一法而非妄者。妙觉明体，
谓真心也。《起信论》云："一切法从本已来，离言说相，
离名字相，离心缘相，毕竟平等，无有变异，不可破坏，
唯是一心，故名真如。"《论》中说"唯是一心"，即是今
经所示"妙觉明体"。非离一切法有妙觉明体，以一切法
本离言说、名字、心缘等相，其性即是妙觉明体故；非即
一切法是妙觉明体，以一切法幻妄称相，非是真实，而妙
觉明体，本妙觉明，是真实法，非幻妄故。"如是乃至五
阴、六入，从十二处至十八界"等，则为起后会通诸法、

显如来藏性之文也。

从"阿难白佛言，世尊，诚如法王所说"至"无得疲怠妙菩提路"，破见性为因缘生，为自然性也。

先破自然，次破因缘。

妙觉明体，本自有之，似是自然。今言非自然者，则知此心，不但无相，兼亦无体。经云"若必自然，自须甄明，有自然体"，言无自然体也。若执言有此体者，则与外道"神我"何以异乎？前文云"何况清净妙心，性一切心，而自无体"，言此心有体也，今云何言无体耶？前云有体，为解阿难无心之疑；今言无体，为破阿难自然之计。妙觉明体，离名绝相，非心可缘，非言可说，有体无体，皆是世间戏论分别，终不可得其实也。

妙觉明体，非因缘生。因缘生法，皆是幻妄。若妙觉明体从因缘生者，即是幻妄称相。而妙觉明体是真实法，非是幻妄，故知非因缘生也。

以言说思惟分别妙觉明体为因缘生，为自然性，犹如以手撮摩虚空，只益自劳，有何益乎！此即《圆觉经》所说"以有思惟心，测度如来圆觉境界，如取萤火，烧须弥山，终不能着"者是也。

"见见之时，见非是见。见犹离见，见不能及"，斯义何也？谓以真见，见于妄见之时，此真见是妙明心，非妄见也。如是真见，离于妄见，非妄见之所及也。此

言真见，是妙明心，今经显者，是此心也；见闻觉知，
皆是妄见，今经破者，是此见也。真见何能见于妄见？
悟见闻觉知是妄，即名见妄。真见无见，何能见妄？妄
法本空，云何可见？见闻觉知，色香味触，皆名为妄。
妄不可得，全体即真。妙明心中，实无见闻觉知，色香
味触，幻妄之相也。

从"阿难白佛言，世尊，如佛世尊，为我等辈"至
"清净本心，本觉常住"，破二种见妄也。二种见妄者，谓
别业妄见、同分妄见也。

先明别业妄见，次明同分妄见，三以此二事进退合明。

"如世间人，目有赤眚，夜见灯光，别有圆影"，此言
别业妄见也。目有赤眚者，目喻妙觉明心，以妄动故，转
为无明妄心，如目有赤眚也。夜见灯光者，灯光喻清净实
相。于无明长夜之中，迷于清净实相之理，则起妄见也。

"别有圆影，五色重叠"者，圆影喻妄境，五色喻五
阴。以妄心故，于清净实相理上，见有五阴之妄境也。一
一众生，各各如是，故言别业妄境也。若悟妄心本是妙明，
妙明心中元无无明妄心可得，无妄心故，亦复无有五阴妄
境可得。目眚既愈，圆影即无；慧目开时，觉心自净。

"如第二月，非体非影"者，妙觉明心，如清净月轮；
无明妄心，如第二月。如是二月，捏目所成。谓以妄动故，
转妙觉明心成无明妄心也。非体者，如是二月，非真月体；

非影者，如是二月，捏目所成，非是真月有此妄影也。喻无明妄心，非是妙觉明心；如是妄心，全体虚妄，非妙明中有此虚妄心境也。

"有一小洲，只有两国，惟一国人，同感恶缘，则彼小洲当土众生，睹诸一切不祥境界"，乃至"但此国见，彼国众生，本所不见，亦复不闻"，此言同分妄见也。两国喻净秽二土。此一国人，喻秽土众生。不祥境界，喻五浊也。"彼国众生，本所不见，亦复不闻"者，喻净土众生，但见清净安乐，不见五浊也。此言五浊虚妄，非是实有。一国众生，同见此事，故言同分妄见也。

进退合明者，进同例别，退别例同。合明者，以喻合法也。

先合别业妄见。灯光中所现圆影，乃目眚所成，例今所见山河国土及诸众生，皆是无始见病所成。目眚若除，则无圆影，见病已时，则山河国土及诸众生，皆不可得。"见与见缘，似现前境，元我觉明，见所缘眚"者，见谓能见，见缘谓所见，如是能所心境，皆非实有。元我妙觉明心，以妄动故，转成能见妄心，见于所缘妄境，是则名之为"眚"也。觉见即眚者，谓有觉有见，即名为眚也。"本觉明心，觉缘非眚"者，悟本觉妙明，则知诸缘皆妄，本不可得，如是妙明，则非眚也。"觉所觉眚，觉非眚中，此实见见，云何复名觉闻知见"者，吾今觉悟所觉之无明

妄心，此心是眚，如是觉悟，则非是病。此以真心，觉于
妄心，即以真见，见于妄见，是即所谓"见见"者也。如
是真见，不可谓之为觉闻知见也。此乃释成上文"见见之
时，见非是见"也。"汝今见我及汝，并诸世间十类众生，
皆即见眚，非见眚者"者，汝今见我及汝，乃至十类众生，
皆是妄见之眚病，非是能见妄见之真见也。"彼见真精，性
非眚者，故不名见"者，彼妙明心，是见真精。如是真精，
非是眚病，法界圆明，无不遍照，不可谓之为觉闻知见也。
此处剖析真妄，极为精辟，当细研之。

次合同分妄见。别业一人，以无始见病，见有虚妄心
境；同分一国，以同感恶缘，见有五浊秽土。同别虽殊，
妄本不异。以一人例一国，复以一国例大千，乃至十方诸
有漏国及诸众生，同以无始见病，见有虚妄心境。迷无漏
妙心，而为见闻觉知；以见闻觉知，见于色香味触；以是
因缘，妄见生死。若能悟妙明心，即知世界众生本不可得，
见闻觉知皆是二月，色香味触尽是空华，则不复更有虚妄
心境。无漏妙心，本非生灭。于妙心中，涅槃尚不可得，
何况生死而可得哉！

从"阿难，汝虽先悟本觉妙明"至"及诸群塞，亦复
如是"，明见性非和合、非不和合也。如水乳相和，名之为
和；如函盖相合，名之为合。妙觉明心，与诸缘尘及心念
虑，非和非合。体存际畔，名为非和；性相乖角，名为非

合。今此妙心，与诸缘尘及心念虑，非非和合，故皆不可说也。

"一切浮尘诸幻化相"等者，总拂一切虚妄心境，皆非实有。幻无自性，依真而立。如华起空，全体即空；如泡生水，全体即水。故曰"其性真为妙觉明体"也。

"如是乃至五阴、六入"乃至"迷悟生死，了无所得"，结上以起下也。如来藏者，当人法身妙性也：依果而称曰如来，含摄众德曰藏。未尝去来曰常住，暗不能昏曰妙明，不随生灭曰不动，无不遍足曰周圆。妙万物而至神，性一切而不异，曰妙真如性。见是性时，则迷悟生死，了不可得矣！

或疑生死实有，何以云"了不可得"？答：若迷妙性，则生死为实有；若悟妙性，则生死不可得。譬如目病则见空华，风击则起水泡。慧目已明，无明风息，唯见净空及与静水。于净空、静水之中，实无华、泡之可得也。是故真欲求出生死，修奢摩他，向妙菩提，不可不尽心于此焉！

丁四、会缘入实　戊一、会五阴

"如是乃至五阴、六入，从十二处至十八界，因缘和合，虚妄有生；因缘别离，虚妄名灭。殊不能知生灭、去来本如来藏常住、妙明、不动、周圆妙真如性。性真常中，求于去来、迷悟、生死，了无所得。阿难，云何五阴本如来藏妙真如性？阿难，譬如有人以清净目，观晴明空，唯一晴虚，迥无所有。其人无故不动目睛，瞪以发劳，则于虚空别见狂华，复有一切狂乱非相。色阴当知亦复如是。阿难，是诸狂华非从空来，非从目出。如是，阿难，若空来者，既从空来，还从空入；若有出入，即非虚空；空若非空，自不容其华相起灭，如阿难体，不容阿难。若目出者，既从目出，还从目入；即此华性，从目出故，当合有见。若有见者，去既华空，旋合见眼；若无见者，出既翳空，旋当翳眼。又见华时，目应无翳，云何晴空号清明眼？是故当知：色阴虚妄，本非因缘，非自然性。"

"阿难，譬如有人手足宴安，百骸调适，忽如忘生，性无违顺。其人无故以二手掌于空相摩，于二手中妄生涩、滑、冷、热诸相。受阴当知亦复如是。阿难，是诸幻触不从空来，不从掌出。如是，阿难，若空来者，既能触掌，何不触身？不应虚空选择来触。若从掌出，应非待合。又掌出故，合则掌知，离则触入，臂、腕、骨、髓应亦觉知入时踪迹。必有觉心知出知入，自有一物身中往来，何待合知要名为触？是故当知：受阴虚妄，本非因缘，非自然性。"

"阿难，譬如有人谈说酢梅，口中水出；思蹋悬崖，足心酸涩。想阴当知亦复如是。阿难，如是酢说不从梅生，非从口入。如是，阿难，若梅生者，梅合自谈，何待人说？若从口入，自合口闻，何须待耳？若独耳闻，此水何不耳中而出？想蹋悬崖，与说相类。是故当知：想阴虚妄，本非因缘，非自然性。"

"阿难，譬如暴流，波浪相续，前际后际不相逾越。行阴当知亦复如是。阿难，如是流性不因空生，不因水有，亦非水性，非离空、水。如是，阿难，若因空生，则诸十方无尽虚空成无尽流，世界自然俱受沦溺。若因水有，则此暴流性应非水，有、所有相，今应现在。若即水性，则澄清时应非水体。若离空水，空非有外，水外无流。是故当知：行阴虚妄，本非因缘，非自然性。"

"阿难，譬如有人取频伽瓶，塞其两孔，满中擎空，千里远行，用饷他国。识阴当知亦复如是。阿难，如是虚空非彼方来，非此方入。如是，阿难，若彼方来，则本瓶中既贮空去，于本瓶地应少虚空。若此方入，开孔倒瓶，应见空出。是故当知：识阴虚妄，本非因缘，非自然性。"

见道分初科，破阿难认妄迷真显如来藏。破认妄迷真中，初为七处征心，次示真妄二源，此后即为破妄见以显正见。破妄见者，非但破能见之见闻觉知、所见之色香味触为妄，亦密破下文"性觉必明，妄为明觉""知见立知，即无明本"之"明觉""立知"为妄也。显正见者，非显见性是真，见性是第二月，"但一月真，中间自无是月非月"，唯"如来藏妙真如性"方是所显之真也。

前破妄见显真见，略显见性离缘绝相，非生非灭，即是妙性，如但示一沤是水而已。至此，始显五阴、六入、十二处、十八界、七大，皆如幻化，本非因缘及自然有，元是藏体妙真如性，则悟百千清净大海真是我心，而一浮沤体不足论矣！故阿难闻此法后，偈赞如来云："消我亿劫颠倒想，不历僧祇获法身。"迷己为物，观大观小，皆为颠倒虚妄乱想。今顿悟如是一切诸法，本我妙心，常住不灭，故言"不历僧祇"而"获法身"也。

此科会五阴、六入、十二处、十八界、七大诸缘生妄法，同入如来藏性，故名"会缘入实"也。此分五科：一、会五阴，二、会六入，三、会十二处，四、会十八界，五、会七大。

会五阴入实者，谓五阴本如来藏妙真如性也。

初、会色阴。色阴虚妄，犹如空华，本非因缘，非自然性。若知华相即空，非有似有，有即非有，则悟色阴本如来藏妙真如性也。"以清净目，观晴明空，唯一晴虚，迥无所有。"清净目，真如之智也；晴明空，真如之理也；唯

一晴虚，理智一如也；迥无所有，无一切妄色也。"不动目
睛，瞪以发劳，则于虚空，别有色阴。"不动目睛者，妄心
初起，动相未显也。瞪以发劳者，瞪谓起惑；劳者，心动
为业也。则于虚空别见狂华者，于妙性中现一切妄色也。
"色阴当知亦复如是"，此以狂华喻色阴。如是色阴，本无
所有，唯如来藏妙真如性。若能如是见者，即于色阴而得
开悟，是则名之为见道也。此下复明空中狂华无所从来，
亦无所去，即知狂华非有，全是晴空矣。以明色阴无所从
来，亦无所去，全是真如妙性故也。非从空来者，谓如是
妄色，非从真空妙理中来。非从目出者，如是妄色，亦不
从本觉妙智中出。明其无所从来也。狂华无所从来，言色
阴无生。真如妙性中，本无如是虚妄之法。谓此色阴为因
缘自然者，皆是世间戏论分别，终不能得其实也。

　　次、会受阴。受阴虚妄，仅是幻触，本非因缘，非自
然性。若知幻触本空，非有似有，有即非有，则悟受阴本
如来藏妙真如性也。"手足宴安，百骸调适，忽如忘生，性
无违顺"，喻真性寂然，于真性中，本无违顺及苦乐也。
"以二手掌，于空相摩"，"妄生涩滑，冷热诸相"，二手掌
喻能所心境，空喻真如之性也。心境交接，研味不休，名
为相摩。由是于真如性中，妄生违顺及与苦乐等诸幻触，
名受阴也。"受阴当知亦复如是"，幻触非有，由研摩生；
受阴亦然，由妄感致。心境不交，即无违顺苦乐等相。故

知如是受阴，元是如来藏妙真如性也。不从空来者，如是幻触，不从真如妙性中来。不从掌出者，如是幻触，亦不从能所心境中出。若从境来，本无妄心，谁知幻触？若从心生，本无妄境，何得有触？如是幻触，无所从来，言受阴无生。真如妙性中，本无如是虚妄之法。谓此受阴为因缘自然者，皆是世间戏论分别，终不能得其实也。

次、会想阴。想阴不实，从虚妄有，本非因缘，非自然性。若知妄想本空，非有似有，有即非有，则悟想阴本如来藏妙真如性也。"谈说酢梅，口中水出；思蹋悬崖，足心酸涩。"因谈生酸想，因思生峻想。说非酢梅，口水何出？思非峻崖，足涩奚生？"想阴当知亦复如是"，如是想阴，皆如说酢思崖，全体虚妄，本不可得，唯是如来藏妙真如性也。不从梅生者，如是妄想，非从境来也。以此妄境，从妄心生，本非实有，何能生想？非从口入者，谓非入于口也。如是妄想，非从境入心。以本无酢梅等事，无妄境故，心亦叵得，何能生酸，乃至流水？思崖之事，类于谈梅。故知妄想，无所从来，言想阴无生也。想像虚妄，了无所有，本如来藏妙真如性。谓此想阴为因缘自然者，皆是世间戏论分别，终不能得其实也。

次、会行阴。如是行阴，唯是无常迁谢之法，从虚妄有，本非因缘，非自然性。若知行阴本空，虽似迁流，实无迁流，则悟行阴本如来藏妙真如性也。"譬如瀑流，波浪相续，前际后际，不相逾越。"急流之水，名曰瀑流。波浪相续者，前波引后波，后浪推前浪，前后相续，无有逾越。此喻前念才灭，后念续生，前引于后，后续于前，念念迁谢，新新不住。由是生死死生，如旋火轮，无有休息。而实如来藏性，本来不动，元无如是生灭迁流之相。故知行阴，全体虚妄，不可得也。"行阴当知亦复如是"，如是行阴，如瀑流水，前后相续，无以异也。真如妙性中，实无如是生灭迁流之可得也。"如是流性，不因空生"者，如是行阴，非是真空妙理之所生也。若真空理中，能生如是生灭迁流之相，则诸佛国土，皆被漂溺，岂复更有清净法界之可说哉！不因水有者，如是行阴不因本觉妙智而有。若本觉智中，有此生灭迁流之相，则一切贤圣，皆将永沦生死，岂复有三乘涅槃之可说哉！亦非水性者，如是行阴，生灭迁流，非是真如法性之所本有，以法性寂静，无如是漂溺之相也。非离空水者，然亦非离真空妙理及与本觉妙智，而有如是生灭之相也。故知行阴虚妄，无所从来。如来藏中，本无如是虚妄之法。谓此行阴为因缘自然者，皆是世间戏论分别，终不能得其实也。

次、会识阴。明识阴虚妄，如瓶盛空，本非因缘，非自然性。若知识阴本空，非有似有，有即非有，则悟识阴本如来藏妙真如性也。"取频伽瓶，塞其两孔，满中擎空。"频伽，好声鸟，瓶形似鸟，故以为名。瓶喻众生身；

空者，真如妙性也；塞两孔者，起我法二执也。真如妙性，本周法界，以二执故，转成妄识。满中者，即此妄识，全是妙性，弥满于中也。"千里远行，用饷他国"者，众生之身，随业流转，受生六道，百千万劫，迷不知返，为远行也。真如法界是我本土，六道生死名为他国。饷者，食义。一切众生皆依识食，义如饷也。"识阴当知亦复如是"，如是妄识，流转六道，与满中擎空，远饷千里，无以异也。若破二执，即此妄识全是妙性，故曰识阴本如来藏妙真如性也。"非彼方来"，如是妄识，非从真如妙性中来。真如法界，为本瓶地。真如法界中，平等无增减，不为众生故，而有所亏欠。"非此方入"，此方入者，入此方也。谓此妄识，不从真如法界入于轮回生死之中也。若有众生，破除二执，转识成智，亦复不见如是妄识从身中出。如是妄识，无所从来，言识阴无生。真如妙性中，本无如是虚妄之法。谓此识为因缘自然者，皆是世间戏论分别，终不能得其实也。

经文第二卷终。

《会解》曰："此卷之初，权且明正倒，辨缘影，择见精，示真量，一就其迷倒情计，为之拂心眼之尘翳，洗肺肠之垢浊，使心境洒落，真妄两忘，然后融会入如来藏，遂知根尘处界，法法无非妙真如性。此第二卷大旨也。"

楞严经卷三

"复次，阿难，云何六入本如来藏妙真如性？阿难，即彼目睛瞪发劳者，兼目与劳同是菩提瞪发劳相。因于明暗二种妄尘，发见居中，吸此尘象，名为见性。此见离彼明暗二尘毕竟无体。如是，阿难，当知是见非明暗来，非于根出，不于空生。何以故？若从明来，暗即随灭，应非见暗；若从暗来，明即随灭，应无见明；若从根生，必无明暗。如是见精本无自性。若于空出，前瞩尘象，归当见根；又空自观，何关汝入？是故当知：眼入虚妄，本非因缘，非自然性。"

"阿难，譬如有人以两手指急塞其耳，耳根劳故，头中作声。兼耳与劳同是菩提瞪发劳相。因于动静二种妄尘，发闻居中，吸此尘象，名听闻性。此闻离彼动静二尘毕竟无体。如是，阿难，当知是闻非动静来，非于根出，不于空生。何以故？若从静来，动即随灭，应非闻动；若从动来，静即随灭，应无觉静；若从根生，必无动静。如是闻体本无自性。若于空出，有闻成性，即非虚空；又空自闻，何关汝入？是故当知：耳入虚妄，本非因缘，非自然性。"

"阿难，譬如有人急畜其鼻，畜久成劳，则于鼻中闻有冷触；因触分别通塞虚实，如是乃至诸香臭气。兼鼻与劳同是菩提瞪发劳相。因于通塞二种妄尘，发闻居中，吸此尘象，名嗅闻性。此闻离彼通塞二尘毕竟无体。当知是闻非通塞来，非于根出，不于空生。何以故？若从通来，塞则闻灭，云何知塞？如因塞有，通则无闻，云何发明香臭等触？若从根生，必无通塞。如是闻机本无自性。若从空出，是闻自当回嗅汝鼻；空自有闻，何关汝入？是故当知：鼻入虚妄，本非因缘，非自然性。"

"阿难，譬如有人以舌舐吻，熟舐令劳。其人若病，则有苦味；无病之人，微有甜触。由甜与苦，显此舌根不动之时，淡性常在。兼舌与劳同是菩提瞪发劳相。因甜苦、淡二种妄尘，发知居中，吸此尘象，名知味性。此知味性离彼甜苦及淡二尘毕竟无体。如是，阿难，当知如是尝苦淡知，非甜苦来，非因淡有，又非根出，不于空生。何以故？若甜苦来，淡则知灭，云何知淡？若从淡出，甜即知亡，复云何知甜苦二相？若从舌生，必无甜淡及与苦尘。斯知味根本无自性。若于空出，虚空自味，非汝口知；又空自知，何关汝入？是故当知：舌入虚妄，本非因缘，非自然性。"

"阿难，譬如有人以一冷手触于热手，若冷势多，热者从冷；若热功胜，冷者成热。如是以此合觉之触显于离知，涉势若成，因于劳触。兼身与劳同是菩提瞪发劳相。因于离合二种妄尘，发觉居中，吸此尘象，名知觉性。此知觉体离彼离合违顺二尘毕竟无体。如是，阿难，当知是觉，非离合来，非违顺有，不于根出，又非空生。何以故？若合时来，离当已灭，云何觉离？违顺二相亦复如是。若从根出，必无离、合、违、顺四相，则汝身知元无自性。必于空出，空自知觉，何关汝入。是故当知：身入虚妄，本非因缘，非自然性。"

"阿难，譬如有人劳倦则眠，睡熟便寤；览尘斯忆，失忆为忘。是其颠倒，生住异灭，吸习中归，不相逾越，称意知根。兼意与劳同是菩提瞪发劳相。因于生灭二种妄尘，集知居中；吸撮内尘，见闻逆流，流不及地，名觉知性。此觉知性离彼寤寐生灭二尘毕竟无体。如是，阿难，当知如是觉知之根，非寤寐来，非生灭有，不于根出，亦非空生。何以故？若从寤来，寐即随灭，将何为寐？必生时有，灭即同无，令谁受灭？若从灭有，生即灭无，谁知生者？若从根出，痛寐二相随身开合，离斯二体，此觉知者同于空华，毕竟无性。若从空生，自是空知，何关汝入？是故当知：意入虚妄，本非因缘，非自然性。"

会缘入实者，会阴、入、处、界及与七大诸缘生妄法，同入如来藏妙真如性也。此有五科，一会五阴已竟，今为第二会六入，入如来藏妙真如性也。

六入者，谓眼、耳、鼻、舌、身、意六根也。六入，亦云六处，谓六尘妄境所入之处也。亦是六识所生之处，根境二法，俱为识生之处。六尘妄境，于第三科十二处中破，此科则是破六根也。

"六入本如来藏妙真如性"者，犹前所说"一切浮尘诸幻化相，当处出生，随处灭尽，幻妄称相，其性真为妙觉明体"者是也。诸法本空，毕竟无体，无体之体，是为妙觉明体。六入虚妄，本无自性，无性之性，即是如来藏妙真如性。

初、会眼入。

"即彼目睛，瞪发劳者"，目睛喻本觉之智；瞪者，无明不觉也；劳者，业识妄动也。前以喻明，今以法释。法释奈何？言目睛者，眼入也。瞪发劳者，谓本觉之智，以妄动故，现于眼根；眼根劳故，而有所见，名发劳也。此明眼入虚妄也。

如是眼入，若离明暗，毕竟无体。明谓色境，暗则并色境亦不可得。离明暗境，即无眼入，此谓眼入无自性也。如是眼入，不从明暗生。若从明生，是不从暗生也，不从暗生，对暗境时，应无眼入，而实不然。若从暗生，是不从明生也，不从明生，对明境时，亦应无眼，而亦不然。亦不从根生，从根生者，谓眼入自己从眼入生，而眼入本无自性，不能自生，若无明暗等境，即无眼入。亦不从虚空生，若从虚空生，则虚空成为我之眼根，而眼根却成所见之境，理之所不可也。不从根生者，非自生也；不从明暗生者，非他生也；既非自根生，亦非明暗生，各各不生，共亦不生；不从空生，非无因生也。四检不生，则悟眼入无生。若悟眼入无生，则悟一切法无生。悟无生故，则得亲见如来藏妙真如性矣。

或疑：一切诸法，从因缘生，今云何言，本非因缘？一切诸法，如空花梦境，无所从来，亦无所去，全体虚妄，不可究诘，故不可言因缘也。又疑：一切诸法，非因缘生，应自然有。一切诸法，性相皆空，真空法界中，一微尘许法尚不可得，何得言自然有也？一切诸法，非因缘生，非自然有，亦不可说是有是无等，唯是如来藏妙真如性。若于一切法上，得见如来藏妙真如性，是即名为"见性"也。

次、会耳入。

"譬如有人，以两手指，急塞其耳，耳根劳故，头中作声"，此乃假设其事，晓谕令悟，非取比况之义。此明耳入虚妄也。

如是耳入，若离动静，毕竟无体。动谓声境，静则并声境亦不可得。离动静境，即无耳入，此谓耳入无自性也。如是耳入，不从动静生。若从动生，则对静境，应无耳入；若从静生，对动境时，亦应无耳。亦不从根生，从根生者，谓耳入自己从耳入生，而耳入本无自性，不能自生。亦不从虚空生，若从虚空生，则虚空应名耳根，既名耳根，即不得名为虚空也。不从根生，非自生也；不从动静生，非他生也；既非自根生，亦非动静生，各各不生，共亦不生；不从空生，非无因生也。四检不生，则悟耳入无生。若悟耳入无生，则悟一切法无生，而得亲见如来藏妙真如性矣。下皆仿此。

三、会鼻入。

"譬如有人，急搐其鼻，搐久成劳，则于鼻中，闻有冷触"等，搐，缩气也。此亦假设其事，令悟鼻入虚妄也。

如是鼻入，若离通塞，毕竟无体。通，谓闻诸香臭等气。塞则诸香臭气，皆不得闻。离通塞境，即无鼻入，此谓鼻入无生也。如是鼻入，不从通塞生，亦不从鼻生，亦非二者共生，亦非虚空生。四检不生，则悟鼻入无生。悟鼻入无生故，则悟一切法无生，而得亲见如来藏妙真如性矣。

四、会舌入。

"譬如有人，以舌舐吻，熟舐令劳"等，言舌入虚妄也。

如是舌入，若离甜苦及淡，毕竟无体。甜苦味境，淡则无味可得。离甜苦淡即无舌入，此谓舌入无自性也。如是舌入，不从甜淡生，亦不从舌根生，亦非二者共生，亦非从虚空生。四检不生，则悟舌入无生，而得亲见如来藏妙真如性矣。

五、会身入。

"譬如有人，以一冷手，触于热手"等，言身入虚妄也。

如是身入，若离离合违顺，毕竟无体。合谓触境，违顺二相，由触境生，离则无境可触。离于离合违顺等境，即无身入，此谓身入无自性也。如是身入，不从离合违顺生，亦不从根生，亦非二者共生，亦非从虚空生。四检不生，则悟身入无生，而得亲见如来藏妙真如性矣。

或疑：身入应从违顺二境生。而实不然，若从违生，从违生故，遇顺境时，应无知觉；若从顺生，从顺生故，遇违境时，亦应无觉。故知身入，非从违顺生也。合尚不生，况于离乎？如是身入，不从违顺离合生，又无自性，不从自根生，不共、不无因，故知身入无生也。

六、会意入。

"劳倦则眠，睡熟便寤"等，言意入虚妄也。

览尘则忆，失忆便忘，忆之则生，忘之则灭。如是生灭二种妄尘，复为生住异灭四相，皆为颠倒，以真如界中无如是生灭之相也。"吸习中归，不相逾越"者，吸取如是生灭妄习，中归意根；四相刹那，前后不杂，名不逾越。是即名为意知根也。"见闻逆流，流不及地"者，谓此意根明忆之时，能逆缘落谢五尘，名逆流也。而此意根忘失之时，则五尘境，即为攀缘不及之地，名流不及地也。此处"流"字，有流荡、流连之意。亦可谓意根虽能缘落谢五尘，而现实五尘之境，终不能流及于意地，名流不及地也。

如是意入，若离寤寐生灭，毕竟无体。寤则能忆，寐则便忘，生时有知，灭则全无。离忆忘生灭，即无意入，此谓意入无自性也。如是意入，不从寤寐生灭生，不从意根生，亦非二者共生，亦不从虚空生。四检不生，则悟意入无生，而得亲见如来藏妙真如性矣。

或疑：六根明明是有，何得云无生也？答曰：汝谓明明是有者，乃明明无生灭者也。无生无灭之法，何得谓之为有也？何以故？根不自生，不自生者，谓根从境生，所谓"由尘发知"者是也。若离于境，毕竟无根可得，故曰本无自性。自性尚无，何能自生？又根非他生，非他生者，谓非从境生也。例如眼根，若言眼根从明生者，既从明生，对暗即无；对暗若无，应不见暗。今见暗故，则知非从明生也。若言眼根从暗生者，既从暗生，对明即无；对明无故，应不见明。今见明故，则知非从暗生也。离明暗外，更无眼根所对之境。眼根不从明暗境生，故知非他生也。又根非根境共生，根无自性，不从自根生；境虽转变，而根皆能见，亦非从外境生。根境各各不生，何得共生？又根不从虚空生，虚空本无所有，无所有中，云何能生诸根？故知非无因生也。自、他、共、无因，皆不生根，则知六根本无生也。根无生故，一切法皆无生也。无生故无灭。无生无灭，而谓是有，故曰虚妄有生，虚妄有灭。如是虚妄之法，性相皆空，本是如来藏妙真如性也。或疑：谓诸根虚妄可也，何以知其为如来藏妙真如性乎？答曰：虚妄之法，不能自起，必有所依。如依晴空，而有狂华；如依明灯，而有眚影。依如来藏妙真如性，而有如是虚妄之法。今悟狂华非有，则见晴空矣；悟眚影本空，则见明灯矣。悟诸法虚妄，无生无灭，则见如来藏妙真如性，亦若是而已也。

戊三、会十二处

"复次，阿难，云何十二处本如来藏妙真如性？阿难，汝且观此只陀树林及诸泉池。于意云何？此等为是色生眼见？眼生色相？阿难，若复眼根生色相者，见空非色，色性应销，销则显发一切都无；色相既无，谁明空质？空亦如是。若复色尘生眼见者，观空非色，见即销亡，亡则都无，谁明空色？是故当知：见与色空俱无处所。即色与见二处虚妄，本非因缘，非自然性。"

"阿难，汝更听此祇陀园中，食办击鼓，众集撞钟，钟鼓音声前后相续。于意云何？此等为是声来耳边？耳往声处？阿难，若复此声来于耳边，如我乞食室罗筏城，在祇陀林则无有我；此声必来阿难耳处，目连、迦叶应不俱闻。何况其中一千二百五十沙门，一闻钟声同来食处。若复汝耳往彼声边，如我归住祇陀林中，在室罗城则无有我。汝闻鼓声，其耳已往击鼓之处，钟声齐出，应不俱闻。何况其中象、马、牛、羊种种音响。若无来往，亦复无闻。是故当知：听与音声俱无处所。即听与声二处虚妄，本非因缘，非自然性。"

"阿难，汝又嗅此炉中旃檀，此香若复然于一铢，室罗筏城四十里内同时闻气。于意云何？此香为复生旃檀木？生于汝鼻？为生于空？阿难，若复此香生于汝鼻，称鼻所生，当从鼻出，鼻非旃檀，云何鼻中有旃檀气？称汝闻香，当于鼻入，鼻中出香，说闻非义。若生于空，空性常恒，香应常在，何藉炉中蒸此枯木？若生于木，则此香质因蒸成烟，若鼻得闻，合蒙烟气。其烟腾空未及遥远，四十里内云何已闻？是故当知：香鼻与闻俱无处所。即嗅与香二处虚妄，本非因缘，非自然性。"

"阿难，汝常二时众中持钵，其间或遇酥、酪、醍醐，名为上味。于意云何？此味为复生于空中？生于舌中？为生食中？阿难，若复此味生于汝舌，在汝口中只有一舌，其舌尔时已成酥味，遇黑石蜜，应不推移。若不变移，不名知味；若变移者，舌非多体，云何多味一舌之知？若生于食，食非有识，云何自知？又食自知，即同他食，何预于汝，名味之知？若生于空，汝啖虚空，当作何味？必其虚空若作咸味，既咸汝舌，亦咸汝面，则此界人同于海鱼。既常受咸，了不知淡。若不识淡，亦不觉咸，必无所知，云何名味？是故当知：味舌与尝俱无处所。即尝与味二俱虚妄，本非因缘，非自然性。"

"阿难，汝常晨朝以手摩头。于意云何？此摩所知，谁为能触？能为在手？为复在头？若在于手，头则无知，云何成触？若在于头，手则无用，云何名触？若各各有，则汝阿难应有二身。若头与手，一触所生，则手与头当为一体。若一体者，触则无成。若二体者，触谁为在？在能非所，在所非能，不应虚空与汝成触。是故当知：

觉触与身俱无处所。即身与触二俱虚妄，本非因缘，非自然性。"

"阿难，汝常意中所缘善、恶、无记三性，生成法则。此法为复即心所生？为当离心别有方所？阿难，若即心者，法则非尘，非心所缘，云何成处？若离于心别有方所，则法自性为知、非知？知则名心，异汝非尘，同他心量。即汝即心，云何汝心更二于汝？若非知者，此尘既非色、声、香、味，离、合、冷、暖，及虚空相，当于何在？今于色空都无表示，不应人间更有空外。心非所缘，处从谁立？是故当知：法则与心俱无处所。则意与法二俱虚妄，本非因缘，非自然性。"

会缘入实有五科：初会五阴，次会六入，今第三会十二处也。会十二处入实者，谓十二处本如来藏妙真如性也。

十二处者，六根与六境也。根已前破。今十二处，虽根境相对而破，正为破境。破境无生者，即会六境入如来藏也。

初、眼色处。

"眼根生色相"等者，明色境非从眼生也。眼若能生色境者，见空之时，无有色境；由色显空，今既无色，从谁显空？空色俱无，境复何有？此明色境不从眼根生也。空亦如是者，明空境亦非从眼生也。

"色尘生眼见"等者，明眼根非从色境生也。眼根若从色境生者，见空之时，无有色境；色境无故，即应无眼；无眼根故，谁复见空？见色之时，例此可知。

故知眼根及与色空，俱无处所，皆不可得。眼不生色，色不生眼，如是二处，皆虚妄有，元无生灭。非因缘自然故，唯是如来藏妙真如性也。

二、耳声处。

"声来耳边"等者，明声不至耳也。声若至耳，其声既至阿难耳边，不应同时至一千二百五十沙门耳边。如我至于室罗筏城，则不复同时至于祇陀林也。

"耳往声处"等者，耳不至声也。耳若至声，如阿难耳，既至鼓处，不应同时至于钟处。如我归于祇陀林时，则不同时在室罗筏城也。

故知耳之与声，俱无处所，皆不可得。声不至耳，耳不至声，如是二处，皆虚妄有，元无生灭，亦非因缘自然，唯是如来藏妙真如性也。

三、鼻香处。

"香生于鼻"等者，明香非从鼻生也。鼻若能生香者，则鼻中自生旃檀等气，旃檀等气，从鼻而出；香从外来，而入于鼻，名为闻香。今香从鼻出，则闻香时，应是闻鼻，鼻已被闻，谁是能闻？

"若生于空"等者，明香非从空生也。香从空生，空性常恒，香应常在，而实不然。

"若生于木"等者，明香非从木生也。旃檀之香，若从旃檀木生者，蓺木成烟，烟至于鼻，乃应闻香；今烟不至鼻，便已闻香，故知此香非从木生也。以凡夫现量观之，香实生于木。今谓木若生香，木即是香，何待于焚？又木若生香，木应自闻，何待于鼻？故知木不生香也。

如是香尘，不生于鼻，不生于空，亦不生于木。则知香之于鼻，二皆虚妄，元无生灭，亦非因缘自然，唯是如来藏妙真如性也。

四、舌味处。

"若复此味生于舌"等者，明味非生于舌也。若味生于舌者，舌既是一，味何以多？

"若生于食"等者，明味非生于食也。若味生于食，食无辨味之能，则不知味。食不知味，云何可言味生于食？食若知味，即同他食，与我何预？

"若生于空"等者，明味非生于空也。若味生于空，而作咸味者，则虚空遍一切处，一切处皆成咸味；一切众生，处虚空中，即同海鱼，通身是咸，有是理乎？空若生咸，则无有淡；若无有淡，何显于咸？咸淡二味，俱不安立，是则无味；味本非有，云何可言生于空耶？

如是味尘，不生于舌，不生于食，亦不生于空。则知味之与舌，二皆虚妄，元无生灭，亦非因缘自然，唯是如来藏妙真如性也。

五、身触处。

"若在于手"等者，明触非生于手也。若生于手，则离于头，亦应成触，今不然也。

"若在于头"等者，明触非生于头也。若生于头，则离于手，亦应成触，而亦不然。

"若各各有"等者，明非头手各各生触也。若各各生，则有二触；有二触故，则成二身，亦不然也。

"一触所生"等者，明非头手共生触也。若头手共生，而为一触，则头与手，应成一体；若成一体，则无能所，无能所故，即不成触。若二体者，谁为能触？谁为所触？能所不成，亦不成触。

"不应虚空，与汝成触"者，明触非从空生也。

如是触尘，非生于手，非生于头，非各各生，亦非共生，亦不从虚空生。则知触之与身，二皆虚妄，元无生灭，亦非因缘自然，唯是如来藏妙真如性也。

六、意法处。

意谓意根，经名之为心。法者，意之所缘。善恶无记，三性之法，摄一切尽。自然而然，故云生成；轨生物解，名曰法则。

"若即心者"等者，明非即心是法也。若即心是法，法即非心所缘；非心所缘，云何名法？

"若离心者"等者，明非离心有法也。若离心有法，则此法尘，为有知？为无知？法若有知，即应名心。此有知之法，既离我心别有，即应同于他人之心。若谓此有知之法，即是我心，则离我心外，复有我心，即成二心，亦不可也。法若无知，则此法者，其相云何？既非色、声、香、味及与触尘，亦非虚空；非一切故，心无所缘；无所缘故，法不可得。

如是法尘，非即心有，非离心有。则知法之与心，二皆虚妄，元无生灭，亦非因缘自然，唯是如来藏妙真如性也。

会十二处竟。

戊四、会十八界

"复次，阿难，云何十八界本如来藏妙真如性？阿难，如汝所明，眼色为缘，生于眼识。此识为复因眼所生，以眼为界？因色所生，以色为界？阿难，若因眼生，既无色空，无可分别；纵有汝识，欲将何用？汝见又非青、黄、赤、白，无所表示，从何立界？若因色生，空无色时，汝识应灭，云何识知是虚空性？若色变时，汝亦识其色相迁变，汝识不迁，界从何立？从变则变，界相自无；不变则恒；既从色生，应不识知虚空所在。若兼二种，眼色共生，合则中离，离则两合，体性杂乱，云何成界？是故当知：眼色为缘，生眼识界，三处都无。则眼与色及色界三，本非因缘，非自然性。"

"阿难，又汝所明，耳声为缘，生于耳识。此识为复因耳所生，以耳为界？因声所生，以声为界？阿难，若因耳生，动静二相既不现前，根不成知，必无所知，知尚无成，识何形貌？若取耳闻，无动静故，闻无所成，云何耳形杂色触尘，名为识界？则耳识界复从谁立？若生于声，识因声有，则不关闻。无闻则亡声相所在。识从声生，许声因闻而有声相，闻应闻识。不闻非界，闻则同声，识已被闻，谁知闻识？若无知者，终如草木。不应声闻杂成中界。界无中位，则内外相复从何成？是故当知：耳声为缘，生耳识界，三处都无。则耳与声及声界三，本非因缘，非自然性。"

"阿难，又汝所明，鼻香为缘，生于鼻识。此识为复因鼻所生，以鼻为界？因香所生，以香为界？阿难，若因鼻生，则汝心中以何为鼻？为取肉形双爪之相，为取嗅知动摇之性？若取肉形，肉质乃身，身知即触，名身非鼻；名触即尘，鼻尚无名，云何立界？若取嗅知，又汝心中以何为知？以肉为知，则肉之知元触非鼻。以空为知，空则自知，肉应非觉。如是则应虚空是汝。汝身非知，今日阿难应无所在。以香为知，知自属香，何预于汝？若香臭气必生汝鼻，则彼香臭二种流气不生伊兰及旃檀木。二物不来，汝自嗅鼻为香为臭？臭则非香，香应非臭；若香臭二俱能闻者，则汝一人应有两鼻。对我问道，有二阿难，谁为汝体？若鼻是一，香臭无二，臭既为香，香复成臭，二性不有，界从谁立？若因香生，识因香有，如眼有见不能观眼；因香有故，应不知香。知即非生，不知非识。香非知有，香界不成；识不知香，因界则非从香建立。既无中间，不成内外，彼诸闻性毕竟虚妄。是故当知：鼻香为缘，生鼻识界，三处都无。则鼻与香及香界三，本非因缘，非自然性。"

"阿难，又汝所明，舌味为缘，生于舌识。此识为复因舌所生，以舌为界？因味所生，以味为界？阿难，若因舌生，则诸世间甘蔗、乌梅、黄连、石盐、细辛、姜、桂，都无有味。汝自尝舌，为甜为苦？若舌性苦，谁来尝舌？舌不自尝，孰为知觉？舌性非苦，味自不生，云何立界？若因味生，识自为味，同于舌根，应不自尝，云何识知是味非味？又一切味非一物生，味既多生，识应多体。识体若一，体必味生，咸、淡、甘、辛和合俱生诸变异相，同为一味，应无分别。分别既无，则不名识，云何复名舌味识界？不应虚空生汝心识。舌味和合，即于是中元无自性，云何界生？是故当知：舌味为缘，生舌识界，三处都无。则舌与味及舌界三，本非因缘，非自然性。"

"阿难，又汝所明，身触为缘，生于身识。此识为复因身所生，以身为界？因触所生，以触为界？阿难，若因身生，必无合离二觉观缘，身何所识？若因触生，必无汝身，谁有非身知合离者？阿难，物不触知，身知有触。知身即触，知触即身。即触非身，即身非触。身触二相元无处所，合身即为身自体性；离身即是虚空等相。内外不成，中云何立？中不复立，内外性空，则汝识生从谁立界？是故当知：身触为缘，生身识界，三处都无。则身与触及身界三，本非因缘，非自然性。"

"阿难，又汝所明，意法为缘，生于意识。此识为复因意所生，以意为界？因法所生，以法为界？阿难，若因意生，于汝意中必有所思，发明汝意；若无前法，意无所生。离缘无形，识将何用？又汝识心与诸思量兼了别性，为同为异？同意即意，云何所生？异意不同，应无所识。若无所识，云何意生？若有所识，云何识意？唯同与异，二性无成，界云何立？若因法生，世间诸法不离五尘，汝观色法及诸声法、香法、味法及与触法，相状分明，以对五根，非意所摄。汝识决定依于法生，今汝谛观法法何状？若离色空、动静、通塞、合离、生灭，越此诸相，终无所得。生则色空诸法等生，灭则色空诸法等灭。所因既无，因生有识，作何形相？相状不有，界云何生？是故当知：意法为缘，生意识界，三处都无。则意与法及意界三，本非因缘，非自然性。"

此下第四会十八界也。会十八界入实者，谓十八界本如来藏妙真如性也。

根境识三，各各有六，为十八界也。界是因义，根境与识，互为因故；又种族义，根境及识，各成一种族，又眼等六，各别成种族故。此十八界，虽相对而破，正为破识。其根与境，前已破故。破识无生者，即会六识入如来藏也。

初、眼色界。

"若因眼生"等者，明眼识非从眼根生也。若从眼生，既无色空，纵有眼识，无所了别，与无识等。又眼根非是青黄赤白，无所表示；根尚不可得，何能生识？故知识非从根生也。

"若因色生"等者，明眼识非从色境生也。若从色生，空无色时，识应随灭；识既灭已，谁辨虚空？若识从色生，色相迁变，识知其变，识应不灭；识既不变，云何可言识从色生？识若迁变，识即无常，无常即空，空即非有；识既非有，云何色生？识若不变，既从色生，唯应识色，不应知空。

"眼色共生"等者，明眼识非从根境共生也。若共生者，眼根有知，而境无知，知与无知，二相不同，云何可共？若是共生，则应眼识一半有知，一半无知，知、无知异，名为"中离"。又共生者，一半合根，一半合境，则成杂乱，乖种族义，皆不可也。

如是眼识不从眼生，不从色生，亦非眼色共生。则知眼色为缘，生眼识界，三皆虚妄，元无生灭，亦非因缘自然，唯是如来藏妙真如性也。

二、耳声界。

"若因耳生"等者，明耳识非从根生也。若从耳根生，苟无动静之相，无声尘故，根不成知；不成知故，根不可得；根尚叵得，从何生识？若谓耳根与声尘相触，则能生识，此耳但如卷叶，徒具其形，何能触尘而生于识？

"若生于声"等者，明耳识非从声尘生也。若从声生，苟无耳根，则不知声；声相尚无，何能生识？又若识从声生，此声可闻，从声生识，此识亦应可闻；识既被闻，则不复具了别之性，无了别性，云何名识？

"不应声闻杂成中界"等者，明耳识非根境共生也。声无知而根有知，声在外而根在内，不应二者合成中界。中界既无，边亦不立。则内根外境，义皆不成，根境不成，何能生识？

如是耳识，不从声生，不从耳生，亦非根境共生。则知耳声为缘，生耳识界，三皆虚妄，元无生灭，亦非因缘自然，唯是如来藏妙真如性也。

三、鼻香界。

"若因鼻生"等者，明鼻识非从鼻根生也。识若从鼻根生者，且以何为鼻？若以肉形双爪之相为鼻者，肉形为身，云何言鼻？鼻尚不可得，何能生识？若以嗅知名为鼻者，且以何者名之为知？若谓肉形，肉则为身，身之所知，应名为触；身自知触，非鼻闻香。若以虚空名为知者，虚空自知，何预于鼻？空若能知，则身无觉，身无觉故，即名无身；身尚非有，何处有鼻？若以香为知，知自属香，与鼻何预？若谓由有我鼻，故有香臭，则香臭二气，不从旃檀及伊兰生，自于鼻中出香臭气。但自嗅鼻，为香为臭？香臭二气，若俱闻者，鼻应有二；鼻有二故，身亦应二。若鼻是一，则香臭亦应一，如是香即是臭，臭即是香。香臭不成，云何名闻？此皆明鼻识非从鼻根生也。

"若因香生"等者，明鼻识非从香生也。香能生识，识因香有，应不知香，如见因眼有，则不见眼。若谓识能知香，即非从香生；若不知香，则是无识。香不因根，香即非有；识不知香，识亦叵得。香非有故，根亦不立。则内根外境悉皆不成，何处更有能闻之性？

如是鼻识，不从鼻生，亦不从香尘生。则知鼻香为缘，生鼻识界，三皆虚妄，元无生灭，亦非因缘自然，唯是如来藏妙真如性也。

四、舌味界。

"若因舌生"等者，明舌识非从舌根生也。若从根生，都无有味，但尝自舌，为甜为苦？若舌为苦，识从舌生，不能自尝，谁知此苦？若不知苦，何名为识？若舌非苦，则不生味，味本不生，识复何用？

"若因味生"等者，明舌识非从味尘生也。若从味生，识自为味，味不自尝，云何了别是甜是苦？又味有多种，识亦应多；识体若一，味亦应一。识若多体，应成多人；味若是一，则无甜苦咸淡诸相。不辨诸味，云何名识？

"不应虚空"等者，明舌识非从虚空生也。

"舌味和合"等者，明舌识非舌味共生也。舌味共生者，是则此识，一半属舌，一半属味，无自性可得。

如是舌识，非从舌生，非从味生，非从虚空生，亦非舌味和合而生。则知舌味为缘，生舌识界，三皆虚妄，元无生灭，亦非因缘自然，唯是如来藏妙真如性也。

五、身触界。

"若因身生"等者，明身识非从身根生也。若从身根生，必无合离，即无身识，无所了别故。

"若因触生"等者，明身识非从触尘生也。若从触生，必无身根；无身根故，触尚非有，云何生识？因触有身，因身有触，离触无身，离身无触，身触二相，元无处所。

身触尚无，从何生识？触若即身，应名为根；触若离身，则为虚空。触不可得，何能生识？内身外触，皆不可得，根境不存，何为识相？三位俱空，识从何立？

如是身识，不从身根生，不从触尘生。则知身触为缘，生身识界，三皆虚妄，元无生灭，亦非因缘自然，唯是如来藏妙真如性也。

六、意法界。

"若因意生"等者，明意识非从意根生也。若从意生，苟无前法，意即不生；意尚非有，云何生识？且心意识三，是同是异？若云是同，则意识即是意根。识即是根，根即是识，何得言根为能生，识为所生？若云是异，意根有知，识应无知；识无知故，则不名识。若谓意根无知，而识有知，则识为能知，根却成所知；所知是境，不应名根。是故同异皆不可说。

"若因法生"等者，明意识非从法尘生也。色声等五尘，相状分明，唯此法尘，实无相状。若以生灭为法尘者，生则色空诸法等生，灭则色空诸法等灭；离五尘境，实无法尘可得。法尘尚无，从何生识？

如是意识，不从意根生，亦不从法尘生。则知意法为缘，生意识界，三皆虚妄，元无生灭，亦非因缘自然，唯是如来藏妙真如性也。

会十八界竟。

六入、十二处、十八界等，不自生，不他生，不共生，不无因生，是为无生。无生故无灭，无生灭故实不可得。今见有种种相状者，皆是真心随缘所现，譬如空花眚影，宛转虚妄，不可究诘。故曰，观相元妄，无可指陈；观性元真，唯妙觉明。此妙觉明心，是为真心，即如来藏妙真如性也。若悟诸法本空，相皆虚妄，则自识得此心。识此心者，名见道也。

戊五、会七大

阿难白佛言："世尊，如来常说和合因缘：一切世间种种变化，皆因四大和合发明。云何如来因缘、自然二俱排摈？我今不知斯义所属，惟垂哀愍，开示众生中道了义无戏论法。"

尔时，世尊告阿难言："汝先厌离声闻、缘觉诸小乘法，发心勤求无上菩提，故我今时为汝开示第一义谛，如何复将世间戏论、妄想因缘而自缠绕？汝虽多闻，如说药人，真药现前不能分别，如来说为真可怜愍。汝今谛听，吾当为汝分别开示，亦令当来修大乘者通达实相。"阿难默然，承佛圣旨。

"阿难，如汝所言：'四大和合，发明世间种种变化。'阿难，若彼大性体非和合，则不能与诸大杂和，犹如虚空不和诸色。若和合者，同于变化：始终相成，生灭相续；生死死生，生生死死，如旋火轮，未有休息。阿难，如水成冰，冰还成水。汝观地性：粗为大地，细为微尘，至邻虚尘，析彼极微，色边际相，七分所成，更析邻虚，即实空性。阿难，若此邻虚析成虚空，当知虚空出生色相。汝今问言：'由和合故，出生世间诸变化相。'汝且观此一邻虚尘，用几虚空和合而有？不应邻虚合成邻虚。又邻虚尘析入空者，用几色相合成虚空？若色合时，合色非空；若空合时，合空非色；色犹可析，空云何合？汝元不知，如来藏中，性色真空，性空真色，清净本然，周遍法界，随众生心，应所知量，循业发现。世间无知，惑为因缘及自然性，皆是识心分别计度，但有言说，都无实义。"

"阿难，火性无我，寄于诸缘。汝观城中未食之家，欲炊爨时，手执阳燧日前求火。阿难，名和合者，如我与汝、一千二百五十比丘，今为一众；众虽为一，诘其根本，各各有身，皆有所生氏族名字，如舍利弗，婆罗门种；优楼频螺，迦叶波种；乃至阿难，瞿昙种姓。阿难，若此火性因和合有，彼手执镜于日求火，此火为从镜中而出？为从艾出，为于日来？阿难，若日来者，自能烧汝手中之艾，来处林木皆应受焚。若镜中出，自能于镜出然于艾，镜何不镕？纡汝手执尚无热相，云何融泮？若生于艾，何藉日镜光明相接，然后火生？汝又谛观：镜因手执，日从天来，艾本地生，火从何方游历于此？日镜相远，非和非合，不应火光无从自有。汝犹不知，如来藏中，性火真空，性空真火，清净本然，周遍法界，随众生心，应所知量。阿难，当知世人一处执镜，一处火生；遍法界执，满世间起。起遍世间，宁有方所，循业发现。世间无知，惑为因缘及自然性，皆是识心分别计度，但有言说，都无实义。"

"阿难，水性不定，流息无恒。如室罗城迦毗罗仙、斫迦罗仙，及钵头摩、诃萨多等诸大幻师，求太阴精用和幻药，是诸师等，于白月昼手执方诸，承月中水。此水为复从珠中出？空中自有？为从月来？阿难，若从月来，尚能远方令珠出水，所经林木皆应吐流；流则何待方诸所出？不流，明水非从月降。若从珠出，则此珠中常应流水，何待中宵承白月昼？若从空生，空性无边，水当无际，从人洎天，皆同滔溺，云何复有水、陆、空行？汝更谛观：月从天陟，珠因手持，承珠水盘，本人敷设，水从何方流注于此？月珠相远，非和非合，不应水精无从自有。汝尚不知，如来藏中，性水真空，性空真水，清净本然，周遍法界，随众生心，应所知量：一处执珠，一处水出；遍法界执，满法界生，生满世间，宁有方所，循业发现。世间无知，惑为因缘及自然性，皆是识心分别计度，但有言说，都无实义。"

"阿难，风性无体，动静不常。汝常整衣，入于大众，僧伽梨角动及傍人，则有微风拂彼人面。此风为复出袈裟角？发于虚空？生彼人面？阿难，此风若复出袈裟角，汝乃披风；其衣飞摇，应离汝体。我今说法，会中垂衣，汝看我衣，风何所在？不应衣中有藏风地？若生虚空，汝衣不动，何因无拂？空性常住，风应常生；若无风时，虚空当灭；灭风可见，灭空何状？若有生灭，不名虚空；名为虚空，云何风出？若风自生被拂之面，从彼面生，当应拂汝。自汝整衣，云何倒拂？汝审谛观：整衣在汝，面属彼人；虚空寂然，不参流动；风自谁方鼓动来此？风空性隔，非和非合，不应风性无从自有。汝宛不知，如来藏中，性风真空，性空真风，清净本然，周遍法界，随众生心，应所知量。阿难，如汝一人微动服衣有微风出，遍法界拂，满国土生，周遍世间，宁有方所，循业发现。世间无知，惑为因缘及自然性，皆是识心分别计度，但有言说，都无实义。"

"阿难，空性无形，因色显发。如室罗城去河遥处，诸刹利种，及婆罗门、毗舍、首陀，兼颇罗堕、旃陀罗等，新立安居，凿井求水，出土一尺，于中则有一尺虚空；如是乃至出土一丈，中间还得一丈虚空，虚空浅深，随出多少。此空为当因土所出？因凿所有？无因自生？阿难，若复此空无因自生，未凿土前何不无碍？唯见大地迥无通达。若因土出，则土出时应见空入，若土先出无空入者，云何虚空因土而出？若无出入，则应空土元无异因；无异则同，则土出时空何不出？若因凿出，则凿出空，应非出土。不因凿出，凿自出土，云何见空？汝更审谛，谛审谛观"凿从人手，随方运转，土因地移，如是虚空因何所出？凿空虚实，不相为用，非和非合，不应虚空无从自出。若此虚空性圆周遍，本不动摇，当知现前地水火风均名五大，性真圆融，皆如来藏，本无生灭。阿难，汝心昏迷，不悟四大元如来藏，当观虚空为出？为入？为非出入？汝全不知如来藏中，性觉真空，性空真觉，清净本然，周遍法界，随众生心，应所知量。阿难，如一井空，空生一井。十方虚空亦复如是，圆满十方，宁有方所，循业发现。世间无知，惑为因缘及自然性，皆是识心分别计度，但有言说，都无实义。"

"阿难，见觉无知，因色空有。如汝今者在祇陀林，朝明夕昏，设居中宵，白月则光，黑月便暗，则明暗等，因见分析。此见为复与明暗相并太虚空为同一体？为非一体？或同、非同？或异、非异？阿难，此见若复与明与暗及与虚空元一体者，则明与暗二体相亡，暗时无明，明时无暗。若与暗一，明则见亡；必一于明，暗时当灭，灭则云何见明见暗？若明暗殊，见无生灭，一云何成？若此见精与暗与明非一体者，汝离明暗及与虚空，分析见元，作何形相？离明离暗及离虚空，是见元同龟毛兔角；明、暗、虚空三事俱异，从何立见？明暗相背，云何或同？离三元无，云何或异？分空分见，本无边畔，云何非同？见暗见明，性非迁改，云何非异？汝更细审，微细审详，审谛审观：明从太阳，暗随黑月，通属虚空，壅归大地，如是见精因何所出？见觉空顽，非和非合，不应见精无从自出。若见、闻、知，性圆周遍，本不动摇，当知无边不动虚空，并其动摇地水火风均名六大，性真圆融，皆如来藏，本无生灭。阿难，汝性沉沦，不悟汝之见闻觉知本如来藏，汝当观此见闻觉知为生为灭？为同为异？为非生灭？为非同异？汝曾不知，如来藏中，性见觉明，觉精明见，清净本然，周遍法界，随众生心，应所知量。如一见根，见周法界，听、嗅、尝触、觉触、觉知，妙德莹然，遍周法界，圆满十虚，宁有方所，循业发现。世间无知，惑为因缘及自然性，皆是识心分别计度，但有言说，都无实义。”

"阿难,识性无源,因于六种根尘妄出。汝今遍观此会圣众,用目循历,其目周视,但如镜中,无别分析。汝识于中次第标指:此是文殊,此富楼那,此目犍连,此须菩提,此舍利弗。此识了知,为生于见?为生于相?为生虚空?为无所因,突然而出?阿难,若汝识性生于见中,如无明暗,及与色空,四种必无,元无汝见,见性尚无,从何发识?若汝识性生于相中,不从见生,既不见明,亦不见暗,明暗不瞩,即无色空,彼相尚无,识从何发?若生于空,非相非见,非见无辨,自不能知明暗色空。非相灭缘,见闻觉知无处安立。处此二非,空则同无,有非同物,纵发汝识,欲何分别?若无所因,突然而出,何不日中别识明月?汝更细详,微细详审:见托汝睛,相推前境,可状成有,不相成无,如是识缘因何所出?识动见澄,非和非合,闻听觉知亦复如是,不应识缘无从自出。若此识心本无所从,当知了别,见闻觉知,圆满湛然,性非从所,兼彼虚空地水火风均名七大,性真圆融,皆如来藏,本无生灭。阿难,汝心粗浮,不悟见闻,发明了知,本如来藏。汝应观此六处识心,为同为异?为空为有?为非同异?为非空有?汝元不知,如来藏中,性识明知,觉明真识,妙觉湛然,遍周法界,含吐十虚,宁有方所,循业发现。世间无知,惑为因缘及自然性，皆是识心分别计度，但有言说，都无实义。"

尔时，阿难及诸大众，蒙佛如来微妙开示，身心荡然，得无罣碍，是诸大众各各自知心遍十方，见十方空，如观手中所持叶物。一切世间诸所有物，皆即菩提妙明元心；心精遍圆，含裹十方。反观父母所生之身，犹彼十方虚空之中吹一微尘，若存若亡；如湛巨海流一浮沤，起灭无从，了然自知获本妙心，常住不灭。礼佛合掌，得未曾有。于如来前说偈赞佛：

妙湛总持不动尊，首楞严王世希有。销我亿劫颠倒想，不历僧祇获法身。

愿今得果成宝王，还度如是恒沙众。将此深心奉尘刹，是则名为报佛恩。

伏请世尊为证明，五浊恶世誓先入。如一众生未成佛，终不于此取泥洹。

大雄大力大慈悲，希更审除微细惑。令我早登无上觉，于十方界坐道场。

舜若多性可销亡，烁迦罗心无动转。

会缘入实五科：初会五阴，次会六入，三会十二处，四会十八界竟，今第五科，会七大入如来藏妙真如性也。

七大者，地、水、火、风、空、根、识也。如是七法，皆如来藏，故为大也。以何因缘谓此七法皆如来藏耶？以此七法，全体虚妄，毕竟空寂，唯随众生无明惑业，现诸幻相；如是幻相，皆如空花昚影，了不可得。即此了不可得处，是则名为如来之藏。三世诸佛，皆住其中，故名如来藏。诸佛如来无边功德，皆从了不可得中出生，故名如来藏。又出生者即是无生，依众生无明惑业，故言出生。其实，既无生灭，亦无来去，是则名为如来之藏也。

文初叙阿难之疑。阿难昔闻如来所说，一切诸法，从因缘生。今言既非因缘，亦非自然，故致疑也。自然即无因生。教中常说因缘生一切法，不言无因生一切法，故但据因缘伸难，不言自然也。中道了义无戏论法者，第一义谛也。第一义谛中，一切诸法，本不生灭，生灭尚不可得，何因缘自然之可说乎！

次佛许说。言一切法因缘自然生者，是为戏论；见一切法因缘自然生者，是为妄想。第一义谛远离如是戏论妄想。实相者，一切法真实之相。何谓真实之相？谓无有相，亦无无相，双亦双非，皆不可说。四句咸离，百非俱绝，名为实相，即第一义谛之异名也。

四大和合者，谓地、水、火、风四大和合，成一切法。今谓不然。若四大之性，体非和合，犹如虚空，常住不变，则不能与诸大和合。若能和合，则失其本性，同于变化，是则不得名之为大矣。若不和合，云何能成一切法？故知四大，非和非合，非不和合。作如是说，起如是见，皆为戏论妄想而已。

会七大入实，凡有七科：

初、会地大。

邻虚尘者，谓以极小微尘，析为七分，即成无有方分，邻于虚空，名邻虚也。极微者，极小微尘，虽称极小，犹有方分，名色边际。小乘析色明空，谓此大地，由众多微尘集合而成。微尘中最小者，名为极微。如此极微有六方分，是色边际。将此极微，析为七分，则成邻虚。更析邻虚，即成虚空。此是小乘所执。若以大乘观之，如此地大，全体虚妄，本不生灭，岂待分析始为空耶？

"若此邻虚析成虚空"等者，广破小乘析邻虚为虚空之妄执也。若能析邻虚为虚空，应亦可合虚空为邻虚。尘犹可析，空云何合？又若言析邻虚为虚空，亦应可说合虚空为邻虚。若言邻虚是色法者，则合邻虚不得成空；若言邻虚是虚空者，虚空之法，不可言合。以是验之，则知析邻虚为虚空之说，全是妄执，不可信也。

性色真空者，谓此地大之性，真空寂灭，了不可得也。性空真色者，谓此真空寂灭之性，是则真为地大之性也。清净本然者，谓地大之性，本自清净，远离凡夫、二乘无明惑业等染污之法也。周遍法界者，谓此地大之性，全同法界。于法界中，无有一法非是真空寂灭者也。随众生心者，如是地大，本无所有，乃随众生妄心而现也。"应所知量，循业发现"者，随众生心量所知，依其业力，现此地大，或大或小，或净或秽。若论地大之性，则真空寂灭本无所有而已矣。即此真空寂灭本无所有，而能随众生心应现地大者，即是如来藏妙真如性也。惑者不达，执为因缘自然，皆是戏论妄想而已。

次、会火大。

"火性无我，寄于诸缘"，谓此火大，本无自性，因缘和合，虚妄而有耳。"阳燧"，出火镜也。"名和合者"等者，谓此火大，非从和合而有也。如是火大，非从镜出，非从艾生，非从日来。故知此火，但有虚妄之相，若论其本，唯是性空寂灭而已。

性火真空者，谓此火大之性，真空寂灭，了不可得也。性空真火者，谓此真空寂灭之性，是则真为火大之性也。清净本然者，谓火大之性，本自清净，远离凡夫、二乘无明惑业等染污之法也。周遍法界者，谓此火大之性，全同法界。于法界中，无有一法非是真空寂灭者也。随众生心者，如是火大，本无所有，乃随众生妄心而现也。"应所知量，循业发现"者，随应众生心量所知，依其业力，现此火大，或起或灭，或温或烈。若论火大之性，则真空寂灭，本无所有而已矣。即此真空寂灭，本无所有，而能随众生心，应现火大者，即是如来藏妙真如性也。惑者不达，执为因缘自然，皆是戏论妄想而已。

三、会水大。

"水性不定，流息无恒"，谓此水大，或流或息，无有定相，性本空寂，不可得也。"方诸"，出水珠也。如是水大，非从珠出，非从月来，亦非空中自有。故知此水，但有虚妄之相，若论其本，唯是性空寂灭而已。

性水真空者，谓此水大之性，真空寂灭，了不可得也。性空真水者，谓此真空寂灭之性，是则真为水大之性也。余义同前。

四、会风大。

"风性无体，动静不常"，谓此风大，或动或静，无有定相，性本空寂，不可得也。如是风大，非出衣角，非生人面，非发于虚空。故知此风，但有虚妄之相，若论其本，唯是性空寂灭而已。

性风真空者，谓此风大之性，真空寂灭，了不可得也。性空真风者，谓此真空寂灭之性，是则真为风大之性也。余义同前。

五、会空大。

"空性无形，因色显发"，空无有质，因色而显，若离于色，空不可得，故知虚空无自性也。刹利，即刹帝利，王种也；婆罗门，净行也；毗舍，商贾；首陀，农人也；

颇罗惰，利根，亦言捷疾，婆罗门十八姓之一也；旃陀罗，杀者，即屠夫也。如是虚空，非从土出，非因凿有，亦非无因生，但有虚妄之相。若论其本，唯是性空寂灭而已。如是虚空与地、水、火、风，名为五大，性空寂灭，全同法界。于法界中，无有一法非是性空寂灭，是即名为如来藏妙真如性也。

性觉真空者，谓此虚空之性，即是众生本觉之性，而复真空寂灭，了不可得也。性空真觉者，谓此本觉之性，真空寂灭，了不可得，是则真为虚空之性也。地、水、火、风四大之性，亦即真觉，非与空性有所异也。根之与识，其义亦然。余义同前。

六、会根大。

"见觉无知，因色空有"，谓根无自性，因境而有，若离于境，根不可得。见觉谓眼根，举眼根以例诸根也。如是见觉，与明与暗，及与虚空，非是一体，亦非异体，亦同亦异，非同非异，皆不可说。故知此见，但有虚妄之相，若论其本，唯是性空寂灭而已。如是见觉，与地、水、火、风及与虚空，并称六大，性空寂灭，全同法界。于法界中，无有一法非是性空寂灭，是即名为如来藏妙真如性也。

性见觉明者，谓此见觉之性，即是众生本觉知明，而复真空寂灭，了不可得也。觉精明见者，谓此本觉知明，真空寂灭了不可得，是则真为见闻觉知之性也。余义同前。

七、会识大。

"识性无源"，谓识大因根尘而有，若离根尘，识不可得，故知识大本无自性。根但照境，识有了别。识非从见生，亦非从境生，亦非从虚空生。故知此识，但有虚妄之相，若论其本，唯是性空寂灭而已。如是识大，与地、水、火、风及与虚空，乃至见闻觉知，并称七大，性空寂灭，全同法界。于法界中，无有一法非是性空寂灭，是即名为如来藏妙真如性也。

性识明知者，谓此识性，即是众生本觉知明，而复真空寂灭，了不可得也。觉明真识者，谓此本觉知明，真空寂灭，了不可得，是则真为识大之性也。余义同前。

会七大入如来藏已竟。此下复有两科：初、大众悟解，次、阿难偈赞。

初、大众悟解。悟知三科七大，相皆虚妄，性本空寂，生灭去来，本如来藏，故"身心荡然，得无挂碍"。如来藏者，即是自心。三科七大，皆如来藏，亦即自己常住真心也。十方虚空微尘国土，皆随众生无明惑业而起，于真心中，犹如片云起于太清，故曰"见十方空，如观手中所持叶物"。"一切世间诸所有物，皆即菩提妙明元心"者，谓三科七大一切诸法，体性空寂，了不可得，随众生心，循业发现，而其本性，即如来藏。菩提妙明元心者，即如来藏之异名也。"菩提"即觉；本妙元明，故曰"妙明元

心"也。一切诸法，皆如来藏，故曰"含裹十方"也。十
方虚空微尘国土，在真心中，尚如手中所持叶物，况此父
母所生之身哉！如是虚妄之身，于十方空中，犹如大海起
一浮沤。况此妄身，在妙明中，则虽微尘、浮沤亦不可
说也。

次、阿难偈赞，凡四颂半。

"妙湛总持不动尊"一颂，叹佛法稀有。妙湛，谓法
身也。法身无相，湛然常寂，无作无为，遍一切处。总持，
谓报身也。总摄一切无漏功德，尽未来际，任持不失。不
动，谓应身也。随众生心，应现无方，真体不动，无有作
意。如是三身，是最究竟极果所证，故称为"尊"。此赞
佛也。首楞严，谓一切事究竟坚固。住此三昧中，染法究
竟尽，净用究竟显，能破一切法，而不为一切法所破，故
名"坚固"。以此三昧，最尊最胜，于法自在，故称为
"王"。如是三昧，超出一切世间之法，故曰"世希有"。
此赞法也。消我亿劫颠倒想者，破无明妄心也。悟知三科
七大本如来藏，不历三祇，顿见自心，故曰"不历僧祇获
法身"也。

"愿今得果成宝王"一颂，正陈所愿，愿得果度生也。
愿得果者智也，愿度生者悲也。悲智二法，即菩提心，正
是道体。顿教因地，总有三重：初、了悟觉性，即获本妙
心，得法身也；二、发菩提心，即悲智二愿也；后、修菩萨

行，即依愿修行也。此心从妙觉明心中生，理极深秘，故曰"深心"。"奉"谓奉行。尘刹者，十方微尘国土中，一切如来也。以此深秘之心，奉行十方诸佛教法，"是则名为报佛恩"也。

"伏请世尊为证明"一颂，请如来证明得果度生之誓愿不虚也。"泥洹"即涅槃。如一众生未成佛，即不取涅槃，即永不入涅槃之意也。

"大雄大力大慈悲"一颂，仰求佛慈，审除细惑，令早成佛道也。如来威德猛盛，如师子王，故名"大雄"。凡夫外道，及与二乘，无能屈伏，故名"大力"。为一切众生拔苦予乐，无缘普救，故名"大慈悲"。微细惑者，谓微细根本无明也。阿难大众，虽闻法开解，顿悟法身，然尚有微细根本无明未尽，故更须审除之也。

"舜若多性可消亡"半颂，明道心坚固，不可动转也。舜若多者，空也。虚空之性，不可消灭。假令空性消灭，我此得果度生之愿，终不消灭也。烁迦罗，即是金刚，谓坚固不坏也。谓我此得果度生之愿，喻如金刚，不可破坏，无有动转也。

见道分显如来藏心中，初破阿难认妄迷真显如来藏已竟。

经文第三卷终。

楞严经卷四

丙二、破满慈执相难性显如来藏　丁一、释藏性生相之疑

尔时，富楼那弥多罗尼子在大众中，即从座起，偏袒右肩，右膝着地，合掌恭敬而白佛言："大威德世尊，善为众生敷演如来第一义谛。世尊常推说法人中，我为第一。今闻如来微妙法音，犹如聋人，逾百步外聆于蚊蚋，本所不见，何况得闻？佛虽宣明，令我除惑，今犹未详斯义究竟无疑惑地。世尊，如阿难辈，虽则开悟，习漏未除。我等会中登无漏者，虽尽诸漏，今闻如来所说法音，尚纡疑悔。世尊，若复世间一切根、尘、阴、处、界等，皆如来藏，清净本然，云何忽生山河大地，诸有为相？次第迁流，终而复始？又如来说，地水火风，本性圆融，周遍法界，湛然常住。世尊，若地性遍，云何容水？水性周遍，火则不生；复云何明水火二性俱遍

虚空，不相陵灭？世尊，地性障碍，空性虚通，云何二俱周遍法界？而我不知是义攸往。唯愿如来宣流大慈，开我迷云，及诸大众。"作是语已，五体投地，钦渴如来无上慈海。

尔时，世尊告富楼那，及诸会中漏尽无学诸阿罗汉："如来今日普为此会，宣胜义中真胜义性，令汝会中定性声闻，及诸一切未得二空，回向上乘阿罗汉等，皆获一乘寂灭场地，真阿练若正修行处。汝今谛听，当为汝说。"富楼那等钦佛法音，默然承听。

佛言："富楼那，如汝所言，清净本然，云何忽生山河大地？汝常不闻如来宣说，性觉妙明，本觉明妙？"

富楼那言："唯然，世尊，我常闻佛宣说斯义。"

佛言："汝称觉明，为复性明，称名为觉？为觉不明，称为明觉？"

富楼那言："若此不明名为觉者，则无所明。"

佛言："若无所明，则无明觉。有所非觉，无所非明。无明又非觉湛明性。性觉必明，妄为明觉。觉非所明，因明立所；所既妄立，生汝妄能。无同异中，炽然成异；异彼所异，因异立同；同异发明，因此复立无同无异。如是扰乱，相待生劳。劳久发尘，自相浑浊，由是引起尘劳烦恼。起为世界，静成虚空，虚空为同，世界为异，彼无同异，真有为法。觉明空昧，相待成摇，故有风轮执持世界。因空生摇，坚明立碍，彼金宝者明觉立坚，故有金轮保持国土。坚觉宝成，摇明风出，风金相摩，故有火光为变化性。宝明生润，火光上蒸，故有水轮含十方界。火腾水降，交发立坚，湿为巨海，干为洲滩。以是义故，彼大海中火光常起，彼洲滩中江河常注。水势劣火，结为高山，是故山石击则成焰，融则成水。土势劣水，抽为草木，是故林薮遇烧成土，因绞成水。交妄发生，递相为种，以是因缘世界相续。复次，富楼那，明妄非他，觉明为咎。所妄既立，明理不逾，以是因缘听不出声，见不超色。色香味触六妄成就，由是分开见觉闻知。同业相缠，合离成化。见明色发，明见想成。异见成憎，同想成爱，流爱为种，纳想为胎。交遘发生，吸引同业，故有因缘生羯罗蓝、遏蒲昙等。胎卵湿化，随其所应。卵唯想生，胎因情有，湿以合感，化以离应。情想合离，更相变易。所有受业，逐其飞沉，以是因缘，众生相续。富楼那，想爱、同结，爱不能离，则诸世间父母子孙相生不断。是等则以欲贪为本。贪爱同滋，贪不能止，则诸世间卵化湿胎，随力强弱，递相吞食。是等则以杀贪为本。以人食羊，羊死为人，人死为羊；如是乃至十生之类，死死生生，互来相啖，恶业俱生，穷未来际。是等则以盗贪为本。汝负我命，我还汝债，以是因缘，经百千劫，常在生死。汝爱我心，我怜汝色，以是因缘，经百千劫，常在缠缚。唯杀盗淫三为根本，以是因缘，业果相续。富楼那，如是三种颠倒相续，皆是觉明，明了知性，因了发相，从妄见生。山河大地，诸有为相，次第迁流，因此虚妄，终而复始。"

富楼那言："若此妙觉，本妙觉明，与如来心不增不减；无状忽生山河大地，诸有为相。如来今得妙空明觉；山河大地，有为习漏，何当复生？"

佛告富楼那："譬如迷人，于一聚落，惑南为北，此迷为复因迷而有？因悟而出？"

富楼那言："如是迷人，亦不因迷，又不因悟。何以故？迷本无根，云何因迷？悟非生迷，云何因悟？"

佛言："彼之迷人，正在迷时，倏有悟人指示令悟。富楼那，于意云何？此人纵迷于此聚落，更生迷不？"

"不也，世尊。"

"富楼那，十方如来亦复如是。此迷无本，性毕竟空，昔本无迷，似有迷觉；觉迷迷灭，觉不生迷。亦如翳人见空中华，翳病若除，华于空灭。忽有愚人，于彼空华所灭空地，待华更生。汝观是人为愚为慧？"

富楼那言："空元无华，妄见生灭。见华灭空，已是颠倒，敕令更出，斯实狂痴，云何更名如是狂人为愚为慧?"

佛言:"如汝所解，云何问言'诸佛如来妙觉明空，何当更出山河大地'? 又如金矿杂于精金，其金一纯，更不成杂；如木成灰，不重为木。诸佛如来菩提涅槃，亦复如是。"

此经正宗见道分，《楞严义海》科为"显如来藏心"（约灵明义，称之为心；约本有义，称之为性）。从第一卷起，至第四卷中，有三卷半经文，其宗旨皆为显如来藏心。如来藏心者，即常住真心也。"显如来藏心"分为二科:第一，为"破阿难认妄迷真显如来藏"，有三卷经文，今已讲讫。此下半卷经文，为第二科"破满慈（即富楼那弥多罗尼子）执相难性显如来藏"。执相难性者，谓执著阴、入、处、界、七大之相，而责难如来藏义。富楼那之意，谓五阴、六入、十二处、十八界、七大如是等法，皆有相状，而如来藏性，则是清净本然，无相可得，云何可说阴、入、处、界、七大，皆如来藏妙真如性? 如来藏妙真如性，清净本然，无相可得，云何忽然出生阴、入、处、界、七大等相? 此半卷经文即释破此疑也。破即是显，破除妄见，即是开显真智，非是两事。故今题中标"释藏性生相疑"，不言"破"也。

破满慈执相难性显如来藏，复分二科:一者，释藏性生相之疑；二者，释藏性俱遍之疑。今初科也。富楼那言："世尊善为众生敷演如来第一义谛。"第一义谛者，即如来藏心也。如来藏心，清净本然，无相可得，云何忽生山河大地，诸有为相？令人不解。山河大地，即是世界；诸有为相，即十二类生及其业果。如来藏心，清净本然，无相可得，云何而于藏心之中，忽然生起世界、众生及其业果，生灭流转，无有休止？一切众生未破法执者，皆有如是妄见，故须释破也。

第四卷初十五行文，富楼那自叙所疑，请佛开示。此下五行，佛许宣说。"如汝所言，清净本然云何忽生山河大地。"此佛牒富楼那之问词也。

"性觉妙明，本觉明妙。"性觉、本觉，指如来藏心之体。妙明、明妙，显如来藏心之用。此觉常住不变，故言"性觉"；本自有之，故言"本觉"。即寂而照，故言"妙明"；即照而寂，故言"明妙"。此乃显示如来藏心之真体及其妙用。若悟此二句，则一切疑难悉皆破讫。以富楼那示同未悟，故须反复详示迷真起妄之由。

"汝称觉明，为复性明，称名为觉？为觉不明，称为明觉？"此佛问富楼那，如何理解"性觉妙明，本觉明妙"之义。"为复性明，称名为觉"者，为此如来藏心，不假修证，性自妙明，故称为"觉"耶？"为觉不明，称为明觉"者，为此如来藏心，以妄动故，变为无明，必须觉悟无明，方名为"觉"耶？前义约性德而言，次义约修德而言，即《起信》所说本始二觉也。

"若此不明，名为觉者，则无所明。"富楼那未达如来藏心，性自妙明，而谓如来藏心，以妄动故，则已全真心而成无明矣。而此无明，性自昏昧，实无所明。既无所明，岂得谓之为觉耶？盖谓以觉悟无明故，方得名为明觉也。

"若无所明，则无明觉。有所非觉，无所非明，无明又非觉湛明性。"此佛责富楼那仅知觉悟无明之为觉，而不知本觉之性，本是妙明，不待觉悟无明，方名为觉也。"若无所明，则无明觉"者，此佛牒富楼那之答意也。佛告富楼那，汝谓无明之性，元是昏昧，故无所明，不名为觉。此义非也。有所非觉者，汝谓无明，无所明故，不名为觉，然则有所明者，即名为觉乎？盖谓无所明者，固不名觉，有所明者，亦非觉也。以本觉之性，离缘绝待，无能所故。无所非明者，有所明者，不得为觉，无所明者，亦非是觉。无明又非觉湛明性者，无明之性，元是昏昧，不可谓为真觉湛明之性。然则竟以何为真觉湛明之性乎？此责富楼那不达"性觉妙明，本觉明妙"之义也。

"性觉必明，妄为明觉"者，佛言，本觉之性，必有真明，而汝乃于真明之中，妄计有所明者，以为明觉。殊不知此有所明者，正是妄觉。而所明者，乃自己明了之性所发之妄相也。所发之妄相既立，能见之妄见随生。能所既立，一切妄法由此而起矣，此即《起信论》所说"由不如实知真如法一故，不觉心动，而有其念"之义也。此处直示妄源，极为透辟，当细研之。

"觉非所明，因明立所"者，真觉之体，本有妙明，不逐缘生，非由境起。而无明不了，妄立所相。计此妄明，以为真觉，此一切妄法之源也。

"所既妄立，生汝妄能"者，汝既妄立所见之相，既立所见，即起能见。能所既立，一真遂昧。由是辗转相因，诸妄并兴，山河大地诸有为相从此起矣。

"无同异中，炽然成异"者，真觉之性，本无同异，今能所既立，于是同异之相炽然繁兴。异有二义：一者相望论异。谓真觉之性本自不动，今能所既立，则于不动之中，不觉妄动，动异于不动，故名为异。二者当体论异。谓此动心既具能所，即堕生灭，失于真常，故名为异也。

"异彼所异，因异立同"者，待于异相，复立同相。此中异相者，谓世界也；同相者，谓虚空也。如此同异二相，皆为妄法。不得以同为真，以异为妄也。

"同异发明，因此复立无同无异"者，待同异而立无同无异。此无同异者，谓众生也。

"如是扰乱，相待生劳，劳久发尘，自相浑浊"者，如是同、异、无同无异，互相扰乱，形待不息，遂成劳倦，如劳目睛，则有狂华。如是同、异及无同异，三相虚妄，染污真性，故名为尘。汩清净体，令失明洁，故名为浊。

由是引起尘劳烦恼者，如是虚妄之法，染污真性，汩乱净心，由是引起无量烦恼。造业受报，轮转无穷，皆由于此。

"起为世界，静成虚空，虚空为同，世界为异，彼无同异，真有为法"者，起即是动，因动而有世界。三世迁流为世，十方隔别为界。待世界之动，名虚空为静。世界有迁流隔别，故云起云异；虚空唯不动常一，故云静云同。有为法者，谓众生也。众生以有心性故，非如世界之异，以有色相故，非如虚空之同，故曰无同异也。此即下文文殊偈云"迷妄有虚空，依空立世界，想澄成国土，知觉乃众生"之义也。

自此以下，明三种相续，谓世界相续、众生相续、业果相续也。无常迁流，名为相续。

世界形成有四轮，谓风轮、金轮、火轮、水轮也。此说与《俱舍论》稍异，不必会通。如是妄法，于一真性中，如虚空华，本无所有。

"如是三种颠倒相续，皆是觉明明了知性，因了发相，从妄见生"者，如是世界、众生、业果三种相续，皆是如来藏心本觉妙明之性。因妄明故，而立所相，因所生能，而起妄见。如是从细至粗，从微至著，遂成世界、众生、业果三种相续。

　　自"富楼那言，若此妙觉，本妙觉明"下，富楼那复生疑难。谓众生如来藏心，本妙觉明，与佛同体，本来无妄，由乎强觉，忽认所相，便有妄生。然则如来已彻证此妙空明觉之心，亦应重新生起诸妄，而为众生。此即《圆觉经》中金刚藏菩萨问佛"十方异生，本成佛道，后起无明。一切如来，何时复生一切烦恼"之义同也。

　　佛答此问，凡举四喻：一者迷方喻，二者空华喻。以心迷故，惑南为北，方实不移。喻如以无明故，惑如来藏而成能所，而实如来藏心，本自清净，从本以来，永无能所之可得也。以目病故，妄见空华，空实无华。喻如以妄心故，见有山河大地诸有为相，而实山河大地诸有为相，本空无物，于如来藏中，实无如是虚妄之法也。三者销金喻，四者烧木喻。如销金矿，其金一纯，更不成杂。喻如如来妙觉圆满，智慧淳净，终不更起一切烦恼。如木成灰，不重为木。喻如如来灭除无明，证大涅槃，终不更堕二种生死。迷方空华，始终元无，金之与灰，烧炼方现。若但用前二喻，不达意者，便谓迷悟修证，本不可得，因此拨无因果，起大邪见。但用后二喻，不达意者，便谓众生觉性本来不净，失真常理，亦成邪见。迷心病眼，虽有起灭，正方虚空，了不移动。矿木不再，显妄法之永亡；金灰不渝，示真证之常住。四喻交映，妙旨存焉！

丁二、释藏性俱遍之疑

"富楼那，又汝问言：地水火风，本性圆融，周遍法界，疑水火性不相陵灭，又征虚空及诸大地，俱遍法界，不合相容。富楼那，譬如虚空，体非群相，而不拒彼诸相发挥。所以者何？富楼那，彼太虚空，日照则明，云屯则暗，风摇则动，霁澄则清，气凝则浊，土积成霾，水澄成映。于意云何？如是殊方诸有为相，为因彼生？为复空有？若彼所生，富楼那，且日照时既是日明，十方世界同为日色，云何空中更见圆日？若是空明，空应自照，云何中宵云雾之时不生光耀？当知是明非日非空，不异空日。观相元妄，无可指陈；犹邀空华结为空果，云何诘其相陵灭义？观性元真，唯妙觉明；妙觉明心，先非水火，云何复问不相容者？真妙觉明亦复如是。汝以空明，则有空现；地水火风，各各发明，则各各现；若俱发明，则有俱现。云何俱现？富楼那，如一水中现于日影，两人同观水中之日，东西各行，则各有日随二人去。一东一西，先无准的。不应难言：此日是一，云何各行？各日既双，云何现一？宛转虚妄，无可凭据。富楼那，汝以色空相倾相夺于如来藏，而如来藏随为色空，周遍法界。是故于中风动、空澄、日明、云暗。众生迷闷，背觉合尘，故发尘劳，有世间相。我以妙明不灭不生合如来藏，而如来藏唯妙觉明，圆照法界。是故于中，一为无量，无量为一；小中现大，大中现小。不动道场遍十方界，身含十方无尽虚空，于一毛端现宝王刹，坐微尘里转大法轮。灭尘合觉，故发真如妙觉明性。而如来藏，本妙圆心，非心、非空、非地、非水、非风、非火，非眼、非耳鼻舌身意，非色、非声香味触法，非眼识界，如是乃至非意识界，非明、无明、明无明尽，如是乃至非老、非死、非老死尽，非苦、非集、非灭、非道、非智、非得，非檀那、非尸罗、非毗梨耶、非羼提、非禅那、非般刺若、非波罗蜜多，如是乃至非怛闼阿竭、非阿罗诃、三耶三菩、非大涅槃，非常、非乐、非我、非净。以是俱非世出世故，即如来藏元明心妙，即心、即空、即地、即水、即风、即火，即眼、即耳鼻舌身意，即色、即声香味触法，即眼识界，如是乃至即意识界，即明、无明、明无明尽，如是乃至即老、即死、即老死尽，即苦、即集、即灭、即道、即智、即得，即檀那、即尸罗、即毗梨耶、即羼提、即禅那、即般刺若、即波罗蜜多，如是乃至即怛闼阿竭、即阿罗诃、三耶三菩、即大涅槃，即常、即乐、即我、即净。以是俱即世出世故，即如来藏妙明心元，离即、离非，是即、非即。如何世间三有众生，及出世间声闻、缘觉，以所知心测度如来无上菩提，用世语言入佛知见？譬如琴、瑟、箜篌、琵琶，虽有妙音，若无妙指，终不能发。汝与众生亦复如是。宝觉真心各各圆满，如我按指，海印发光，汝暂举心，尘劳先起。由不勤求无上觉道，爱念小乘，得少为足。"

富楼那言："我与如来宝觉圆明、真妙净心，无二圆满。而我昔遭无始妄想，久在轮回，今得圣乘，犹未究竟；世尊诸妄一切圆灭，独妙真常。敢问如来：一切众生何因有妄，自蔽妙明，受此沦溺？"

佛告富楼那："汝虽除疑，余惑未尽，吾以世间现前诸事今复问汝。汝岂不闻：室罗城中演若达多，忽于晨朝以镜照面，爱镜中头眉目可见，嗔责己头不见面目，以为魑魅，无状狂走。于意云何？此人何因无故狂走？"

富楼那言："是人心狂，更无他故。"

佛言："妙觉明圆，本圆明妙，既称为妄，云何有因？若有所因，云何名妄？自诸妄想，展转相因，从迷积迷，以历尘劫，虽佛发明，犹不能返。如是迷因，因迷自有，识迷无因，妄无所依，尚无有生，欲何为灭？得菩提者，如寤时人说梦中事，心纵精明，欲何因缘取梦中物？况复无因，本无所有。如彼城中演若达多，岂有因缘自怖头走？忽然狂歇，头非外得；纵未歇狂，亦何遗失？富楼那，妄性如是，因何为在？汝但不随分别世间、业果、众生三种相续，三缘断故，三因不生，则汝心中演若达多狂性自歇，歇即菩提。胜净明心本周法界，不从人得，何藉劬劳肯綮修证？譬如有人于自衣中系如意珠，不自觉知，穷露他方，乞食驰走，虽实贫穷，珠不曾失。忽有智者指示其珠，所愿从心，致大饶富，方悟神珠非从外得。"

即时阿难在大众中顶礼佛足，起立白佛："世尊，现说杀、盗、淫业三缘断故，三因不生，心中达多狂性自歇，歇即菩提，不从人得；斯则因缘皎然明白，云何如来顿弃因缘？我从因缘心得开悟。世尊，此义何独我等年少有学声闻；今此会中大目犍连及舍利弗、须菩提等，从老梵志闻佛因缘，发心开悟，得成无漏。今说菩提不从因缘，则王舍城拘舍梨等，所说自然，成第一义。唯垂大悲，开发迷闷。"

佛告阿难："即如城中演若达多，狂性因缘若得灭除，则不狂性自然而出；因缘、自然，理穷于是。阿难，演若达多头本自然，本自其然，无然非自，何因缘故怖头狂走？若自然头，因缘故狂，何不自然，因缘故失？

本头不失，狂怖妄出，曾无变易，何藉因缘？本狂自然，本有狂怖，未狂之际，狂何所潜？不狂自然，头本无妄，何为狂走？若悟本头，识知狂走、因缘、自然，俱为戏论。是故我言：三缘断故，即菩提心。菩提心生，生灭心灭，此但生灭。灭生俱尽，无功用道。若有自然，如是则明自然心生，生灭心灭，此亦生灭。无生灭者，名为自然；犹如世间诸相杂和成一体者，名和合性；非和合者，称本然性。本然非然，和合非合，合然俱离，离合俱非，此句方名无戏论法。菩提、涅槃，尚在遥远，非汝历劫辛勤修证；虽复忆持十方如来十二部经，清净妙理如恒河沙，只益戏论。汝虽谈说因缘、自然，决定明了，人间称汝多闻第一；以此积劫多闻熏习，不能免离摩登伽难。何须待我佛顶神咒，摩登伽心淫火顿歇，得阿那含？于我法中成精进林，爱河干枯，令汝解脱？是故阿难，汝虽历劫忆持如来秘密妙严，不如一日修无漏业，远离世间憎爱二苦。如摩登伽，宿为淫女，由神咒力销其爱欲，法中今名性比丘尼。与罗睺母耶输陀罗，同悟宿因。知历世因，贪爱为苦，一念熏修无漏善故，或得出缠，或蒙授记，如何自欺，尚留观听？"

见道分"显如来藏心"第二科"破满慈执相难性显如来藏"。此中复分二科：一者，释藏性生相之疑；二者，释藏性俱遍之疑。今第二科也。即经文第四卷中从"富楼那，又汝问言，地、水、火、风，本性圆融，周遍法界，疑水火性，不相陵灭"至"或得出缠，或蒙受记，如何自欺，尚留观听"数页文也。富楼那闻佛说"地、水、火、风，本性圆融，周遍法界，湛然常住"，因起疑云："若地性遍，云何容水？水性周遍，火则不生，复云何明水火二性俱遍虚空，不相陵灭？""地性障碍，空性虚通，云何二俱周遍法界？"今释此疑也。释此疑者，亦有二科：初释大疑，言大性本空也；次释别疑，言妄本无因，真元无得也。其后复有破阿难因缘自然之执。见道分至此。

先释大性本空。地、水、火、风、空、根、识，名为七大。如是七大，皆是如来藏性，随于妄缘而起，所谓"随众生心，应所知量，循业发现"者也。而实如来之藏，圆明清净，本无七大之相可得也。譬如空华梦境，眼病若愈，空本无华；睡眠既寤，境岂有实？七大之相，唯是如幻如化，尚不可得，何有陵灭之可得乎？虚空不拒群相者，虚空喻藏性，群相喻七大也。如是群相，非由彼自生，亦非从虚空生，虽随缘似有，而实本无生灭。观相元妄者，谓七大之相，全体虚妄，了不可得。众生无智，执以为实，自蔽妙明。虚妄之法，本自非有，何可诘其"陵灭"与否？观性元真者，如是虚妄之法，皆是如来藏性随缘所现。缘性本寂，若循其本，唯妙觉明，圆照法界。若离妙明，何处更有一法可得？"如一水中，现于日影"等，亦以喻七大之相，虚妄不实，不可究诘也。如水中日影，两人同观，则成二日；一人东行，则日影东去；一人西行，则日影西去。其实此影，非一非二，非东非西，随众生心，循业发现，宛转虚妄，无可凭据。七大之相，亦复如是，不可诘其"陵灭"与否也。

"汝以色空相倾相夺于如来藏"者，汝以分别之心，执色空为实有，令如来藏，随汝妄缘，现为色空等相。以不达故，为相所碍，失于本心。故云："背觉合尘，有世间相。"是则咎由自取，非如来藏中本有如是相倾相夺障碍之法也。

"我以妙明不灭不生，合如来藏"者，妙明者，无生之智也。不灭不生者，此智体自真常，非生灭之法也。如来藏者，无相之理也。以无生智，契无相理，理智一如，无能所之异，名为合也。理智契合，唯一妙心，圆照法界。"一为无量，无量为一，小中现大，大中现小。"是乃妙觉明心，应机化物，所起妙用之相也。一多大小，何有定相？妙觉明体，随众生心，应所知量，起如是妙用，即《起信论》所说"随染幻差别"也。如是妙用，性本具足，昔为无明所障，此用不显；今则灭尘合觉，故彻底全彰。虽是本具，要假修证，而后发也。

"而如来藏本妙圆心，非心非空"，乃至"以是俱非世出世故"者，如来藏心，真空寂灭，无一法可得。故非七大，非十八界，此非六凡界也；非十二因缘，流转还灭，非缘觉界也；非四谛，非能证之智，非所得涅槃，非声闻界也；非六波罗蜜，非能趣檀那等行，非所趣波罗蜜多，非菩萨界也；非如来三号，非涅槃四德，非能证人，非所证法，非佛界也。如是世间六凡，出世四圣，如来藏中，本无所有。凡所有相，皆是虚妄，各无自性，一切皆空，故俱非也。此显真谛也。

"即如来藏元明心妙，即心即空"，乃至"以是俱即世出世故"者，如是六凡四圣等法，皆是虚妄之相，唯是如来藏心随缘所现。虽十界宛然，而实非有似有，有即非有，名为"即"也。此显俗谛也。

"即如来藏妙明心元，离即离非，是即非即"者，离即离非者，双遮真俗也；是即非即者，双照真俗也。是即照俗，非即照真。遮照不二，显中谛也。如是三谛即一谛，一谛即三谛，三一作即，不纵不横。如来藏心，微妙如是，唯佛与佛，乃能知之。

"如何世间三有众生"至"用世语言，入佛知见"，此明如来藏心，微妙难思，心言叵测，世间凡夫、出世二乘皆不能知，法身菩萨但知少分，唯有诸佛方得穷知。《法华经》云"如是大果报，种种性相义，我及十方佛，乃能知是事。是法不可示，言辞相寂灭，诸余众生类，无有能得解"，即此意也。

或疑：如来藏心，唯佛知之，凡小绝分，然则我今学之何益？须知一切凡夫，以轮回心，生轮回见，终不能知如来境界。然而宝觉真心，本自圆满，纵堕三途，亦未遗失。若能顿舍分别，一念不生，心境皆空，能所不立，则此妙心，彻底全彰。譬如家有宝藏，不用外求；衣系神珠，非从人得。毋虞凡夫不能入也，但恐信力之不笃耳。

"譬如琴、瑟、箜、篌、琵琶，虽有妙音，若无妙指，终不能发"者，琴瑟等喻藏心也，妙音喻藏心所起之妙用也，妙指喻不灭不生寂照之智也。此喻即显上文"我以妙明不灭不生合如来藏"义也。

"如我按指，海印发光"者，如我以无生智，合无相理，故大用现前。《大集经》云："阎浮所有色像，大海皆有印文。"海印发光者，谓如来法身性海之中，发妙用之光，而能普现一切世间之相也。而汝以尘劳妄念未清净故，背觉合尘，有世间相。为相所碍，妄见色空，倾夺陵灭。而实如来藏中，清净寂灭，宁有如是障碍之法哉！

次释别疑，言妄本无因，真元无得也。

演若达多怖头狂走，此狂无因。喻如众生迷真逐妄，此妄无因。若有因者，不名为妄，今既言妄，故知无因也。若悟妄本无因，则诸妄皆寂，妙觉明心，本自圆满，但歇狂心，不用他求。

真元无得者，谓真心从来未失，虽今悟入，亦无新得，故曰"胜净明心，本周法界，不从人得"也。"不随分别世间、业果、众生"等者，但不分别世间、业果、众生三种相续，则杀盗淫三缘，自然而断，三缘断故，则欲贪、杀贪、盗贪三因，亦复不生。如是三因，名为狂性。三因不生，狂心自歇。狂心歇故，即得菩提。虽得菩提，实无新得，以胜净明心，本周法界，非因歇狂，而后始得也。

譬如有人，于自衣中，系如意珠，此喻妙心本具也。智者示珠，喻见闻佛法，得悟妙心也。致大饶富者，喻悟妙心故，大用现前也。非外得者，喻胜净明心，本自有之，非新得也。

破阿难因缘自然之执者，阿难以不悟妄本无因，真元无得，犹谓菩提从因缘得。闻佛说菩提不从因缘而得，则又堕于自然之见，故复破之也。

演若达多，怖头狂走，如是狂走，唯是心狂，实无因缘。本头不失，非因狂歇而后得，亦非因缘也。如是狂性，非自然有，头本不失，狂潜何处？不可谓此狂为自然有也。如来藏心，不但无相，兼亦无性。若有性者，云何随缘现七大等？虽称本有，而实叵得，故亦不可言自然有也。

本然非然者，如来藏心不可得也。和合非合者，不灭不生之智亦不可得也。合然俱离者，能证妙明之智，所证如来藏理，俱不可得也。离合俱非者，离谓理智俱不可得也；合谓理智一如也；俱非者，离与合皆不可得也。此乃转释上文"我以妙明不灭不生合如来藏"义，不可著于语言文字而起因缘自然之见也。最后复责阿难，失于本心，而以世间因缘自然，戏论妄想，自相缠绕，随逐根尘，为境所碍，不能超越。菩提涅槃，本非遥远，若以因缘自然戏论妄想求之，终不可得也。

见道分至此。上根利智，随闻获证，楞严大体，亦已备矣。开解已竟，方示修行。故假阿难请入华屋，广示三摩提路，是为修道分也。

乙二、修道分　丙一、二决定义　丁一、正明二义　戊一、因果同异门

阿难及诸大众，闻佛示诲，疑惑销除，心悟实相，身意轻安，得未曾有。重复悲泪，顶礼佛足，长跪合掌而白佛言："无上大悲清净宝王，善开我心，能以如是种种因缘方便提奖，引诸沉冥出于苦海。世尊，我今虽承如是法音，知如来藏妙觉明心遍十方界，含育如来十方国土清净宝严妙觉王刹；如来复责多闻无功，不逮修习。我今犹如旅泊之人，忽蒙天王赐与华屋；虽获大宅，要因门入。唯愿如来不舍大悲，示我在会诸蒙暗者，捐舍小乘，毕获如来无余涅槃本发心路。令有学者，从何摄

伏畴昔攀缘，得陀罗尼，入佛知见。"作是语已，五体投地。在会一心，伫佛慈旨。

尔时，世尊哀愍会中缘觉、声闻，于菩提心未自在者，及为当来佛灭度后末法众生，发菩提心，开无上乘妙修行路，宣示阿难及诸大众："汝等决定发菩提心，于佛如来妙三摩提，不生疲倦，应当先明发觉初心二决定义。云何初心二义决定？阿难，第一义者，汝等若欲捐舍声闻，修菩萨乘，入佛知见，应当审观因地发心与果地觉，为同为异。阿难，若于因地以生灭心为本修因，而求佛乘不生不灭，无有是处。以是义故，汝当照明诸器世间，可作之法皆从变灭。阿难，汝观世间可作之法，谁为不坏？然终不闻烂坏虚空。何以故？空非可作，由是始终无坏灭故。则汝身中，坚相为地，润湿为水，暖触为火，动摇为风。由此四缠，分汝湛圆妙觉明心，为视、为听、为觉、为察，从始入终，五叠浑浊。云何为浊？阿难，譬如清水，清洁本然，即彼尘土灰沙之伦，本质留碍，二体法尔，性不相循。有世间人取彼土尘投于净水，土失留碍，水亡清洁，容貌汩然，名之为浊。汝浊五重，亦复如是。阿难，汝见虚空遍十方界，空见不分，有空无体，有见无觉，相织妄成，是第一重，名为劫浊。汝身现抟四大为体，见闻觉知壅令留碍，水火风土旋令觉知，相织妄成，是第二重，名为见浊。又汝心中忆识诵习，性发知见，容现六尘，离尘无相，离觉无性，相织妄成，是第三重，名烦恼浊。又汝朝夕生灭不停，知见每欲留于世间，业运每常迁于国土，相织妄成，是第四重，名众生浊。汝等见闻元无异性，众尘隔越，无状异生，性中相知，用中相背，同异失准，相织妄成，是第五重，名为命浊。阿难，汝今欲令见闻觉知远契如来常乐我净，应当先择死生根本，依不生灭，圆湛性成：以湛旋其虚妄灭生，伏还元觉；得元明觉无生灭性，为因地心，然后圆成果地修证。如澄浊水，贮于静器，静深不动，沙土自沉，清水现前，名为初伏客尘烦恼。去泥纯水，名为永断根本无明。明相精纯，一切变现，不为烦恼，皆合涅槃清净妙德。"

从经文第四卷中"阿难及诸大众，闻佛示诲，疑惑销除，心悟实相"至第七卷后部"我以宝杵，殒碎其首，犹如微尘。恒令此人，所作如愿"，有三卷多经文，为修道分。

修道分有两大科：一者，二决定义，从修道分初至第六卷后部"无量众生，皆发无等等阿耨多罗三藐三菩提心"，有两卷多经文。二者，辨离魔业行，从第六卷"阿难整衣服，于大众中合掌顶礼"至第七卷后部修道分终，有一卷经文。

二决定义，复分三科：初、正明二义，次、别破疑情，三、广引修证。

二决定义中，正明二义有二：一者，因果同异门。谓审观因心，及与果觉，起随顺行。从修道分初"阿难及诸大众，闻佛示诲，疑惑销除，心悟实相"至"皆合涅槃清净妙德"二页余文是。二者，根尘结解门。谓审观烦恼，结解根元，起对治行。从"第二义者，汝等必欲发菩提心"至"根尘既销，云何觉明不成圆妙"五页多文是。今述初因果同异门也。

从修道分初，"阿难及诸大众，闻佛示诲，疑惑销除，心悟实相"至"作是语已，五体投地，在会一心，伫佛慈旨"数行经文，阿难请佛开示入道之门也。既已信解如来藏体，周遍十方，本性清净，绝名离相，云何修行，与此相应？是故启请如来开示。悟知如来藏心，无相可得，远离戏论妄想，名为"悟实相"也。如来藏心，遍十方界，含育如来十方国土，清净宝严妙觉王刹，故喻如"华屋"。虽悟此心，云何证入，如入大宅者，要有"门"也。"陀罗尼"云总持，即楞严大定也，亦即经初所请妙奢摩他、三摩、禅那，后文所言三摩地也。佛知见者，即如来藏心也。

"尔时，世尊哀念会中缘觉、声闻"至"应当先明发觉初心二决定义"，有三行经文。世尊俯顺阿难之请，许说

修行之路。能通于理，故称为"门"。能至佛地，亦名为
"路"。妙三摩提，谓楞严大定，即《起信论》所说真如三
昧是也。发觉初心者，发菩提心最初方便也。二决定义者，
一谓审观因地发心，与果地觉，为同为异。以生灭心，而
求不生不灭之佛果，终不能成。是故，先当拣去生死根本，
依不生灭心，而后可也。二谓审观烦恼根本。烦恼根本，
即无始以来发业润生者是也。是为虚妄根尘颠倒之处，是
即所谓"结元"也。而此"结元"不在他处，即在六根之
中。何以故？以外之六尘，内之六识，皆由眼等六根引发
和合，故曰"六为贼媒，自劫家宝"。如是六根，外引六
尘，是为外贼；内起烦恼，是为内贼。以此为"媒"，劫
夺"家宝"。家宝者，即如来藏。自心本有，故名为
"家"；具足一切功德，故名为"宝"也。经初："譬如国
王，为贼所侵，发兵讨除，是兵要当知贼所在。"贼之所
在，在六根中，是故，必破此贼，而后可也。

自从"云何初心二义决定"至"皆合涅槃清净妙德"，
有二页文，是为第一义门。拣去妄心，依不生灭，为本修
因，而求佛果也。名为"因果同异门"者，谓我发心之因
与佛地之果，同耶？异耶？佛果不生不灭，而我发者，乃
生灭心，是则为异。以生灭心为因，欲求不生不灭之佛果，
终不能成。若获不生灭心，为本修因，是则为同。因心果
觉，一体无二，依此而修，成佛无疑。是为因果同异之

义也。

诸器世间，皆从变灭，何以故？所作性故，是有为法故。此喻妄心无常生灭，不可依之求佛果也。虚空无有坏灭，何以故？非所作故，是无为法故。此喻真心常住，当依此心，求佛果也。

先示浊因。圆觉妙心，本无生灭。觉非所明，因明立所，所既妄立，生于妄能。由是于所明者，分为四大，于能明者，派成六根。六根四大，互相浊乱，于是，清净本然之圆觉妙心，遂变而为浑浊之相。故云："由此四缠，分汝湛圆妙觉明心，为视为听，为觉为察。"如是浑浊之相，凡有五叠，即劫浊、见浊、烦恼浊、众生浊、命浊也。故曰："从始洎终，五叠浑浊。"欲求不生不灭之佛果，当依清净本然之圆觉妙心为本修因。然而此清净之心，已为六根四大之所浑浊，故必澄浊令清而后可也。

次以喻明。"清水"，喻清净本然之圆觉妙心也。尘土灰沙之伦，喻妄明也。真妄染净，性相违逆，故曰"不相循"也。世间人者，喻无明也。"取彼土尘，投于清水"者，喻以不觉故，妄明倏起，能所遂生，六根四大，互相浑浊。此即《起信》所言，生灭与不生灭和合，非一非异，名梨耶也。如是浑浊，有其五重，即劫浊等也。

迷真起妄，世界未形，但有虚空及与妄见。空见一体，混而不分。如是虚空，无有物体；如是妄见，无有觉知。

以无物体之虚空，织无觉知之妄见，两无其实，唯有昏钝。是为第一重浊，名为劫浊。

于所明者，分为四大，于能明者，派成六根。以六根之见闻觉知，织四大之地、水、火、风。六根为四大所壅，故见不超色，闻不逾声，名为"留碍"。四大为六根所旋，故结色为眼，卷声成耳，名为"觉知"。六根四大，互相浊乱。是为第二重浊，名为见浊。

忆识诵习者，谓以此见闻觉知，遍缘三世也。能分别性，名为"知见"。所分别相，是为"六尘"。容者，相也。见闻觉知，由尘而发，六尘影像，由心而现。若离六尘，即无有相，若离觉知，即无有性。见闻觉知与六尘妄境，互相交织，浑浊真性。是为第三重浊，名烦恼浊。

根尘交织，生灭不停。执情不舍，但欲留住，业性迁流，每常运动。如是迁留去住，互相交织。是为第四重浊，名众生浊。

见闻觉知，元一本识，六尘隔越，遂成分离。体唯一种，用则攸异。适言其同，而用相背，适言其异，而性是同，无有准定。同异交织，混真成浊。是为第五重浊，名为命浊。

如是五浊，诘其根元，唯是虚妄生灭之心。如是虚妄生灭之心，名为生死根本，先宜拣除。"择"即择灭无为之择。虚妄既择，唯一妙心。如是妙心，非是生灭。"圆"

谓圆满。"湛"谓静深。自性本具，故曰"性成"。依此妙心，为本修因，即与如来果觉相应。上文"我以妙明，不灭不生，合如来藏"，即此意也。

静深不动，名之为"湛"。旋者，返也。伏，如《金刚经》"降伏其心"之"伏"。此示"择生死根本"之法也。静深不动，止其虚妄生灭之心，令返回于不生不灭之妙圆觉心。降伏妄心，真心得显，名"得元明觉"。此元明心，本无生灭。以此为因，则能契合如来果觉。《起信论》云："若修止者，住于静处，端坐正意，不依气息，不依形色，不依于空，不依地水火风，乃至不依见闻觉知。一切诸想，随念皆除，亦遣除想。以一切法，本来无相，念念不生，念念不灭，亦不得随心外念境界，后以心除心。心若驰散，即当摄来住于正念。是正念者，当知唯心，无外境界。即复此心，亦无自相，念念不可得。若从坐起，去来进止，有所施作，于一切时，常念方便，随顺观察。久习淳熟，其心得住。以心住故，渐渐猛利，随顺得入真如三昧，深伏烦恼，信心增长，速成不退。唯除疑惑、不信、诽谤、重罪、业障、我慢、懈怠，如是等人所不能入。复次，依是三昧故，则知法界一相，谓一切诸佛法身与众生身平等无二，即名一行三昧。当知真如是三昧根本，若人修行，渐渐能生无量三昧。"是即"静深不动"，"以湛旋其虚妄灭生"之法也。得真如三昧故，名为以果地觉为因地心。以此真如之法，即是一切诸佛平等法身。因果一体，如水合水，如空印空。依此修行，妙证可臻。

"如澄浊水"等，举喻以释也。澄浊水者，喻灭妄心也。贮于静器者，喻深入禅定，息诸妄也。沙土自沉者，粗垢先落也。粗垢者，三界内见思诸惑也。清水现前者，净心相似而显也。以沙土虽沉而未除去，但名初伏。此言伏者，谓伏无明。无明未除，明相未纯，故云净心相似而显，非真显也。客尘烦恼者，谓烦恼障。虽破烦恼障，而所知障犹在，故言"初伏"也。

去泥纯水者，谓断根本无明也。此根本无明，名为生死根本。天台目为界外见思。诸经论中，或名所知障，或名智障。沙土已除，纯是清水，为"明相精纯"，喻断根本无明，而纯为妙觉明心也。"一切变现，不为烦恼"者，谓既得其体，即能从体起用，随机所感，现形十方，作诸利益。如是妙用，非为烦恼。用即是体，故与如来大般涅槃常、乐、我、净四种妙德，冥合无间。如是修行，方得名为发菩提心，趣无上乘，遵循妙修行路矣。此为二决定义中第一义门，依不生灭心为本修因，而求佛果不生不灭者也。

戊二、根尘结解门

"第二义者，汝等必欲发菩提心，于菩萨乘生大勇猛，决定弃捐诸有为相，应当审详烦恼根本：此无始来，发业润生，谁作谁受？阿难，汝修菩提，若不审观烦恼根本，则不能知虚妄根尘何处颠倒；处尚不知，云何降伏，取如来位？阿难，汝观世间解结之人，不见所结，云何知解？不闻虚空被汝隳裂。何以故？空无形相，无结解故。则汝现前眼耳鼻舌及与身心，六为贼媒，自劫家宝。由此无始众生世界生缠缚故，于器世间不能超越。阿难，云何名为众生世界？世为迁流，界为方位。汝今当知东、西、南、北、东南、西南、东北、西北、上、下，为界；过去、未来、现在，为世。方位有十，流数有三。一切众生织妄相成，身中贸迁，世界相涉。而此界性设虽十方，定位可明，世间只目东西南北，上下无位，中无定方。四数必明，与世相涉，三四四三，宛转十二，流变三叠，一十百千，总括始终，六根之中各各功德有千二百。阿难，汝复于中克定优劣，如眼观见，后暗前明，前方全明，后方全暗，左右旁观三分之二，统论所作，功德不全，三分言功，一分无德，当知眼唯八百功德。如耳周听，十方无遗，动若迩遥，静无边际，当知耳根圆满一千二百功德。如鼻嗅闻，通出入息，有出有入，而阙中交，验于鼻根，三分阙一，当知鼻唯八百功德。如舌宣扬，尽诸世间出世间智，言有方分，理无穷尽，当知舌根圆满一千二百功德。如身觉触，识于违顺，合时能觉，离中不知，离一合双，验于身根，三分阙一，当知身唯八百功德。如意默容十方三世一切世间出世间法，唯圣与凡，无不包容，尽其涯际，当知意根圆满一千二百功德。阿难，汝今欲逆生死欲流，返穷流根，至不生灭。当验此等六受用根，谁合谁离，谁深谁浅，谁为圆通，谁不圆满。若能于此悟圆通根，逆彼无始织妄业流，得循圆通，与不圆根，日劫相倍。我今备显六湛圆明本所功德，数量如是。随汝详择其可入者，吾当发明，令汝增进。十方如来于十八界一一修行，皆得圆满无上菩提，于其中间亦无优劣。但汝下劣，未能于中圆自在慧，故我宣扬，令汝但于一门深入。入一无妄，彼六知根一时清净。"

阿难白佛言："世尊，云何逆流？深入一门？能令六根一时清净？"

佛告阿难："汝今已得须陀洹果，已灭三界众生世间见所断惑。然犹未知根中积生无始虚习，彼习要因修所断得，何况此中生住异灭分剂头数？今汝且观现前六根为一？为六？阿难，若言一者，耳何不见？目何不闻？头奚不履？足奚无语？若此六根决定成六，如我今会，与汝宣扬微妙法门，汝之六根谁来领受？"

阿难言:"我用耳闻。"

佛言:"汝耳自闻,何关身口?口来问义,身起钦承?是故应知非一终六,非六终一,终不汝根元一元六。阿难,当知是根非一非六,由无始来颠倒沦替,故于圆湛,一六义生。汝须陀洹,虽得六销,犹未亡一。如太虚空参合群器,由器形异,名之异空;除器观空,说空为一。彼太虚空云何为汝成同、不同?何况更名是一、非一?则汝了知六受用根亦复如是。由明暗等二种相形,于妙圆中黏湛发见。见精映色,结色成根;根元目为清净四大,因名眼体,如蒲萄朵,浮根四尘,流逸奔色。由动静等二种相击,于妙圆中黏湛发听。听精映声,卷声成根,根元目为清净四大。因名耳体,如新卷叶,浮根四尘,流逸奔声。由通塞等二种相发,于妙圆中黏湛发嗅。嗅精映香,纳香成根,根元目为清净四大。因名鼻体,如双垂爪,浮根四尘,流逸奔香。由恬变等二种相参,于妙圆中黏湛发尝。尝精映味,绞味成根,根元目为清净四大。因名舌体,如初偃月,浮根四尘,流逸奔味。由离合等二种相摩,于妙圆中黏湛发觉。觉精映触,抟触成根,根元目为清净四大。因名身体,如腰鼓颡,浮根四尘,流逸奔触。由生灭等二种相续,于妙圆中黏湛发知。知精映法,揽法成根,根元目为清净四大。

因名意思，如幽室见，浮根四尘，流逸奔法。阿难，如
是六根，由彼觉明，有明明觉，失彼精了，黏妄发光。
是以汝今离暗离明，无有见体；离动离静，元无听质；
无通无塞，嗅性不生；非变非恬，尝无所出；不离不合，
觉触本无；无灭无生，了知安寄？汝但不循动静、合离、
恬变、通塞、生灭、明暗，如是十二诸有为相；随拔一
根，脱黏内伏，伏归元真，发本明耀；耀性发明，诸余
五黏应拔圆脱。不由前尘所起知见，明不循根，寄根明
发；由是六根互相为用。阿难，汝岂不知今此会中，阿
那律陀无目而见？跋难陀龙无耳而听？殑伽神女非鼻闻
香？骄梵钵提异舌知味？舜若多神无身觉触？如来光中
映令暂现，既为风质，其体元无。诸灭尽定得寂声闻，
如此会中摩诃迦叶，久灭意根，圆明了知，不因心念？
阿难，今汝诸根若圆拔已，内莹发光，如是浮尘及器世
间诸变化相，如汤销冰，应念化成无上知觉。阿难，如
彼世人聚见于眼，若令急合，暗相现前，六根黯然，头
足相类。彼人以手循体外绕，彼虽不见，头足一辨，知
觉是同。缘见因明，暗成无见；不明自发，则诸暗相永
不能昏。根尘既销，云何觉明不成圆妙？"

　　二决定义中正明二义，凡有二门：一者，因果同异门，
前已讲讫。今为第二，根尘结解门也。从经文"第二义者，

汝等必欲发菩提心”至“根尘既销，云何觉明，不成圆妙”，有五页多文。

以不生灭心为本修因，此不生灭心，即是如来藏妙真如心也。此心即是一切诸佛平等法身，在因名如来藏，在果名为法身，因果不二。以如来藏为因，求法身之果，是名以果地觉为因地心。此第一义门之所示也。

第二义门者，谓欲求如来藏妙真如心，当于何处？一切众生何以皆不识此心？谁为之障？今解此疑也。

如来藏心，即在于六根、六尘、六识乃至七大之中，云何二十五法中有如来藏心也？二十五圣，依之而修，各获圆通。若二十五法中无如来藏心者，云何获圆通也？经云“此二十五无学诸大菩萨及阿罗汉，各说最初成道方便，皆言修习真实圆通。彼等修行，实无优劣，前后差别”者是也。此二十五法，与十八界，开合有殊，其实无异。地、水、火、风、空五大，摄入于六尘中，根大即是六根，识大即是六识，言十八界，即摄二十五法。故知如来藏心，即在十八界中。经云“十方如来，于十八界，一一修行，皆得圆满无上菩提”者是也。又根尘和合，而后发识，但举根尘，即摄诸识，故知如来藏心，在根尘中。经云：“由尘发知，因根有相。相见无性，同于交芦。”无性之性，即如来藏心也。又根在于内，其义较亲，尘在于外，其义较疏。但举内根，即摄外尘，故知如来藏心在六根中。经云

"使汝轮转，生死结根，唯汝六根，更无他物""令汝速证安乐解脱，寂静妙常，亦汝六根，更非他物"者是也。若六根中无如来藏心，云何令人得证安乐解脱、寂静妙常者乎？然此六根，各有优劣，得循圆通，与不圆根，日劫相倍，故又必选择圆通本根，从一门入。深入一门，能令六根一时清净，经云"随拔一根，脱黏内伏，伏归元真，发本明耀，诸余五粘，应拔圆脱"者是也。亦复能令十二入、十八界、二十五法一时清净。《圆觉经》云："善男子！此菩萨及末世众生，证得诸幻，灭影像故，尔时便得无方清净，无边虚空，觉所显发；觉圆明故，显心清净；心清净故，见尘清净；见清净故，眼根清净；根清净故，眼识清净；识清净故，闻尘清净；闻清净故，耳根清净；根清净故，耳识清净；识清净故，觉尘清净；如是乃至鼻、舌、身、意亦复如是。善男子！根清净故，色尘清净；色清净故，声尘清净；香、味、触、法亦复如是。善男子！六尘清净故，地大清净；地清净故，水大清净；火大、风大亦复如是。善男子！四大清净故，十二处、十八界、二十五有清净。彼清净故，十力、四无所畏、四无碍智、佛十八不共法、三十七助道品清净，如是乃至八万四千陀罗尼门一切清净。"如是等文，足与此经互相发挥。故知，一法清净故，一切清净；一法染污故，一切染污。若人能于一微尘上识得根源，即于一切法中无不解脱。是故行人贵乎一门深入。于一门中得三昧者，无量三昧不求自得。一即一切，此之谓也。

众生所以不识如来藏心者，皆由烦恼为之障也。此处言烦恼，非仅指烦恼障，乃指无始以来发业润生者是也。云何发业？谓不如实知真如法一故，不觉心动，而有其念，如是"不觉"，名为发业，即根本无明也。业者，动也。此处言业，非是起惑造业之业，乃以心动为业，谓无明力，不觉心动。此一念动心，名为业识，是全不生灭而成生灭者也。云何润生？谓依无明力，不觉心动，则有妄境；有妄境故，则有妄心；心境交互，见爱烦恼，纷然竞起，故有分别事识。此即《起信》所说"计我我所，种种执妄，随事攀缘，分别六尘"者是也。如是烦恼，能滋润生死，令诸凡夫，长沦三界，是则名为润生也。如是发业润生烦恼，亦不在他处，即在二十五法中。约而言之，即在十八界中，在十二处中，乃至在六根中。经云："则汝现前，眼、耳、鼻、舌、及与身心，六为贼媒，自劫家宝。"贼，谓发业润生烦恼。家宝，谓如来藏心。以烦恼为障，令诸凡夫不能识得如来藏心，名为"劫家宝"也。而此烦恼，在六根中，故名六根为"贼媒"也。如是六根因烦恼故，而成为"结"；烦恼若净，即名为"解"。根清净故，尘亦自净。故曰"根尘结解门"也。

从"第二义者"至"谁作谁受"二行多文，标示一章之大旨也。"诸有为相",谓世间、业果及与众生也。"烦恼根本",即无始以来发业润生者是也。润生烦恼,本是枝末无明,今据要而言,皆名为根本也。如是烦恼,性本空寂。以不觉故,心即妄动,名为根本无明。以妄动故,则有妄心妄境;以有妄心妄境故,则有见爱烦恼,即三界见思。于是世间、众生、业果三种相续,而生死浩然矣。若循其本,元是如来藏心,实无作者,亦无受者。若约众生世界言之,如是烦恼,乃六根之所作,亦六根自受之也。

从"阿难,汝修菩提"至"取如来位"不足二行文,正显审观烦恼根本为修行之要也。"虚妄根尘",即妄心妄境也。应当审观此妄心妄境从何而起。即此起处,是为颠倒之处也。若不知其起处,云何可得降伏烦恼而获如来妙觉之果乎?其实妄心妄境,本无起处。一切众生,以不觉故,而有根本烦恼;有根本烦恼故,而起虚妄心境;有虚妄心境故,如来藏心为彼所障,隐而不显。今欲获如来妙觉之果,若不降伏烦恼,终不可得也。

从"阿难,汝观世间解结之人"至"无结解故"不足二行文,此以喻释。烦恼根本,喻之如结;破灭烦恼,喻之如解。若曰,烦恼本空,实无有结。既无有结,则亦无解。如是说者,理虽高妙,事则不然。何以故?以一切众生,内有妄心,外有妄境,心境未亡,根结俱在,云何言无?故必解除此结而后始可以言无碍解脱也。

从"则汝现前，眼耳鼻舌"至"不能超越"二行文，直示六根为结也。本以烦恼根本为结，今何以言六根为结耶？六根非结，以此烦恼在六根中，故名六根为结也。譬如贼巢，以居贼故，破此巢已，而后贼灭。六根之中，具诸烦恼，名之为结。解此结已，烦恼始净。烦恼已净，藏心自显。

从"阿难，云何名为众生世界"至"各各功德，有千二百"七行文，显示六根功德也。此处言功德者，谓其功能作用，非如《法华》以持经所显六根净用名为功德也。上文已示六根为结，今欲解除六根之结，先须明识一一诸根功能作用浅深优劣。为令行人选择圆根，于一根中入于三昧。一根既解，五皆圆脱，则烦恼自净，藏性自显矣。世间有三，众生、五阴、器世间也。"众生世界"，谓众生正报。由正报缠结故，于依报世界不能超越。今但显示众生世界，此一若超，余皆解脱。世，谓三世迁流；界，谓十方隔历。众生之身，为三世所迁，十方所隔，是则名为"众生世界"。如是三世十方，互相交织，成众生身。今且约十方为四方，四方与三世相涉，则为十二，故曰"三四四三，宛转十二"。如是十二，复历三世言之，是为"流变三叠"。本是十二，经于三叠，则成一千二百，故曰"各各功德，有千二百"也。

"阿难，汝复于中，克定优劣"者，诚令阿难审详六根谁优谁劣，孰浅孰深也。

从"如眼观见，后暗前明"至"当知意根，圆满一千二百功德"十一行文，详示六根功能作用优劣深浅也。

眼唯八百功德者，以眼唯见前方，不见后方，既不见后，四方缺一，即阙三百。左右旁观，三分之二，则三分之一不能见也，应阙二百。然左右两方，犹有近维二百五十可见，故仅阙一百。则为八百功德也。

耳根圆满，周听十方，是故具足一千二百功德。

鼻根能闻，出息入息，及与中交，共成三分。今通出入息，而阙中交，则仅有三分之二，故为八百功德。

舌能宣扬世出世智所知之境，故圆满一千二百功德。舌取能言，不取尝味。若以尝味言之，其功即劣。今据其优者言之。

身根能触，违顺及离，亦成三分。识于违顺，离中不知，亦阙三分之一，故唯八百功德。

意根默容十方三世一切世间出世间法，故为圆满一千二百功德。

从"阿难，汝今欲逆生死欲流"至"谁为圆满，谁不圆满"二行文，诫令选择圆根也。"生死欲流"，本以欲界一切诸惑名为欲流，今经不然，乃以一切发业润生烦恼为欲流也。一切众生，顺于欲流，故遭生死沦溺。今欲修行妙三摩提，则应逆于欲流。下文"逆彼无始织妄业流"，即此意也。流根者，烦恼之根本也。反穷者，从枝末无明而反穷至于根本无明。一念相应，觉心初起，心无初相，以远离微细念故，得见心性，心即常住，故曰"至不生灭"也。如是六根，为众生之所受用，故曰"六受用根"。合时能觉，离中不知，深穷流根，浅唯妄觉。圆具一千二百功德，不圆满者，仅有八百。于此六根当谨选择。

从"若能于此，悟圆通根"至"日劫相倍"一行半文，显示圆根之胜能也。无始织妄业流者，乃以心动为业，以有业故，流入生死，即业识也。虚妄心境，相互交织，即转现二识也。今欲逆于妄流，当循圆根。依循圆根修行一日，胜依不圆之根修行一劫。此处，佛已密示，耳根圆通一日之功，倍余根一劫也。

从"我今备显，六湛圆明"至"令汝增进"一行半文，佛言，我已显示六根功德，汝当详择。六根功德，虽即是妄，而复全是真妙觉明本性所具，故曰"六湛圆明，本所功德"。

从"十方如来"至"彼六知根，一时清净"三行多文，令于十八界中选择一门。十八界者，摄于七大。故十八界与二十五法，正等无异。如是十八界，本如来藏，妙真如性，法界平等，元无差别，但为下劣众生修行方便，故不可不审详选择。若能选择圆通本根，但于此根一门深入，入一无妄，则六知根一时清净。经云"一根既返源，六根成解脱"，此之谓也。此示选择圆根，乃修行之要也。

二决定义中正明二义：一者，因果同异门，已讲讫。二者，根尘结解门，上半章亦已讲讫，今讲根尘结解门下半章也。即经文第四卷"阿难白佛言，世尊，云何逆流，深入一门"至第四卷后部"云何觉明，不成圆妙"三页文也。

根尘结解者，谓六根何故而成结，复因何缘而得解也。即此一门，不但显示六根结解之义，亦即显示十八界、二十五法结解之义。一根解故，六根皆解；六根解故，十八界、二十五法悉皆得解。故曰："入一无妄，彼六知根一时清净。"根清净故，一切诸法无不清净。

根尘结解门上半章，显示六根为结，并示六根功德，令阿难等于六根中详择其可入者，一门深入，入一无妄，则六知根一时清净，是即名之为解也。

下半章显示六根非一非六。非一非六者，谓即如来藏心也。又复显示六受用根成结因缘，及解结之方。云何解结？谓即经文所示"汝但不循动静、合离、恬变、通塞、生灭、明暗，如是十二诸有为相，随拔一根，脱粘内伏，伏归元真，发本明耀，耀性发明，诸余五粘，应拔圆脱"者是也。六根既拔，"内莹发光，如是浮尘及器世间诸变化相，如汤销冰，应念化成无上知觉"。此则解结所获之功德利益也。

　　"阿难白佛言"至"能令六根一时清净"一行文，阿难伸问也。夫六根者，即是如来藏心也。清净本然，周遍法界，由于强觉，分成六妄。若能从一根门，逆生死流，返观藏心，入一性海，则十方界一时清净，非但六根清净已也。

　　"佛告阿难"至"生住异灭，分剂头数"三行文，此下三段，显示六根非一非六，一六俱妄。若论其本，即如来藏心也。今第一段示根中烦恼之数。烦恼有二：一者小乘四果之所断，二者大乘菩萨之所断。四果者，谓须陀洹、斯陀含、阿那含、阿罗汉也。须陀洹果能灭三界见所断惑。此惑是三界凡夫所迷，见四谛时，能断此惑，是故名为"见所断惑"也。见惑有八十八使。使者，驱役之义。如是烦恼，能驱役众生，故谓之为使也。如是见惑，皆为迷于四谛之理而起。欲界有三十二惑，色、无色界各有二十八惑，三界共有八十八惑也。欲界三十二惑者，迷苦谛之理而起十惑：一者身见，以五阴假合之苦果，迷执为常一之我也。二者边见，以为此我死后不灭，则为常见；以为此我死后断灭，则为断见。如是断常之见，各执一边，为边见也。三者邪见，此现在之身，乃过去业因所感之果报，拨无此道理，为邪见也。四者见取见，执前三见，取之以为正见也。五者戒禁取见，执种种邪戒苦行，取之以为人天乐处乃至涅槃之因也。六者贪，贪著以上五见，执之以为是者也。七者瞋，瞋恚异我所执之见，以为非者也。八者痴，不知以上五见之为非也。九者慢，以所执五见为是而起骄慢之心也。十者疑，疑于苦谛之理也。迷集谛之理而起七惑，谓前十惑中，除身见、边见、戒取见也。七惑者：一者邪见，知惑为生死之因，则为正见；拨无此理，是邪见也。二者见取见，迷执其邪见以为正见也。三者疑，疑于集谛之理也。四者贪，五者瞋，六者痴，七者慢，迷于前之三惑而起，如苦谛下所说也。迷灭谛之理而起七惑。灭谛者，涅槃也。一者，谓无涅槃可证者，是邪见也。二者，以此邪见为正见者，见取见也。三者，疑于涅槃而无决定之信者，是疑也。四贪，五瞋，六痴，七慢，则缘此三见而起者也。迷道谛之理而起八惑：于前七惑，加戒禁取见，为八惑也。缘自身而起此见，是为迷于苦谛之理而起；计此类邪行为涅槃正道，而勤行之，是则迷于道谛之理而起非道计道之见，是为戒禁取见也。余之七惑，如集谛例，是为欲界三十二见惑也。色界有二十八惑者，以四谛下各除一瞋，上界定地，不起瞋恚之粗动烦恼故也。无色界亦有二十八惑，与色界同。是为三界八十八使见惑。得须陀洹果时，诸惑皆断，是则名为见所断惑也。

根中积生无始虚习者，修所断惑也，亦名思惑。欲界有贪、瞋、痴、慢四惑，色、无色界除瞋，各有贪、痴、慢三惑，三界共十惑。三界分九地：欲界一地，谓五趣杂居地。色界四地，即定生喜乐地，谓初禅也；离生喜乐地，谓二禅也；离喜妙乐地，谓三禅也；舍念清净地，谓四禅也。无色界四地，即空无边处地、识无边处地、无所有处地、非想非非想处地。如是九地，各有上上、上中、上下、中上、中中、中下、下上、下中、下下九品，故为八十一品思惑也。断欲界六品思惑，得斯陀含果，即二果也；次断欲界九品思惑尽，得阿那含果，即三果也；次断色、无色界七十二品思惑尽，证阿罗汉果，即四果也。如是烦恼，皆是积生虚妄习气。无始以来即具此惑，勤苦修行而后能断，故曰修所断惑也。又为思惟世间虚妄事物而起，故亦名为思惑也。如是诸惑，能令众生流转三界。如是见思诸惑，于六根中皆悉具有，是即小乘所断根中烦恼之数也。

"生住异灭，分剂头数"者，大乘菩萨所断界外之惑也。生住异灭者，谓如来藏心，本非生灭，以不悟故，一念妄动，堕于生灭，为根本无明。以此无明，无始起时，故亦曰无始无明。分剂头数者，自圆教初住，至于妙觉，经四十二位，位位断一品无明，如是四十二品无明，是大乘菩萨之所断也。如是无明，于六根中，亦复具有，是为大乘所断根中烦恼之数也。今言"深入一门，入一无妄，彼六知根一时清净"者，谓但拔一根，如是界内界外无量烦恼，即得断尽无余，是则名为证无上菩提也。

"今汝且观现前六根"至"终不汝根，元一元六"五行余文，为第二段，明示六根非一非六。非一非六者，以此六根全体虚妄，无一六之可得也。

"阿难，当知是根，非一非六"至"则汝了知，六受用根，亦复如是"不足五行文，为第三段，明一六俱妄也。如来藏心，元无一六之可得，执六是妄，执一亦非。须陀洹人，不为六尘所惑，名为"六销"；执有无为果体，名"未亡一"。若见藏心，则一亦不可得也。太虚空者，喻藏心也；群器，喻六尘也；异空，喻六根也。如来藏心，非一非六，尚无同异之名，岂安一六之相？

"由明暗等二种相形"至"浮根四尘，流逸奔法"不足二页文，此下复有二段，初、广示六根成结之因缘也。本一圆常妙觉明心，元无明暗、动静，乃至生灭之相，以妄动故，所相妄现；所相既现，妄觉随生。"粘湛发见"等，湛者，圆湛之性。如是所相妄境，粘著于圆湛之性，随发妄觉。妄境有六，由境发知，成六根异，是为六根成结之因缘也。六根虚妄，本如来藏，是故因缘，即非因缘。

"阿难，如是六根"至"无灭无生，了知安寄"三行半文，次、结示六根妄明结解之由也。由彼觉明者，性觉真明也。"有明明觉"者，以有所明故而成妄明也。失彼精了者，妄明既起，真明顿失也。粘妄发光者，妄境粘著于真明，遂发妄明，是为六根成结之相。而此六根，若离明暗、动静，乃至生灭，元不可得，盖不待解而自无也。

此示六根虚妄，本空无性也。

"汝但不循动静、合离"至"诸余五粘，应拔圆脱"二行半文，显示入一之门也。脱粘内伏者，谓此一根，脱于妄境之粘著，则根中妄明便得降伏也。伏归元真者，妄明既伏，唯有真明也。发本明耀者，妄明伏已，真明发耀也。如是一根既拔，而六根皆脱。六根圆脱故，一切诸法悉皆清净，真妙觉明，圆照十方，是则真为解结之方也。

"不由前尘所起知见"至"由是六根互相为用"一行文，此下显示真觉之理。初、示真明开发之相也。六根妄明，由尘所发，毕竟无体，而真妙觉明，不逐缘生，不因境起。如是真明，非是见闻觉知，而是如来藏心所发妙德。真明开发，寄于六根，故令六根互相为用。

"阿难，汝岂不知，今此会中"至"圆明了知，不因心念"四行文，次、举阿那律陀等六人，以明六根互用之相也。

"阿难，今汝诸根，若圆拔已"至"应念化成无上知觉"不足二行文，三、明诸根圆拔之相也。六根既拔，尘无所粘。六根拔者，诸根寂也。尘无粘者，六尘空也。尘空则妄念不生，妄念不生，则性明内莹。三界万法，皆由无明妄念而起。今妄念不生，真明开发，则一切诸妄如汤销冰，了不可得，唯妙觉明，圆照十方，故曰"应念化成无上知觉"也。

"阿难，如彼世人聚见于眼"至"头足一辨，知觉是同"一行半文，四、举事例显，真明圆照，不藉境缘也。

"缘见因明，暗成无见"至"云何觉明，不成圆妙"一行半文，五、指妄以结真也。"缘见因明，暗成无见"者，妄明也。不明自发者，真明也。如是真明，明不能发，暗不能昏，内莹清净，不藉根尘。真明开发，则根尘识心，一时销落，而悉成为妙觉明心矣！

二决定义中，第一科正明二义，一者因果同异义，二者根尘结解义，已竟。

丁二、别破疑情　戊一、破真识断灭疑

阿难白佛言："世尊，如佛说言：因地觉心欲求常住，要与果位名目相应。世尊，如果位中菩提、涅槃、真如、佛性、庵摩罗识、空如来藏、大圆镜智，是七种名，称谓虽别，清净圆满，体性坚凝，如金刚王，常住不坏。若此见听离于明暗、动静、通塞，毕竟无体，犹如念心离于前尘，本无所有；云何将此毕竟断灭以为修因，欲获如来七常住果？世尊，若离明暗，见毕竟空；如无前尘，念自性灭。进退循环，微细推求，本无我心及我心所，将谁立因，求无上觉？如来先说湛精圆常，违越诚言，终成戏论。云何如来真实语者？唯垂大慈，开我

蒙昔。"

佛告阿难:"汝学多闻,未尽诸漏,心中徒知颠倒所因,真倒现前实未能识。恐汝诚心犹未信伏,吾今试将尘俗诸事,当除汝疑。"

即时如来敕罗睺罗击钟一声,问阿难言:"汝今闻不?"

阿难、大众俱言:"我闻。"

钟歇无声,佛又问言:"汝今闻不?"

阿难、大众俱言:"不闻。"

时罗睺罗又击一声,佛又问言:"汝今闻不?"

阿难、大众又言:"俱闻。"

佛问阿难:"汝云何闻?云何不闻?"

阿难、大众俱白佛言:"钟声若击,则我得闻;击久声销,音响双绝,则名无闻。"

如来又敕罗睺击钟,问阿难言:"尔今声不?"

阿难、大众俱言:"有声。"

少选声销,佛又问言:"尔今声不?"

阿难、大众答言:"无声。"

有顷罗睺更来撞钟。佛又问言:"尔今声不?"

阿难、大众俱言:"有声。"

佛问阿难:"汝云何声?云何无声?"

阿难、大众俱白佛言："钟声若击，则名有声；击久声销，音响双绝，则名无声。"

佛语阿难及诸大众："汝今云何自语矫乱？"

大众、阿难俱时问佛："我今云何名为矫乱？"

佛言："我问汝闻，汝则言闻。又问汝声，汝则言声。唯闻与声，报答无定，如是云何不名矫乱？阿难，声销无响，汝说无闻；若实无闻，闻性已灭，同于枯木；钟声更击，汝云何知？知有知无，自是声尘或无或有，岂彼闻性为汝有无？闻实云无，谁知无者？是故阿难，声于闻中自有生灭，非为汝闻声生声灭，令汝闻性为有为无。汝尚颠倒，惑声为闻，何怪昏迷，以常为断？终不应言：离诸动、静、闭塞、开通，说闻无性。如重睡人眠熟床枕，其家有人于彼睡时捣练舂米，其人梦中闻舂捣声，别作他物：或为击鼓，或为撞钟，即于梦时自怪其钟为木石响。于时忽寤，遄知杵音。自告家人，我正梦时，惑此舂音将为鼓响。阿难，是人梦中岂忆静摇、开闭、通塞？其形虽寐，闻性不昏。纵汝形销，命光迁谢，此性云何为汝销灭？以诸众生从无始来，循诸色声，逐念流转，曾不开悟性净妙常；不循所常，逐诸生灭，由是生生杂染流转。若弃生灭，守于真常，常光现前，根、尘、识心应时销落。想相为尘，识情为垢，二俱远离，则汝法眼应时清明，云何不成无上知觉？"

修道分有两大科：一者，二决定义；二者，离魔业行。

二决定义有三科：初、正明二义，次、别破疑情，三、广引修证。二决定义中第一科正明二义，前已讲毕，今讲次科别破疑情也。

别破疑情，凡有三章：初、破真识断灭疑，次、破解结同体疑，后、破六解一亡疑也。如是三章，一讲中不能毕其词，且分两次讲，故标为"别破疑情之一"也。

真识断灭疑者，阿难等闻佛言，修菩萨乘，入佛知见，当以不生灭心为本修因。此即上文所言"得元明觉无生灭心，为因地心，然后圆成果地修证"者是也。而疑我等今者，见闻觉知，虚妄不实，若离前尘，毕竟无体。离于六根，如来藏心，无垢净识，毕竟不可得。然则何从得此无生灭心为因地心，而修佛乘乎？是则名为"真识断灭疑"也。佛于此中，委示如来藏心，无垢净识，实有其体，非是断灭。即于耳根中，显示声尘有无，闻性不灭。特以众生不识此性，循声流转，逐诸生灭，故受沉沦。若识此性，则诸妄销落，常光现前，何愁不成无上正觉乎！

"阿难白佛言，世尊，如佛说言，因地觉心"至"惟垂大慈，开我蒙吝"十行文，阿难伸疑也。因地觉心者，谓于因地发菩提心，欲求佛果也。佛果者，常住之法也。今我之心，唯是生灭，云何以此生灭之心，而能获得常住妙果乎！菩提者，觉也，即佛智也。涅槃者，灭也，灭一切烦恼生死，名为涅槃也。真如者，离伪妄曰真，无变异曰如，如是之理，名真如也。佛性者，本觉之性，永无迁改，众生昧此性故，沉沦六趣；诸佛证此性故，常享妙乐。庵摩罗识者，离障所显，即白净无垢识也。空如来藏者，不与妄染相应，名之曰空；含藏无量功德，名如来藏。大圆镜智者，能现一切依正色心，诸佛众生，靡所不现，如大圆镜，现诸色像，如是妙智，名大圆镜智也。如是七名，其体元同，名为如来七常住果。然而我今六根，离于明暗，则无有眼；离于动静，则无有耳；离于通塞，则无有鼻；乃至离于生灭，则无有意。如是六根，毕竟断灭，云何将此毕竟断灭，而能克获七常住果？故请如来，以大慈愍，开我蒙吝也。蒙者，昧也；吝者，鄙也。

"佛告阿难，汝学多闻，未尽诸漏"至"试将尘俗诸事，当除汝疑"二行余文，佛许除疑也。除疑有二：初约声尘，显其倒情，即"即时如来，敕罗睺罗，击钟一声"至"如是云何，不名矫乱"十四行文也。后就闻性，破其断见，即"阿难，声销无响，汝说无闻"至"云何不成无上知觉"，即第四卷终十六行文也。

夫声尘者，生灭之法也；闻性者，常住之法也。若离声尘，毕竟断灭，此妄闻也，所谓循声流转者，此也。声有动静，性无生灭，此真闻也，所谓本妙元明者，此也。

然此真闻，最为难识，若以卤莽灭裂求之，妄认"此我"即是真性，是则名为"无量劫来生死本，痴人认作本来人"者是也。是故学者，不可不以洁净精微之心，至诚以求之矣。

就闻性破断见者，示闻性不灭也。若谓无声即无闻者，则无声时，闻性已灭；闻性既灭，钟声更击，谁复知之？闻若实无，谁证此无？既知无闻，验知此知非是断灭。以是观之，声有动静，性无生灭，此义皎然，不应有疑。

"如重睡人，眠熟床枕"等五行文，引睡眠之人，闻性不昏，以证真闻不生不灭。"纵汝形销，命光迁谢"等五行文，例已死之人，此性不灭，以示真明性无迁改。即以此性为本修因，岂患七常住果，不能克获？故结劝云"若弃生灭，守于真常，常光现前，根尘识心，应时销落"乃至"云何不成无上知觉"也。

楞严经卷五

戊二、破解结同体疑

阿难白佛言:"世尊,如来虽说第二义门,今观世间解结之人,若不知其所结之元,我信是人终不能解。世尊,我及会中有学声闻亦复如是。从无始际,与诸无明俱灭俱生,虽得如是多闻善根,名为出家,犹隔日疟。唯愿大慈,哀愍沦溺,今日身心云何是结?从何名解?亦令未来苦难众生,得免轮回,不落三有。"作是语已,普及大众五体投地,雨泪翘诚,伫佛如来无上开示。

尔时,世尊怜愍阿难及诸会中诸有学者,亦为未来一切众生,为出世因,作将来眼,以阎浮檀紫金光手摩阿难顶。即时十方普佛世界六种震动。微尘如来住世界者,各有宝光从其顶出。其光同时于彼世界来祇陀林,灌如来顶。是诸大众,得未曾有。于是阿难及诸大众,俱闻十方微尘如来异口同音告阿难言:"善哉阿难,汝欲识知俱生无明，使汝轮转生死结根，唯汝六根，更无他物。汝复欲知无上菩提，令汝速证安乐解脱寂静妙常，亦汝六根，更非他物。"

阿难虽闻如是法音，心犹未明，稽首白佛："云何令我生死轮回、安乐妙常，同是六根，更非他物？"

佛告阿难："根尘同源，缚脱无二，识性虚妄，犹如空华。阿难，由尘发知，因根有相，相见无性，同于交芦。是故汝今知见立知，即无明本；知见无见，斯即涅槃，无漏真净，云何是中更容他物？"尔时，世尊欲重宣此义，而说偈言：

真性有为空，缘生故如幻；无为无起灭，不实如空华。

言妄显诸真，妄真同二妄；犹非真非真，云何见所见？

中间无实性，是故若交芦。结解同所因，圣凡无二路。

汝观交中性，空有二俱非。迷晦即无明，发明便解脱。

解结因次第，六解一亦亡；根选择圆通，入流成正觉。

陀那微细识，习气成暴流，真非真恐迷，我常不开演。

自心取自心，非幻成幻法；不取无非幻，非幻尚不生，

幻法云何立？是名妙莲华，金刚王宝觉，如幻三摩提，

弹指超无学。此阿毗达磨，十方薄伽梵，一路涅槃门。

解结同体疑者，阿难虽闻佛言，知妄闻无体，真闻不灭。而复疑云，我此六根，名为贼媒，自劫家宝，由六根故，经无始来，常在缠缚，名之为结。解此结已，方能获得不生灭心，为本修因。解结不同，同是六根，真妄一体，缚脱无二。此义难明，故伸疑也。

"阿难白佛言，世尊，如来虽说第二义门"至"伫佛如来，无上开示"七行文，阿难伸疑也。由不如实知真如法一，不觉心动，名之为结；若能回光返照，悟心本寂，名之为解。解结不二，只在六根，若了根源，本无三有。阿难示现初果有学，虽断见惑，犹未断思，三界生死，尚未解脱，何况界外诸品无明。故不达解结之义，而雨泪翘诚，求佛开示也。

"尔时世尊，怜愍阿难"至"亦汝六根，更非他物"九行文，经家叙述。世尊摩顶，诸佛放光，同说结根，明示根尘同源、缚脱无二之义也。

"阿难虽闻如是法音"至"同是六根，更非他物"二行文，阿难再请如来开示，云何生死涅槃同是六根也？

此下佛为阿难开示解结同体之义，以释此疑也。文分为二：一者长行，二者偈颂。自"佛告阿难，根尘同源"至"云何是中，更容他物"三行半文为长行。下有九颂，即是偈颂，所谓祇夜、伽陀者是也。

"根尘同源，缚脱无二，识性虚妄，犹如空华。"此言根尘识三，同是一性，名曰同源。虽言根尘，实亦摄识，乃三法同源也。以此三法，同是菩提妙净明体，故曰同源也。凡夫迷此性故，名之为缚；圣人悟此性故，名之为脱。迷悟虽殊，始终理一，故曰缚脱无二也。然此三法，虽同妙体，若言其相，同是虚妄，犹如空华，了不可得。此言"识性"，乃指此识本性虚妄，名曰识性，非谓妙明之性也。识性虚妄，根尘之性，亦同虚妄，俱如空华。上言根尘，而实摄识；此言识性，亦摄根尘。绮互言之，译文之巧也。

"由尘发知，因根有相，相见无性，同于交芦。"上约十八界而言，今约十二入而言，故不言识而仅言根尘也。发知为根，见即是根；现相为尘，相即是尘。由尘发知，故有根；因根有相，故有尘。根尘二法，互相由藉，皆无自性，同于交芦。交芦者，如二芦相交，各无自立。此以相待假有之法，明示性空也。上言"识性虚妄，犹如空华"，此言"相见无性，同于交芦"，皆言诸法性空。若迷性空，即名为缚；悟性空故，则一一法皆是妙性，即名为解也。

"知见立知，即无明本；知见无见，斯即涅槃无漏真净。"上约十二入而言，今约六根而言。眼名为见，意名为知，虽举眼意，实摄诸根。知见立知者，谓立能知为知，能见为见，不了性空，妄谓实有。由是心境俄兴，诸妄竞起，发业润生，轮转无穷。以是故知，是六根者，正是无明生死之本，故曰"使汝轮转，生死结根，唯汝六根，更无他物"也。知见无见者，若悟知即无知，见即无见，无知而知，无见而见，性空寂灭，执取不生，唯一圆融清净宝觉。以是故知，是六根者，元是菩提妙净明体，故曰"令汝速证安乐解脱，寂静妙常，亦汝六根，更非他物"也。"云何是中，更容他物"者，言迷悟解缚，生死涅槃，唯是六根，中不容他，六根之外，亦无他物也。此是十方微尘如来诚谛之语，微妙开示，简明直捷，无逾于此。如是妙法，百千万劫，难得遭遇。但历耳根，已成胜因，况闻而思，思而勤修者乎！"当知是人，不于一佛、二佛、三四五佛而种善根，已于无量千万佛所种诸善根"者，此之谓也。

释长行竟。下为偈颂，次后当释。

别破疑情，凡有三章：初、破真识断灭疑，已讲毕；

次、破解结同体疑，文分为二：一者长行，亦已讲毕，今讲第二偈颂及第三章破六解一亡疑也。

破解结同体疑，二、偈颂。偈颂有九：

"真性有为空，缘生故如幻。无为无起灭，不实如空华。"

真性者，即上文七常住果之性也，亦即第二卷中所说如来藏妙真如性也。真性无法可得，不可得法，云何可识？今欲识此真性者，但悟有为法而已。有为之法，即是第一义空。第一义空，即真性也。有为之法，皆由因缘和合而生。因缘和合生，名曰缘生。《中论》云："如幻亦如梦，如乾闼婆城。所说生住灭，其相亦如是。"生住灭者，即是缘生有为之法。如是之法，皆如幻梦，故曰"缘生故如幻"也。有为之法，如幻如梦，故曰"有为空"。有为灭故，名曰无为。有为本空，即是无为。《中论》云："生住灭不成，故无有有为。有为法无故，何得有无为？"是则有为、无为皆空。有为、无为空故，一切法皆不可得。无起灭者，即"生住灭不成"也。生住灭不成者，以缘生如幻，即是无生，无生故，住、灭亦不可得也。经云："一切世间，山河大地，生死涅槃，皆即狂劳，颠倒华相。"是则有为、无为之法，皆"不实如空华"也。

"言妄显诸真，妄真同二妄。犹非真非真，云何见所见？"

上文明有为、无为皆空者，谓破妄而显真也。对妄说真，妄法空故，亦无真性之可得也。若谓定有真性可得，则真亦成妄，故曰"同二妄"也。真与非真，皆不可得。犹非者，遣荡之词也。真妄皆不可得，何处更有能见之根、所见之尘而可得哉！

"中间无实性，是故若交芦。结解同所因，圣凡无二路。"

由尘发知，因根有相，相见无性，同于交芦。中间者，根尘之中也。无实性者，根尘二法本空无性也。由明暗等二种相形，于妙圆中粘湛发见，见精映色，结色成根，名之为结。若悟相见无性，根尘非实，即名为解也。六根缠结，便成六道凡夫；六根解脱，即是三乘贤圣。结解之因，唯在迷悟，更无别歧，故"无二路"也。

"汝观交中性，空有二俱非。迷晦即无明，发明便解脱。"

交中性者，谓二芦相交，各无自立，是为"交中"无实性也。待有言空，有既非有，则空亦叵得，故曰"二俱非"也。不悟性空，则成无明；悟性空故，即得解脱。故曰"根尘同源，缚脱无二"。

"解结因次第，六解一亦亡。根选择圆通，入流成正觉。"

因次第者，非谓六根之结须一一解之也，乃谓一根之中，具有无量分别俱生我法二执，从浅至深，次第解之也。一根既解，六根皆脱。六根解已，一亦不可得也。或疑：经云："元依一精明，分成六和合。"六根既解，成一精明，何谓一亦不可得也？答：心性发狂，见闻妄隔，则成为六。既悟性空，则根尘销落，全即真性。真如之性，本空寂灭，故一亦不可得也。根选择圆通者，示解结之方。谓宜选择圆根，逆流而入。一根返源，六根皆解；六根解已，内莹发光，如是浮尘及器世间诸变化相，应念化成无上知觉，是为"入流成正觉"也。

"陀那微细识，习气成暴流。真非真恐迷，我常不开演。"

陀那者，即阿陀那识，赖耶之异名也。此识行相微细，凡愚罔知。习气者，积生无始虚习，即种子之异名也。陀那识中，无始习气，微细生灭，流注不息，犹如暴流。《起信论》谓生灭与不生灭和合，非一非异，名阿梨耶识。梨耶，即赖耶也。若以为真，其实是妄，以是生死之根本故；若以为妄，其实即真，以此识性即是如来藏心故。凡愚不达此识，迷于真妄之义，故"常不开演"也。

"自心取自心，非幻成幻法，不取无非幻。非幻尚不生，幻法云何立？"

《起信论》云："三界虚伪，唯心所作，离心即无六尘境界。以一切法皆从心起妄念而生。一切分别，即分别自心。"由分别故而生执取，是为"自心取自心"也。真性本寂，离诸名相，本来无有世界众生，故云"非幻"。妄觉忽生，境相随现，四大分湛，六根成结，故云"成幻"。若悟性空，即离分别；离分别已，根尘俱亡。真尚不生，妄云何立？

"是名妙莲华，金刚王宝觉，如幻三摩提，弹指超无学。"

如来知见，本在众生心中。悟自心故，开佛知见，如莲华开敷，出于泥水。真空宝觉，能破无明，犹如金刚，所拟皆碎。如幻妙观，了一切法，皆如幻化，犹如明镜，现诸色像。妙莲华者，谓禅那也；金刚王宝觉者，奢摩他也；如幻者，三摩钵提也。此乃结答经初"阿难启请十方如来得成菩提妙奢摩他、三摩、禅那最初方便"之问也。"三摩提"即是三摩，此云正受。不受诸受，名曰正受。虽惟一名，义必具三。修此妙门，疾至大觉，一念不生，即名为佛，超过地位劫数之说，故曰"超无学"也。

"此阿毗达摩，十方薄伽梵，一路涅槃门。"

阿毗达摩，此云无比法。薄伽梵，具足六义，谓自在、炽盛、端严、名称、吉祥、尊贵，佛之尊称也。十方诸佛得证菩提涅槃，唯此一路，无有异门。此乃结答阿难"忽蒙天王，赐与华屋，虽获大宅，要因门入"之问也。

释偈颂竟。

戊三、破六解一亡疑

于是阿难，及诸大众，闻佛如来，无上慈诲，祇夜伽陀杂糅精莹，妙理清彻，心目开明，叹未曾有。

阿难合掌顶礼白佛："我今闻佛无遮大悲，性净妙常真实法句，心犹未达六解一亡舒结伦次。唯垂大慈，再愍斯会及与将来，施以法音，洗涤沉垢。"

即时，如来于师子座，整涅槃僧，敛僧伽梨，揽七宝几，引手于几取劫波罗天所奉华巾，于大众前绾成一结，示阿难言："此名何等？"

阿难、大众俱白佛言："此名为结。"

于是如来绾叠华巾，又成一结，重问阿难："此名何等？"

阿难、大众又白佛言："此亦名结。"

如是伦次，绾叠华巾，总成六结。一一结成，皆取手中所成之结，持问阿难："此名何等？"

阿难、大众亦复如是次第酬佛："此名为结。"

佛告阿难："我初绾巾，汝名为结。此叠华巾先实一条，第二、第三，云何汝曹复名为结？"

阿难白佛言："世尊，此宝叠华缉绩成巾，虽本一

体，如我思惟：如来一绾，得一结名；若百绾成，终名
百结；何况此巾只有六结，终不至七，亦不停五，云何
如来只许初时。第二、第三不名为结？"

佛告阿难："此宝华巾，汝知此巾元止一条，我六绾
时名有六结。汝审观察：巾体是同，因结有异？于意云
何？初绾结成，名为第一；如是乃至第六结生，吾今欲
将第六结名，成第一不？"

"不也，世尊。六结若存，斯第六名，终非第一。
纵我历生尽其明辩，如何令是六结乱名？"

佛言："如是。六结不同，循顾本因，一巾所造，令
其杂乱，终不得成。则汝六根亦复如是：毕竟同中，生
毕竟异。"

佛告阿难："汝必嫌此六结不成，愿乐一成，复云
何得？"

阿难言："此结若存，是非锋起，于中自生此结非
彼，彼结非此。如来今日若总解除，结若不生，则无彼
此，尚不名一，六云何成？"

佛言："六解一亡，亦复如是。由汝无始心性狂乱，
知见妄发，发妄不息，劳见发尘。如劳目睛，则有狂华，
于湛精明无因乱起。一切世间，山河大地，生死涅槃，
皆即狂劳颠倒华相。"

阿难言："此劳同结云何解除？"

如来以手将所结巾偏掣其左，问阿难言："如是解不？"

"不也，世尊。"

旋复以手偏牵右边，又问阿难："如是解不？"

"不也，世尊。"

佛告阿难："吾今以手左右各牵，竟不能解，汝设方便，云何解成？"

阿难白佛言："世尊，当于结心，解即分散。"

佛告阿难："如是，如是。若欲除结，当于结心。阿难，我说佛法从因缘生，非取世间和合粗相；如来发明世出世法，知其本因随所缘出；如是乃至恒沙界外一滴之雨，亦知头数；现前种种，松直、棘曲，鹄白、乌玄，皆了元由。是故阿难，随汝心中选择六根，根结若除，尘相自灭，诸妄销亡，不真何待？阿难，吾今问汝：此劫波罗巾六结现前，同时解萦，得同除不？"

"不也，世尊。是结本以次第绾生，今日当须次第而解，六结同体，结不同时，则结解时，云何同除？"

佛言："六根解除，亦复如是。此根初解，先得人空；空性圆明，成法解脱；解脱法已，俱空不生。是名菩萨从三摩地得无生忍。"

别破疑情三章中，初破真识断灭疑，次破解结同体疑，皆已讲毕，此下第三破六解一亡疑也。

第三、破六解一亡疑。自"于是阿难，及诸大众，闻佛如来，无上慈诲"至"是名菩萨，从三摩地，得无生忍"五页多文也。

此有二科：初、阿难伸问。即"于是阿难，及诸大众"至"施以法音，洗涤沉垢"四行半文也。祇夜者，重颂也，颂上长行也；伽陀者，讽颂也，不因长行，但讽美而颂之也。阿难大众，闻佛慈诲，净心开悟，法眼清明。然犹未达六解一亡之义，故复伸问也。

次为如来解答。此复三科：初、明结之因起。即"即时如来，于狮子座"至"则汝六根，亦复如是，毕竟同中，生毕竟异"二页多文也。涅槃僧，里衣也。僧伽梨，大衣也。劫波罗天，译曰时分天。又劫波罗树，能应时而出种种衣服严身资具。如来手中宝叠华巾，即是劫波罗天所奉献者。绾叠华巾成六结者，喻一念才动，六根取境，迷心逐物，卒不能解也。毕竟同者，一真之性，譬巾体也。毕竟异者，六乱妄想，譬六结也。

次、示六解一亡。即"佛告阿难，汝必嫌此，六结不成"至"皆即狂劳，颠倒华相"七行文也。六根之精，元是一真。随拔一根，脱粘内伏，则六根皆净。六根既净，一亦斯亡，如解结已，巾亦无用。迷真性故，诸妄竞兴，由是而有世界、众生、业果三种相续。一切世间，山河大地，世界也；生死者，众生与业果也。待生死故，而有涅槃；生死本空，即无涅槃，是故涅槃亦如空华。悟真性故，诸妄皆息，六根俱脱，华于空灭，涅槃尚无，何况生死。生死为六，涅槃是一，无生死故，亦无涅槃，故曰"六解一亡"也。

　　三、辨解结次第。即"阿难言，此劳同结，云何解除"至"从三摩地，得无生忍"十六行文也。牵制左右，不能解结者，喻堕于空有二边，俱不见性，不能解除无明根结也。当于结心解即分散者，喻若悟妄真二妄，空有俱非，生死涅槃皆即狂华，则六根清净，无复缠缚，名为解也。如来常说，佛法从因缘生者，非谓因缘能生世间和合粗相。以一切法本无生灭，无生灭故，即非因缘，亦非自然。盖谓世间六凡、出世四圣，如是十界，随无明染缘，则生九界；随教行净缘，则生佛界。故曰"佛法从因缘生"也。如来得一切种智，世出世法，皆了元由。故应深信，佛今所说，解结之法，选根之义，故无差谬也。选择六根者，谓于六根中选择圆根，一门深入，入一无妄，彼六知根一时清净。次第解结者，绾巾成结，虽有次第，粘湛成根，必无伦绪。今言次第者，乃谓于一根入证，六妄俱销。先得人空，次悟法空，空亦复空。从三摩地，得无生忍，名为次第解结也。真智安住于无生之理而不动，名无生忍。

《智度论》云："无生忍者，乃至微细法不可得，何况大，是名无生。"智证此理，名得无生忍。得无生忍者，是为阿鞞跋致菩萨也。

二决定义中，第二科别破疑情已竟。

丁三、广引修证　戊一、二十四圣各说宿因

阿难及诸大众，蒙佛开示慧觉圆通，得无疑惑。一时合掌，顶礼双足，而白佛言："我等今日身心皎然，快得无碍。虽复悟知一六亡义，然犹未达圆通本根。世尊，我辈飘零，积劫孤露，何心何虑预佛天伦，如失乳儿，忽遇慈母；若复因此际会道成，所得密言，还同本悟，则与未闻无有差别。唯垂大悲，惠我秘严，成就如来最后开示。"作是语已，五体投地，退藏密机，冀佛冥授。

尔时，世尊普告众中诸大菩萨，及诸漏尽大阿罗汉："汝等菩萨及阿罗汉，生我法中，得成无学。吾今问汝：最初发心，悟十八界，谁为圆通？从何方便入三摩地？"

侨陈那五比丘即从座起，顶礼佛足而白佛言："我在鹿苑及于鸡园，观见如来最初成道，于佛音声悟明四谛。佛问比丘，我初称解，如来印我名阿若多，妙音密圆，我于音声得阿罗汉。佛问圆通，如我所证，音声为上。"

优波尼沙陀即从座起，顶礼佛足而白佛言："我亦观佛最初成道，观不净相，生大厌离，悟诸色性，以从不净白骨微尘，归于虚空，空色二无，成无学道。如来印我名尼沙陀，尘色既尽，妙色密圆，我从色相得阿罗汉。佛问圆通，如我所证，色因为上。"

香严童子即从座起，顶礼佛足而白佛言："我闻如来教我谛观诸有为相。我时辞佛，宴晦清斋，见诸比丘烧沉水香，香气寂然，来入鼻中。我观此气，非木、非空、非烟、非火，去无所着，来无所从，由是意销，发明无漏。如来印我得香严号，尘气倏灭，妙香密圆，我从香严得阿罗汉。佛问圆通，如我所证，香严为上。"

药王、药上二法王子，并在会中五百梵天，即从座起，顶礼佛足而白佛言："我无始劫为世良医，口中尝此娑婆世界草木金石，名数凡有十万八千，如是悉知苦、酢、咸、淡、甘、辛等味，并诸和合、俱生、变异，是冷是热，有毒无毒，悉能遍知。承事如来，了知味性非空非有，非即身心，非离身心，分别味因，从是开悟。蒙佛如来印我昆季，药王、药上二菩萨名。今于会中为法王子，因味觉明，位登菩萨。佛问圆通，如我所证，味因为上。"

跋陀婆罗并其同伴十六开士，即从座起，顶礼佛足而白佛言："我等先于威音王佛闻法出家，于浴僧时随例入室，忽悟水因，既不洗尘，亦不洗体，中间安然，得无所有。宿习无忘，乃至今时从佛出家，令得无学。彼佛名我跋陀婆罗，妙触宣明，成佛子住。佛问圆通，如我所证，触因为上。"

摩诃迦叶及紫金光比丘尼等，即从座起，顶礼佛足而白佛言："我于往劫，于此界中，有佛出世，名日月灯，我得亲近，闻法修学。佛灭度后，供养舍利，然灯续明，以紫光金涂佛形像。自尔已来，世世生生，身常圆满紫金光聚。此紫金光比丘尼等即我眷属，同时发心。我观世间六尘变坏，唯以空寂修于灭尽，身心乃能度百千劫犹如弹指。我以空法成阿罗汉。世尊说我头陀为最，妙法开明，销灭诸漏。佛问圆通，如我所证，法因为上。"

阿那律陀即从座起，顶礼佛足而白佛言："我初出家，常乐睡眠。如来诃我为畜生类。我闻佛诃，啼泣自责，七日不眠，失其双目。世尊示我乐见照明金刚三昧；我不因眼，观见十方精真洞然，如观掌果。如来印我成阿罗汉。佛问圆通，如我所证，旋见循元，斯为第一。"

周利槃特迦即从座起，顶礼佛足而白佛言："我阙诵持，无多闻性，最初值佛，闻法出家，忆持如来一句伽陀，于一百日，得前遗后，得后遗前。佛愍我愚，教我安居，调出入息。我时观息微细，穷尽生住异灭，诸行刹那。其心豁然，得大无碍，乃至漏尽，成阿罗汉，住佛座下，印成无学。佛问圆通，如我所证，反息循空，斯为第一。"

侨梵钵提即从座起，顶礼佛足而白佛言："我有口业，于过去劫轻弄沙门，世世生生有牛呞病。如来示我一味清净心地法门，我得灭心，入三摩地，观味之知，非体非物，应念得超世间诸漏。内脱身心，外遗世界，远离三有，如鸟出笼，离垢销尘，法眼清净，成阿罗汉。如来亲印登无学道。佛问圆通，如我所证，还味旋知，斯为第一。"

毕陵伽婆蹉即从座起，顶礼佛足而白佛言："我初发心从佛入道，数闻如来说诸世间不可乐事。乞食城中，心思法门，不觉路中毒刺伤足，举身疼痛。我念有知，知此深痛，虽觉觉痛，觉清净心，无痛痛觉。我又思惟：如是一身，宁有双觉？摄念未久，身心忽空，三七日中，诸漏虚尽，成阿罗汉，得亲印记，发明无学。佛问圆通，如我所证，纯觉遗身，斯为第一。"

须菩提即从座起，顶礼佛足而白佛言："我旷劫来，心得无碍，自忆受生如恒河沙，初在母胎，即知空寂，如是乃至十方成空，亦令众生证得空性。蒙如来发性觉真空，空性圆明，得阿罗汉，顿入如来宝明空海，同佛知见，印成无学，解脱性空，我为无上。佛问圆通，如我所证，诸相入非，非所非尽，旋法归无，斯为第一。"

舍利弗即从座起，顶礼佛足而白佛言："我旷劫来，心见清净，如是受生如恒河沙，世出世间种种变化，一见则通，获无障碍。我于路中逢迦叶波兄弟相逐，宣说因缘，悟心无际。从佛出家，见觉明圆，得大无畏，成阿罗汉，为佛长子，从佛口生，从法化生。佛问圆通，如我所证，心见发光，光极知见，斯为第一。"

普贤菩萨即从座起，顶礼佛足而白佛言："我已曾与恒沙如来为法王子。十方如来教其弟子菩萨根者修普贤行，从我立名。世尊，我用心闻，分别众生所有知见，若于他方恒沙界外，有一众生心中发明普贤行者，我于尔时乘六牙象，分身百千，皆至其处，纵彼障深，未得见我，我与其人暗中摩顶，拥护安慰，令其成就。佛问圆通，我说本因，心闻发明，分别自在，斯为第一。"

孙陀罗难陀即从座起，顶礼佛足而白佛言："我初出家，从佛入道，虽具戒律。于三摩地心常散动，未获无漏。世尊教我及拘絺罗，观鼻端白。我初谛观，经三七日，见鼻中气出入如烟，身心内明，圆洞世界，遍成虚净，犹如琉璃；烟相渐销，鼻息成白。心开漏尽，诸出入息化为光明，照十方界，得阿罗汉。世尊记我当得菩提。佛问圆通，我以销息，息久发明，明圆灭漏，斯为第一。"

富楼那弥多罗尼子即从座起，顶礼佛足而白佛言："我旷劫来，辩才无碍，宣说苦空，深达实相。如是乃至恒沙如来秘密法门，我于众中微妙开示，得无所畏。世尊知我有大辩才，以音声轮教我发扬。我于佛前助佛转轮，因师子吼，成阿罗汉。世尊印我说法无上。佛问圆通，我以法音降伏魔怨，销灭诸漏，斯为第一。"

优波离即从座起，顶礼佛足而白佛言："我亲随佛逾城出家，亲观如来六年勤苦；亲见如来降伏诸魔，制诸外道，解脱世间贪欲诸漏。承佛教戒，如是乃至三千威仪、八万微细，性业遮业，悉皆清净，身心寂灭，成阿罗汉。我是如来众中纲纪，亲印我心，持戒修身，众推为上。佛问圆通，我以执身，身得自在，次第执心，心得通达，然后身心一切通利，斯为第一。"

大目犍连即从座起，顶礼佛足而白佛言："我初于路乞食，逢遇优楼频螺、伽耶、那提三迦叶波，宣说如来因缘深义，我顿发心，得大通达。如来惠我袈裟着身，须发自落。我游十方，得无罣碍，神通发明，推为无上，成阿罗汉。宁唯世尊，十方如来叹我神力，圆明清净，自在无畏。佛问圆通，我以旋湛，心光发宣，如澄浊流，久成清莹，斯为第一。"

乌刍瑟摩于如来前，合掌顶礼佛之双足，而白佛言："我常先忆久远劫前，性多贪欲。有佛出世，名曰空王，说多淫人成猛火聚，教我遍观百骸四肢诸冷暖气。神光内凝，化多淫心成智慧火。从是诸佛皆呼召我名为火头。我以火光三昧力故，成阿罗汉，心发大愿，诸佛成道，我为力士，亲伏魔怨。佛问圆通，我以谛观身心暖触，无碍流通，诸漏既销，生大宝焰，登无上觉，斯为第一。"

持地菩萨即从座起，顶礼佛足而白佛言："我念往昔普光如来出现于世，我为比丘，常于一切要路津口，田地险隘，有不如法，妨损车马，我皆平填，或作桥梁，或负沙土。如是勤苦，经无量佛出现于世。或有众生于阛阓处，要人擎物，我先为擎至其所诣，放物即行，不取其直。毗舍浮佛现在世时，世多饥荒，我为负人，无问远近，唯取一钱；或有车牛，被于泥溺，我有神力，为其推轮，拔其苦恼。时国大王延佛设斋。我于尔时，平地待佛，毗舍如来摩顶谓我：'当平心地，则世界地一切皆平。'我即心开，见身微尘与造世界所有微尘，等无差别，微尘自性，不相触摩，乃至刀兵，亦无所触。

我于法性悟无生忍，成阿罗汉，回心今入菩萨位中，闻诸如来宣妙莲华，佛知见地，我先证明，而为上首。佛问圆通，我以谛观身界二尘等无差别，本如来藏，虚妄发尘，尘销智圆，成无上道，斯为第一。"

月光童子即从座起，顶礼佛足而白佛言："我忆往昔恒河沙劫，有佛出世名为水天，教诸菩萨修习水观，入三摩地。观于身中，水性无夺：初从涕唾，如是穷尽津液精血，大小便利，身中旋复，水性一同。见水身中与世界外，浮幢王刹，诸香水海，等无差别。我于是时初成此观，但见其水，未得无身。当为比丘，室中安禅。我有弟子窥窗观室，唯见清水遍在室中，了无所见。童稚无知，取一瓦砾投于水内，激水作声，顾盼而去。我出定后，顿觉心痛，如舍利弗遭违害鬼。我自思惟：今我已得阿罗汉道，久离病缘，云何今日忽生心痛，将无退失？尔时，童子捷来我前，说如上事。我则告言：'汝更见水，可即开门入此水中，除去瓦砾。'童子奉教，后入定时，还复见水，瓦砾宛然，开门除出。我后出定，身质如初。逢无量佛，如是至于山海自在通王如来，方得亡身，与十方界诸香水海，性合真空，无二无别。今于如来得童真名，预菩萨会。佛问圆通，我以水性一味流通，得无生忍，圆满菩提，斯为第一。"

　　琉璃光法王子即从座起，顶礼佛足而白佛言："我忆往昔经恒沙劫，有佛出世名无量声，开示菩萨本觉妙明，观此世界及众生身，皆是妄缘风力所转。我于尔时，观界安立，观世动时，观身动止，观心动念，诸动无二，等无差别。我时觉了此群动性，来无所从，去无所至，十方微尘、颠倒众生，同一虚妄。如是乃至三千大千一世界内所有众生；如一器中贮百蚊蚋，啾啾乱鸣，于分寸中鼓发狂闹；逢佛未几，得无生忍。尔时心开，乃见东方不动佛国，为法王子。事十方佛，身心发光，洞彻无碍。佛问圆通，我以观察风力无依，悟菩提心，入三摩地，合十方佛传一妙心，斯为第一。"

　　虚空藏菩萨即从座起，顶礼佛足而白佛言："我与如来，定光佛所，得无边身。尔时手执四大宝珠，照明十方微尘佛刹，化成虚空。又于自心现大圆镜，内放十种微妙宝光，流灌十方，尽虚空际。诸幢王刹来入镜内，涉入我身，身同虚空，不相妨碍。身能善入微尘国土，广行佛事，得大随顺。此大神力，由我谛观四大无依，妄想生灭，虚空无二，佛国本同，于同发明，得无生忍。佛问圆通，我以观察虚空无边，入三摩地，妙力圆明，斯为第一。"

　　弥勒菩萨即从座起，顶礼佛足而白佛言："我忆往昔经微尘劫，有佛出世名日月灯明。我从彼佛而得出家，心重世名，好游族姓。尔时，世尊教我修习唯心识定，入三摩地。历劫已来，以此三昧事恒沙佛，求世名心，歇灭无有。至然灯佛出现于世，我乃得成无上妙圆识心三昧；乃至尽空如来国土，净秽有无，皆是我心变化所现。世尊，我了如是唯心识故，识性流出无量如来，今得授记，次补佛处。佛问圆通，我以谛观十方唯识，识心圆明，入圆成实，远离依他及遍计执，得无生忍，斯为第一。"

大势至法王子与其同伦五十二菩萨，即从座起，顶礼佛足而白佛言："我忆往昔恒河沙劫，有佛出世名无量光。十二如来相继一劫，其最后佛名超日月光，彼佛教我念佛三昧。譬如有人，一专为忆，一人专忘，如是二人若逢不逢，或见非见。二人相忆，二忆念深，如是乃至从生至生，同于形影，不相乖异。十方如来怜念众生，如母忆子。若子逃逝，虽忆何为？子若忆母，如母忆时，母子历生不相违远。若众生心忆佛念佛，现前当来必定见佛，去佛不远，不假方便，自得心开。如染香人，身有香气。此则名曰香光庄严。我本因地，以念佛心入无生忍。今于此界摄念佛人归于净土。佛问圆通，我无选择，都摄六根，净念相继，得三摩地，斯为第一。"

二决定义，凡有三科：初、正明二义，次、别破疑情，皆已讲讫，今讲第三广引修证也。广引修证者，既知当以不生灭心求常住果，正义已明，疑情亦破，然犹未知圆通本根，以何方便，从三摩地，得无生忍。故佛敕诸圣，各陈圆通，以示后学修行之宗途也。

广引修证，自"阿难及诸大众，蒙佛开示"至"退藏密机，冀佛冥授"有七行文，阿难伸问也。阿难大众，蒙佛开示，性觉妙明，非一非六，我法本空，结解俱无，疑网已除，身心皎然，然犹未达圆通本根，故复伸问也。"尔时，世尊普告众中诸大菩萨"至"从何方便，入三摩地"三行文，如来垂询诸圣，令各陈圆通也。

此下三科：自"憍陈那五比丘，即从座起，顶礼佛足"至第五卷终为初科，二十四圣各说宿因；第六卷初分为次科，观音菩萨详示耳门；中分为第三科，文殊大士选择圆通。二决定义止此。

广引修证第一，二十四圣各说宿因，即有二十四段，其序如下：

初憍陈那，二优波尼沙陀，三香严童子，四药王、药上二法王子，五跋陀婆罗，六摩诃迦叶，七阿那律陀，八周利槃特迦，九憍梵钵提，十毕陵伽婆蹉，十一须菩提，十二舍利弗，十三普贤菩萨，十四孙陀罗难陀，十五富楼那，十六优婆离，十七大目犍连，十八乌刍瑟摩，十九持地菩萨，二十月光童子，二十一琉璃光王子，二十二虚空藏菩萨，二十三弥勒菩萨，二十四大势至菩萨。

今初、憍陈那五比丘自说宿因也。诸圣本事，非经宗要，故暂从略。今但举其悟入之门，俾学者识修行之宗耳。憍陈那五比丘，于佛音声，悟明四谛，是由声尘入道也。悟明四谛，由于声尘，则知声尘是圆通之妙门也。四谛是所诠义理，音声是能诠教体，因能诠教体，而识所诠义理，密悟藏性，故曰"妙音密圆"也。由佛音声，悟无生理，成阿罗汉，故知欲入圆通，当以音声为上也。

二、优波尼沙陀自说宿因也。优波尼沙陀，观不净相，生大厌离，析色明空，悟诸色性，空无所有，空色二无，成无学道，是由色尘入道也。悟道由于色尘，则知色尘是圆通之妙门也。尘色既尽，藏性密显，故曰"妙色密圆"也。由观色性，悟无生理，故知欲入圆通，当以色因为上也。

三、香严童子自说宿因也。香严童子，观于香气，来无所从，去无所至。尘相既销，分别亦亡，是由香尘入道也。悟道由于香尘，则知香尘是圆通之妙门也。相尽归如，密显藏性，故曰"妙香密圆"也。由观香气，悟无生理，得阿罗汉，故知欲入圆通，当以香严为上也，以香为因，严于藏性，名"香严"也。

四、药王、药上二法王子等自说宿因也。了知味性，非空非有，非即身心，非离身心，则知味本无生。味无生故，尘味寂然，分别便息。能所俱亡，即显藏性，是由味尘入道也。悟道由于味尘，则知味尘是圆通之妙门也。由辨药味，得悟无生，故知欲入圆通，当以味因为上也。

五、跋陀婆罗等自说宿因也。尘体及水，三法相因，名之为触。尘无自性，体是幻有，水无所因，安然不动，三者俱空，则无有触。尘触既尽，妙触现前，是由触尘入道也。悟道由于触尘，则知触尘是圆通之妙门也。因悟触尘，得证无生，故知欲入圆通，当以触尘为上也。

六、摩诃迦叶等自说宿因也。观于尘境，本自不生，今则无灭，尘相都空，心亦叵得。妄法既尽，妙法开明，此由法尘入道也。尘相生灭，名之为法，生灭既无，即入无生。悟道由于法尘，则知法尘是圆通之妙门也。因悟法尘，成无学果，故知欲入圆通，当以法尘为上也。

七、阿那律陀自说宿因也。由修乐见照明金刚三昧，遂能不因眼根，彻见十方，是由眼根入道也。悟道由于眼根，则知眼根是圆通之妙门也。旋虚妄之见，循真空之元，是为"旋见循元"。欲入圆通者，当于眼根，旋其妄见，循彼真空，为第一也。

八、周利槃特迦自说宿因也。由观鼻息，生灭无从，鼻息既空，心亡分别，豁然大悟，得见实相，是由鼻根入道也。悟道由于鼻根，则知鼻根是圆通之妙门也。反生灭息，循无生空，是为"反息循空"。欲入圆通，当于鼻根，反生灭息，循无生空，为第一也。

九、憍梵钵提自说宿因也。由观舌根了味之知，不从自生，不从他生，亦不共生，不无因生。了知此知，竟无所有。舌根既尔，诸根皆然，故得离垢销尘，成阿罗汉，是由舌根入道也。悟道由于舌根，则知舌根是圆通之妙门也。还味于空，旋知归真，是为"还味旋知"。欲入圆通，当于舌根，还味于空，旋知归真，为第一也。

十、毕陵伽婆蹉自说宿因也。知深痛者，是身根之妄也。清净觉心，无能觉之觉，无所觉之痛。无痛痛觉者，无知痛之觉也。何以无知痛之觉？以此足痛，唯是虚妄，本无所有，清净觉心，岂能觉此虚妄之痛乎？双觉者，一为妄觉，二为真觉。既有觉痛之妄觉，复有无痛之真觉，名为"双觉"。而实此心，一觉尚无，哪得有双？妄觉本空，真觉无相，能所俱亡，根境咸寂，清净觉心，周遍十方。由观净心，心得开悟，故身心忽空，诸漏皆尽，是由身根入道也。悟道由于身根，则知身根是圆通之妙门也。能所根境皆尽，纯是清净觉心，是为"纯觉遗身"。欲入圆通者，当悟身根虚妄，纯是净心，如是修行，为第一也。

十一、须菩提自说宿因也。初在母胎，即悟意根空寂。意根寂故，一切依正自他染净，乃至十方世界，悉皆空寂。

复蒙如来发明，悟此空寂即如来藏，具一切法，犹如大海含摄深广，故言"顿入如来宝明空海"。是由意根入道也。悟道由于意根，则知意根是圆通之妙门也。"诸相入非，非所非尽。旋法归无"者，谓初以空观，空于"诸相"，了知相即非相，名为"入非"。诸相皆非，空观亦息，是为"非所非尽"。意根空故，旋一切法，悉归空寂，是为"旋法归无"。欲入圆通者，当如是修行，斯为第一也。

以上十一圣者：初之六人，由六尘而入圆通也；次之五人，由五根而入圆通也。阙耳根者，即观音圆通，于最后说之。由根尘入道者，先悟根尘空寂（六识亦然，七大亦然）。一法空寂故，一切诸法悉皆空寂。虽证空寂，不具诸法，犹为二乘涅槃，不名"真空"。悟知空寂之中，具一切法，十方微尘国土众生，皆依空（此是性空之空，非是太虚之空。）有，名为"真空"。空中具足一切诸法，是为"即空成有"；一切诸法，本是空寂，是为"即有为空"。"即空成有"，故空非顽空；"即有为空"，故有非实有。非顽空故，名为"真空"；非实有故，名为"妙有"。非顽空故非空，非实有故非有，是为"空有双亡"。即真空是妙有，即妙有是真空，是为"空有无碍"。空有双亡，空有无碍，若悟此境，是则名为入于圆通之妙门也。

学佛之人，不得畏空，若畏真空，终滞凡情，《金刚经》云"若复有人，得闻是经，不惊不怖不畏，当知是人，甚为希有"者是也。又言空者，乃是真空，非是顽空。真空无相，不可起见，故《中论》云"大圣说空法，为离诸见故。若复见于空，诸佛所不化"者是也。今之学佛者，以畏空故，滞于凡情；以见空故，堕于邪见。是以学佛者多，成就者寡。岂是圆通难入？皆由宿昔重罪业障，故致然耳。若为求名利恭敬者，则不足论矣。

广引修证中，诸菩萨、罗汉各陈圆通，有二科：第一，为诸圣各说宿因，凡二十四段。初憍陈那至十一须菩提，有十一段，前已讲讫；今讲十二舍利弗至二十一琉璃光法王子，有十段文。

十二、舍利弗自说宿因也。眼识所见，乃虚妄之法，不名清净；净心所见，无能见所见，名为清净，故言"心见清净"也。六凡是世间变化，四圣是出世间变化，是为"世出世间种种变化"。世出世间种种变化，一见即能通达无碍，知其本性，空无所有。因缘生法，无性即空，因缘空故，心亦叵得。悟心无际者，言心无际畔，即不可得空也。性见觉明，圆满成就，从眼识显，是由眼识入道也。悟道由于眼识，则知眼识是圆通之妙门也。由眼识入，开悟净心，净心之见，名为心见，心见发光，五眼俱开。欲入圆通者，当由眼识入，斯为第一也。

十三、普贤菩萨自说宿因也。耳识所闻，乃虚妄之法；净心所闻，无能闻所闻，名为"心闻"。观耳识空，即悟净心，得真圆通，入法界理。净心起用，以无分别智，分别众生所有知见，能于恒沙世界现身说法，此由耳识入道也。悟道由于耳识，则知耳识是圆通妙门也。由耳识入，开悟净心，净心之闻，名为心闻，心闻发明，分别自在。欲入圆通者，当由耳识入，斯为第一也。

十四、孙陀罗难陀自说宿因也。观于鼻息，以驻其心，令不散动。见鼻中气，出入如烟。此观成时，身心器界，一时空净，内外莹彻，犹如琉璃。复观烟相销尽，鼻息成白，乃至生灭息尽，纯是智慧，慧光明照，诸法皆如，此由鼻识入道也。悟道由于鼻识，则知鼻识是圆通之妙门也。鼻息既尽，无生空慧，即得现前。空慧现前故，诸漏俱尽。欲入圆通，当由鼻识入，斯为第一也。

十五、富楼那弥多罗尼子自说宿因也。旷劫已来，辩才无碍，宣说苦空，深达实相。苦空无常，即是实相，非离苦空，别有实相。以深达实相故，能于恒沙佛所，开秘密法，宣说无畏。一乘妙法，凡小不知，故名“秘密”。巧以言词，譬喻方便，随机说法，为“无畏”也。师子吼者，无畏说也。能于众中，作师子吼，故为“说法无上”也，此由舌识入道也。入道由于舌识，故知舌识是圆通之妙门也。以佛法音，降魔制外，消灭诸漏，证得涅槃。欲获圆通者，当由舌识入，斯为第一也。

十六、优婆离自说宿因也。比丘之戒，凡有二百五十。

行住坐卧四威仪中，各有二百五十，则成一千。摄律仪戒，摄善法戒，饶益众生戒，如是三聚，各有一千，则成三千。复以三千，配身三口四七支，则成二万一千。贪瞋痴等四分烦恼，各有二万一千，则成八万四千。言八万者，举大数也。杀盗淫妄，性元是罪，不待制止，犯即成业，名为"性业"。余则因过始制，制前犯则无罪，名为"遮业"。由持戒故，不犯诸尘，尘既不生，身亦无得，则身"寂灭"；我身不有，我心何依，根尘既亡，心无所有，故心"寂灭"。此由身识入道也。入道由于身识，故知身识是圆通之妙门也。执身不动，则身自在；执心不起，则心通达。身心自在通达故，无量法门，一时清净，唯一宝觉，本来无染。欲获圆通者，当由身识入，斯为第一也。

十七、大目犍连自说宿因也。缘生之法，空无自性。若悟无性，即见实相。实相无相，身心寂灭。是为因缘之深义也。开悟实相，名"大通达"。悟实相故，心光发宣，神通大用，由此现前，故能游戏十方，无碍自在，此由意识入道也。入道由于意识，故知意识是圆通之妙门也。以湛旋其虚妄灭生，得元明觉，得元明已，心光发宣，如水澄清，万象斯现。欲获圆通者，当由意识入，斯为第一也。

十八、乌刍瑟摩自说宿因也。贪淫盛者，现业来报，皆招火聚。修此观者，初观身心，唯见暖触。复观暖气，无相无生，我身自空，暖依何住？身心俱寂，性火妙发，故化淫心，成智慧火。因观火性，得真三昧。火能破坏一切诸法，故发大愿，为力士身，破魔护法也。此由悟火大而入道，故知火大是圆通之妙门也。暖触即空，空故"无碍"。性火妙发，发曰"流通"。由是尽销诸漏，生大宝焰。大宝焰者，般若智火也。欲获圆通者，当由火大入，斯为第一也。

十九、持地菩萨自说宿因也。地由心造，故平心地，则世界地一切皆平。若身若界，所有微尘，皆无自性，犹如空华，翳故妄见。空本无华，复何相碍？是故刀兵，亦无所触。即悟身界，染净诸法，空无自性，唯是实相。于此忍可，名"得无生忍"。此由悟地大而入道，故知地大是圆通之妙门也。身与世界，等无差别。迷如来藏，则发诸尘；悟藏性故，诸尘消亡。欲获圆通者，当由地大入，斯为第一也。

二十、月光童子自说宿因也。观于水性，唯是一味，更非余大之所倾夺。自身中水与微尘世界诸香水海，无有差别。水想成时，但得无我，犹有水相。水相未亡，未免心痛，逢无量佛，方得亡身。悟身中水与香水海，同合如来空藏之性。此由悟水大而入道，故知水大是圆通之妙门也。性水真空，性空真水，合如来藏，了不可得。于此忍可，名"无生忍"。欲获圆通者，当由水大入，斯为第一也。

二十一、琉璃光法王子自说宿因也。观此世界，及众生身，皆是妄缘，风力所转。界为方位，故观安立；世为迁流，故观动时，动时即过现未也；观身有动止；观心有动念。如是诸动，等无差别。世界众生，由风力转，风无来去，物自妄动。此群动性，唯是虚妄，本无所有。由是开悟，得无生忍。此由悟风大而入道，故知风大即是圆通之妙门也。观察风力无依，由是得悟，身心世界，咸是妙明。妙觉明心，诸佛同证，故合十方，传此一心。欲获圆通者，当由风大入，斯为第一也。

自舍利弗至大目犍连，由悟六识而入道也。自乌刍瑟摩至琉璃光法王子，由悟四大而入道也。根尘识大，悉是圆通，皆可入道。法无差别，差别在机。

广引修证中，诸菩萨、罗汉各陈圆通。初科诸圣各说宿因，凡二十四段。其中二十一段已讲讫，今讲二十二虚空藏菩萨、二十三弥勒菩萨、二十四大势至菩萨三段文也。

二十二、虚空藏菩萨自说宿因也。由观四大，虚妄有生，虚妄有灭，而实无物可得，同于虚空，故得虚空身。无边身者，虚空身也。四大同虚空故，十方微尘佛刹皆同虚空。此观成时，内外身界，唯是虚空，更无他物，故曰"手执四大宝珠，照明十方微尘佛刹，化成虚空"也。

"又于自心，现大圆镜"，大圆镜者，性空真觉也。内放十种微妙宝光者，谓真觉之光照十法界，皆成清净宝光。光体是一，以照十界故，名为十种宝光也。光明遍照十界正报，亦复遍照十界依报。"尽虚空际,诸幢王刹",即十界依报也。十界染净依正,同一真觉,是为"来入镜内,涉入我身"也。真觉之光,遍照十界,是为"身能善入微尘国土"也。

"四大无依,妄想生灭,虚空无二,佛国本同"者,谓观地、水、火、风悉同虚空。十方世界,四大所成,同虚空故,了无所有。观察虚空无边,而复不住虚空。悟虚空法,实不可得,不可得故,即是如来藏中性空真觉。真觉之光,是为"妙力",能破妄暗故。此光妙发,法界圆明。欲入圆通者,当观虚空,不可得故,即是真觉,真觉之光,遍照法界。如是观者,是为悟入圆通第一妙门也。

二十三、弥勒菩萨自说宿因也。唯心识定者,即唯心识观也。唯遮境有,识简心空,唯有自心,心外无法也。《占察经》中详示"唯心识观"修学之法。经云:"学唯心识观者,所谓于一切时、一切处,随身口意所有作业,悉当观察,知唯是心。乃至一切境界,若心住念,皆当察知,勿令使心,无记攀缘,不自觉知。于念念间,悉当观察。随心有所缘念,还当使心随逐彼念,令心自知。知己内心自生想念,非一切境界有念有分别也。所谓内心自生长短、好恶、是非、得失、衰利、有无等见,无量诸想。而一切境界,未曾有想,起于分别。当知一切境界自无分别想故,即自非长、非短、非好、非恶,乃至非有、非无,离一切相。如是观察一切法,唯心想生,若使离心,则无一法一相而能自见有差别也。"

无上妙圆识心三昧者，由唯心识观而进入于真如实观也。"妙圆识心"，真如心也。修唯识者，不但应须通达唯识之相，尤必通达唯识之性。唯识性者，即真如也。然此真如，非仅理体，即是妙心。如是妙心，圆妙难思，故称"妙圆"。唯佛所知，权小莫测，故言"无上"也。入此观时，心定不动，名为"无上妙圆识心三昧"也。

"尽空如来国土，净秽有无，皆是我心变化所现"，此言变化者，盖谓真如随缘而成一切法也。真如之性，湛然不动，云何随缘？以一切众生昧于真如之性，而有无明妄想，成一切染法；一切诸佛，以同体大悲，摄受众生，现诸身土，有一切净法。如是染净诸法，推原其本，皆由真如变现，故曰真如随缘而成一切法也。染净诸法，皆由心变，了不可得，唯是真如，以离真如更无法故。

识性流出无量如来者，如来法身，即识之实性故；报应诸身，皆从法身流出，亦即识性所流故。若离识性，更无有佛。

十方唯识者，尽虚空界十方佛土，皆是识之实性，亦即真如妙心，变化所现也。识心圆明者，谓真如妙心圆照法界也。

"入圆成实，远离依他及遍计执"者，明三性三无性义也。谓心、心所，及所变现，众缘生故，如幻事等，非有似有，诳惑愚夫，一切皆名依他起性；愚夫于此横执我法有无、一异、俱不俱等，如空花等，性相都无，一切皆名遍计所执；依他起性，彼所妄执，我法俱空，此空所显识等真性，名圆成实。如是三性，不离心等，是则名为三自性也。又依三性，立三无性：遍计所执我法之性，了不可得，为相无性也；决了能变所变，元是菩提妙觉明性，实无依他之性可得，为生无性也；妙觉明性，本不可说，亦不可得，远离四句，乃至百非，为胜义无性也。欲入圆通者，当于唯心识观入，斯为第一妙门也。

二十四、大势至菩萨自说宿因也。"有佛出世，名无量光。十二如来，相继一劫，其最后佛名超日月光。"《无量寿经》有十二光佛名。但《无量寿经》为一佛异名，此经则为十二佛名也。

彼佛教我念佛三昧者，此"念佛三昧"是十二如来之所教也。念佛三昧，经论所示，而有多门。《大般若经》云："曼殊室利白佛言：'菩萨修行何法，疾证无上菩提？'佛言：'菩萨能正修行一相庄严三昧，疾证菩提。修此行者，应离喧杂，不思众相，专心系念于一如来，审取名字，善想容仪，即为普观三世一切诸佛，即得诸佛一切智慧。'"天台《十疑论》云："一切诸佛，悉皆平等。但众生根钝，浊乱者多，若不专心系念一佛，则心散漫，三昧难成。故令专念阿弥陀佛，即是一相三昧。"

　　"一专为忆，一人专忘"，专忆谓佛；专忘，众生也。如来之心，遍入一切众生心中，是为专忆。一切众生，背觉合尘，轮回六趣，为专忘也。"二人相忆，二忆念深"者，如来之心，入我心中，是念深也。我今念佛，即是念如来之心。念如来心故，我今此心，亦复入于如来心中，亦为念深也。诸佛众生，同禀真如法界之体，天性相关，故如母子也。"不假方便，自得心开"者，我心即佛心，佛心即我心。心念佛故，心与佛合。即凡心而成佛心，故曰心开。是以不假方便，直入无生也。

　　"如染香人，身有香气"者，谓以真如净法熏习既久，无明则灭，真心体用，彻底现前。以真如之香、智慧之光庄严自心，故曰"香光庄严"也。

　　"以念佛心，入无生忍"者，初以生灭心，缘念于佛，专注一境，心无间然。复观所念之佛，本无自性；能念之心，亦不可得。不见一法，毕竟空寂。斯则能所俱寂，本来离念，离念之心，是真佛心。见此心故，名为以念佛心，入无生忍也。

　　"都摄六根，净念相继"者，念属意根，意根为诸根所依，故摄六也。念即无念，名为净念；不以念间，故云相继。此即于根大而悟入也。欲获圆通者，当于根大入，斯为第一也。

　　诸圣各说宿因二十四段，已竟。

楞严经卷六

戊二、观音菩萨详示耳门

尔时观世音菩萨即从座起，顶礼佛足而白佛言："世尊，忆念我昔无数恒河沙劫，于时有佛出现于世，名观世音。我于彼佛发菩提心，彼佛教我'从闻思修，入三摩地'。初于闻中，入流亡所，所入既寂，动静二相了然不生。如是渐增，闻所闻尽，尽闻不住；觉所觉空，空觉极圆；空所空灭，生灭既灭，寂灭现前。忽然超越世出世间，十方圆明，获二殊胜：一者，上合十方诸佛本妙觉心，与佛如来同一慈力；二者，下合十方一切六道众生，与诸众生同一悲仰。世尊，由我供养观音如来，蒙彼如来授我如幻闻熏闻修金刚三昧，与佛如来同慈力故，令我身成三十二应，入诸国土。世尊，若诸菩萨，入三摩地，进修无漏，胜解现圆，我现佛身而为说法，令其解脱。若诸有学，寂静妙明，胜妙现圆，我于彼前现独觉身而为说法，令其解脱。若诸有学，断十二缘，缘断胜性，胜妙现圆，我于彼前现缘觉身而为说法，令其解脱。若诸有学，得四谛空，修道入灭，胜性现圆，我于彼前现声闻身而为说法，令其解脱。若诸众生，欲心明悟，不犯欲尘，欲身清净，我于彼前现梵王身而为说法，令其解脱。若诸众生，欲为天主，统领诸天，我于彼前现帝释身而为说法，令其成就。若诸众生，欲身自在，游行十方，我于彼前现自在天身而为说法，令其成就。若诸众生，欲身自在，飞行虚空，我于彼前现大自在天身而为说法，令其成就。若诸众生，爱统鬼神，救护国土，我于彼前现天大将军身而为说法，令其成就。若诸众生，爱统世界，保护众生，我于彼前现四天王身而为说法，令其成就。若诸众生，爱生天宫，驱使鬼神，我于彼前现四天王国太子身而为说法，令其成就。若诸众生，乐为人王，我于彼前现人王身而为说法，令其成就。若诸众生，爱主族姓，世间推让，我于彼前现长者身而为说法，令其成就。若诸众生，爱谈名言，清净自居，我于彼前现居士身而为说法，令其成就。若诸众生，爱治国土，剖断邦邑，我于彼前现宰官身而为说法，令其成就。若诸众生，爱诸数术，摄卫自居，我于彼前现婆罗门身而为说法，令其成就。若有男子，好学出家，

持诸戒律，我于彼前现比丘身而为说法，令其成就。若
有女人，好学出家，持诸禁戒，我于彼前现比丘尼身而
为说法，令其成就。若有男子，乐持五戒，我于彼前现
优婆塞身而为说法，令其成就。若有女子，五戒自居，
我于彼前现优婆夷身而为说法，令其成就。若有女人，
内政立身，以修家国，我于彼前现女主身，及国夫人、
命妇、大家，而为说法，令其成就。若有众生，不坏男
根，我于彼前现童男身而为说法，令其成就。若有处女，
爱乐处身，不求侵暴，我于彼前现童女身而为说法，令
其成就。若有诸天，乐出天伦，我现天身而为说法，令
其成就。若有诸龙，乐出龙伦，我现龙身而为说法，令
其成就。若有药叉，乐度本伦，我于彼前现药叉身而为
说法，令其成就。若乾闼婆，乐脱其伦，我于彼前现乾
闼婆身而为说法，令其成就。若阿修罗，乐脱其伦，我
于彼前现阿修罗身而为说法，令其成就。若紧那罗，乐
脱其伦，我于彼前现紧那罗身而为说法，令其成就。若
摩呼罗伽，乐脱其伦，我于彼前现摩呼罗伽身而为说法，
令其成就。若诸众生，乐人修人，我现人身而为说法，
令其成就。若诸非人，有形无形，有想无想，乐度其伦，
我于彼前皆现其身而为说法，令其成就。是名妙净三十
二应，入国土身，皆以三昧闻熏闻修，无作妙力，自在

成就。”

“世尊，我复以此闻熏闻修金刚三昧无作妙力，与诸十方三世六道一切众生同悲仰故，令诸众生于我身心，获十四种无畏功德。一者，由我不自观音，以观观者，令彼十方苦恼众生，观其音声，即得解脱。二者，知见旋复，令诸众生，设入大火，火不能烧。三者，观听旋复，令诸众生，大水所漂，水不能溺。四者，断灭妄想，心无杀害，令诸众生，入诸鬼国，鬼不能害。五者，熏闻成闻，六根销复，同于声听，能令众生，临当被害，刀段段坏，使其兵戈犹如割水，亦如吹光性无摇动。六者，闻熏精明，明遍法界，则诸幽暗，性不能全，能令众生，药叉、罗刹、鸠槃茶鬼，及毗舍遮、富单那等，虽近其傍，目不能视。七者，音性圆销，观听返入，离诸尘妄，能令众生，禁系枷锁所不能着。八者，灭音圆闻，遍生慈力，能令众生，经过险路，贼不能劫。九者，熏闻离尘，色所不劫，能令一切多淫众生，远离贪欲。十者，纯音无尘，根境圆融，无对所对，能令一切忿恨众生，离诸嗔恚。十一者，销尘旋明，法界身心，犹如琉璃朗彻无碍，能令一切昏钝性障诸阿颠迦，永离痴暗。十二者，融形复闻，不动道场，涉入世间，不坏世界；能遍十方，供养微尘诸佛如来，各各佛边为法王子。能令法界无子众生，欲求男者，诞生福德智慧之男。十三者，六根圆通，明照无二，含十方界，立大圆镜，空如来藏，承顺十方微尘如来秘密法门，受领无失，能令法界无子众生，欲求女者，诞生端正、福德、柔顺、众人爱敬、有相之女。十四者，此三千大千世界百亿日月、现住世间诸法王子有六十二恒河沙数，修法垂范，教化众生，随顺众生，方便智慧，各各不同。由我所得圆通本根，发妙耳门，然后身心微妙含容、周遍法界，能令众生持我名号，与彼共持六十二恒河沙诸法王子，二人福德正等无异。世尊，我一名号，与彼众多名号无异，由我修习得真圆通。是名十四施无畏力，福备众生。"

"世尊，我又获是圆通，修证无上道故，又能善获四不思议无作妙德。一者，由我初获妙妙闻心，心精遗闻，见闻觉知不能分隔，成一圆融，清净宝觉，故我能现众多妙容，能说无边秘密神咒。其中或现一首、三首、五首、七首、九首、十一首，如是乃至一百八首、千首、万首、八万四千烁迦罗首。二臂、四臂、六臂、八臂、十臂、十二臂，十四、十六、十八、二十，至二十四，如是乃至一百八臂、千臂、万臂、八万四千母陀罗臂。二目、三目、四目、九目，如是乃至一百八目、千目、万目、八万四千清净宝目，或慈、或威、或定、或慧，

救护众生，得大自在。二者，由我闻思脱出六尘，如声
度垣，不能为碍，故我妙能现一一形，诵一一咒，其形
其咒能以无畏施诸众生。是故十方微尘国土，皆名我为
施无畏者。三者，由我修习本妙圆通，清净本根，所游
世界，皆令众生舍身珍宝，求我哀愍。四者，我得佛心，
证于究竟，能以珍宝、种种供养十方如来，傍及法界六
道众生：求妻得妻，求子得子，求三昧得三昧，求长寿
得长寿，如是乃至求大涅槃得大涅槃。佛问圆通，我从
耳门圆照三昧，缘心自在，因入流相，得三摩提，成就
菩提，斯为第一。世尊，彼佛如来叹我善得圆通法门，
于大会中，授记我为观世音号；由我观听十方圆明，故
观音名遍十方界。"

广引修证者，即二十五圣各陈圆通也。此有三科：初
为二十四圣各说宿因，次为观音菩萨详示耳门，三为文殊
大士选择圆通。初科已讲讫，今讲次科观音菩萨详示耳门，
即观音耳根圆通章也。经文第六卷初至"由我观听，十方
圆明，故观音名，遍十方界"有七页多文。

观音耳根圆通章全文，应分二科：初为正叙因修，次
为具彰果德。因修分四节：一、亡前尘，二、尽内根，
三、空观智，四、灭谛理。果德分三段：初、三十二应，
次、十四无畏，后、四不思议。今当依次释之。

初、正叙因修，即观音菩萨自说宿因也。"从闻思修，

入三摩地"者，佛以音声而化群品，机从耳根闻教解悟。欲修三摩，当从此入。文殊云"此方真教体，清净在音闻；欲取三摩地，实以闻中入"，即此义也。

今且不约三慧，而分四节。

一、亡前尘。亡前尘者，谓音尘不可得也，经云"初于闻中，入流亡所。所入既寂，动静二相，了然不生"是也。入流者，逆溯妄流而入也。溯流至极，达于真源。真源者，即法性也。所，指音尘。亡所者，以达真源故，所闻音尘不可得也。一切众生，违逆法性，随于妄流，驰逐音尘，流转起灭，故有生死。今达其源，随顺法性，则能闻之耳根尚不可得，况所闻音尘而可得哉？根尘俱寂，动静皆亡。欲超生死，必由此始焉。耳根未尽，音尘先亡，故为"亡前尘"也。

二、尽内根。尽内根者，谓耳根寂灭，不可得也，经云"如是渐增，闻所闻尽"是也。随顺法性故，不随音尘流转起灭，故前尘亡也。尘既不生，根无所偶，故耳根亦尽也。渐增者，谓增修观行。前尘易亡，内根难尽，故须增修观行而后尽也。闻所闻尽者，非指耳根与音尘俱尽，以尘已先亡，岂待今而后尽耶？盖谓有闻音尘之耳根，以增修观行故，亦复不生也。耳根寂灭，故为"尽内根"也。

三、空观智。空观智者，根尘俱寂，而能观俱寂之智亦不可得也，经云"尽闻不住，觉所觉空"是也。耳根寂故，名为尽闻。耳根虽寂，犹有观寂之智。此智为碍，故必空之，而后始得证于灭理，故复不住于尽闻。觉所觉空者，非谓能觉之智与所觉耳根空寂而不可得，以耳根先尽，不待今而后空也。盖谓能觉耳根空寂之智不可得也。智不可得，故为"空观智"也。

四、灭谛理。灭谛理者，能观之空智叵得，而犹谓有无生之灭理可证者，此亦为碍。以无生之理，本未曾生，欲何为灭？故无生之理亦不可得也，经云"空觉极圆，空所空灭"是也。空觉者，觉于耳根空寂之智也。此智毕竟不可得，名为极圆。空所空灭者，非谓能空空智之灭理与所空之空智皆不可得，以此空智先已空故，不待更空。盖谓此无生之灭理能空空智，而实此理，本自寂灭，亦不可得也。灭理叵得，是为"灭谛理"也。

历此四节，则因修圆满，经云"生灭既灭，寂灭现前"是也。修行至此，无生真理，寂常妙性，了然明现，是名菩萨从三摩地入无生忍也。理智根尘，生灭既灭，即入圆教初发心住，名无生忍位，是寂灭现前也。一位一切位，如是菩萨即与如来等无差别，经云"发心毕竟二不别，如是二心前心难"者是也。

次、具彰果德。因修圆满，则果德彰显，故次因而明果也。忽然超越世出世间者，已证无生，登于圆教初发心住。一发一切发，一证一切证，即与三世诸佛等无差别。世谓六道，出世谓三乘。顿证无生，顿同诸佛，故曰"忽然超越"也。证此境界，见十法界三种世间，无不是如，无不成佛。无德不备，无障不尽，故曰"十方圆明"也。以所证妙心，上同诸佛，故曰"与佛如来，同一慈力"；下同六道，故曰"与诸众生，同一悲仰"。如是之法，胜中之胜，故曰"殊胜"也。

　　果中妙用，分为三段。初、三十二应。如幻闻熏闻修金刚三昧者，诸法如幻，皆依法性随缘而现。以如幻力，成于妙应。能闻之性即是法性，正以法性熏无明故，无明净尽，妙性彰显，名为闻熏。初于闻中，入流亡所等，即闻修也。以法性力熏修因故，成金刚三昧。如是三昧，能破无始微细无明，故喻之如金刚也。得此三昧，圆证妙心。依体起用，随缘能应入国土身。心遍十方，是故妙应亦遍一切。言三十二者，约能感机，不出斯数，非谓现应有限量也。

　　三十二应者，初为四圣，谓佛身、独觉身、缘觉身、声闻身也。出无佛世，名为独觉，值佛闻教，名为缘觉，故分二类。次为诸天，谓梵王、帝释、自在天、大自在天。解者谓：自在天，即他化自在天；大自在天，色究竟天也。乃至天大将军、四天王、天王太子身也。三为人类，四为鬼神，不复详释。如是三十二应身，皆以如幻闻熏闻修金刚三昧，无作妙力之所成就。不待运心作意，自在而现，故言无作也。

次、十四无畏。"令诸众生，于我身心，获十四种无畏功德"者，由于菩萨因修圆满，果证妙心，是故能令一切众生，念观音名，观音闻性，熏修妄闻成于真闻，即于妙心获诸功德。圆觉妙心，功德法身，一体无二，故兼言之。如是功德，因菩萨显，亦由众生本有此心，故藉胜缘起于妙用。以菩萨心与众生心，同一悲仰，非二体故。悲者悲苦，仰者仰乐，悲仰为感，与拔为应。

十四无畏者，初为闻声离苦。次为遭难消厄，遭难有十，谓大火、大水、鬼国、刀兵、恶鬼、枷锁、劫贼，及以多淫、忿恨、阿颠伽也。阿颠伽者，即阐提也。三为随欲求应，谓求男得男，求女得女也。四为称名获福，谓但持观音名号，即与持六十二恒河沙诸菩萨名正等无异也。六十二恒河沙之义，经论未详，窃念经中言数，皆非偶尔，六十二者，盖以破众生六十二见言也。恒河沙者，言见惑之多也。凡夫于一一阴上各起四见，谓常、无常、亦常无常、非常无常；一阴有四，五阴则有二十邪见；乘以过现未三世，则有六十；复加身与神一、身与神异二见，为六十二见也。破六十二见故，则入圣位，故有六十二恒河沙法王子也。如是众多，皆为方便，观音闻性，得证妙心，是为真实。真实为一，方便为多，如是一多，平等无别，是故一名等众名也。"然后身心，微妙含容，周遍法界"者，一切入一，故为"含容"；一入一切，故为"周遍"，即事事无碍境界也。施无畏力者，以此妙力施与众生，令得无畏也。福备众生者，福德圆备，无苦不拔，无乐不与，饶益众生无有穷尽也。

后、四不思议无作妙德。金刚三昧，熏于妙心，妙果已证，德用现前，故成四事，无作而现。四事者，一为现形说法，二为施与无畏，三为见者欢喜，四为所求随欲。如是妙德，心不可思，言不可议，故为不思议也。

圆照三昧者，即如幻闻熏闻修金刚三昧也。十方圆明，故为"圆照"。如是三昧，即是首楞严定。真体无得，妙用随缘，故"缘心自在"。入流亡所，得入三摩，理智根尘同时寂灭，无生现前，成就菩提。如是法门，为第一也。一根旋复，六用不成，十方圆明，唯一宝觉。名以召德，全德立名，是故名号亦遍十方。

观音耳根圆通已竟。

戊三、文殊大士选择圆通

尔时，世尊于师子座，从其五体同放宝光，远灌十方微尘如来及法王子诸菩萨顶。彼诸如来亦于五体同放宝光，从微尘方来灌佛顶，并灌会中诸大菩萨及阿罗汉。

林木池沼皆演法音，交光相罗，如宝丝网。是诸大众得未曾有，一切普获金刚三昧。即时天雨百宝莲华，青黄赤白间错纷糅，十方虚空成七宝色。此娑婆界大地山河俱时不现，唯见十方微尘国土合成一界，梵呗咏歌自然敷奏。

于是如来告文殊师利法王子："汝今观此二十五无学，诸大菩萨及阿罗汉，各说最初成道方便，皆言修习真实圆通，彼等修行实无优劣前后差别。我今欲令阿难开悟二十五行谁当其根，兼我灭后，此界众生入菩萨乘，求无上道，何方便门得易成就？"

文殊师利法王子奉佛慈旨，即从座起，顶礼佛足，承佛威神，说偈对佛：

觉海性澄圆，圆澄觉元妙，元明照生所，所立照性亡。
迷妄有虚空，依空立世界，想澄成国土，知觉乃众生。
空生大觉中，如海一沤发，有漏微尘国，皆依空所生，
沤灭空本无，况复诸三有？归元性无二，方便有多门。
圣性无不通，顺逆皆方便，初心入三昧，迟速不同伦。
色想结成尘，精了不能彻，如何不明彻，于是获圆通？
音声杂语言，但伊名句味，一非含一切，云何获圆通？
香以合中知，离则元无有，不恒其所觉，云何获圆通？
味性非本然，要以味时有，其觉不恒一，云何获圆通？

触以所触明，无所不明触，合离性非定，云何获圆通？
法称为内尘，凭尘必有所，能所非遍涉，云何获圆通？
见性虽洞然，明前不明后，四维亏一半，云何获圆通？
鼻息出入通，现前无交气，支离匪涉入，云何获圆通？
舌非入无端，因味生觉了，味亡了无有，云何获圆通？
身与所触同，各非圆觉观，涯量不冥会，云何获圆通？
知根杂乱思，湛了终无见，想念不可脱，云何获圆通？
识见杂三和，诘本称非相，自体先无定，云何获圆通？
心闻洞十方，生于大因力，初心不能入，云何获圆通？
鼻想本权机，只令摄心住，住成心所住，云何获圆通？
说法弄音文，开悟先成者，名句非无漏，云何获圆通？
持犯但束身，非身无所束，元非遍一切，云何获圆通？
神通本宿因，何关法分别？念缘非离物，云何获圆通？
若以地性观，坚碍非通达，有为非圣性，云何获圆通？
若以水性观，想念非真实，如如非觉观，云何获圆通？
若以火性观，厌有非真离，非初心方便，云何获圆通？
若以风性观，动寂非无对，对非无上觉，云何获圆通？
若以空性观，昏钝先非觉，无觉异菩提，云何获圆通？
若以识性观，观识非常住，存心乃虚妄，云何获圆通？
诸行是无常，念性元生灭，因果今殊感，云何获圆通？
我今白世尊，佛出娑婆界，此方真教体，清净在音闻。

欲取三摩提，实以闻中入。离苦得解脱，良哉观世音，
于恒沙劫中，入微尘佛国，得大自在力，无畏施众生。
妙音观世音，梵音海潮音，救世悉安宁，出世获常住。
我今启如来，如观音所说，譬如人静居，十方俱击鼓，
十处一时闻，此则圆真实。目非观障外，口鼻亦复然，
身以合方知，心念纷无绪。隔垣听音响，遐迩俱可闻，
五根所不齐，是则通真实。音声性动静，闻中为有无，
无声号无闻，非实闻无性。声无既无灭，声有亦非生，
生灭二圆离，是则常真实。纵令在梦想，不为不思无，
觉观出思惟，身心不能及。今此娑婆国，声论得宣明。
众生迷本闻，循声故流转，阿难纵强记，不免落邪思，
岂非随所沦，旋流获无妄？阿难汝谛听：我承佛威力，
宣说金刚王，如幻不思议，佛母真三昧。汝闻微尘佛，
一切秘密门，欲漏不先除，畜闻成过误。将闻持佛佛，
何不自闻闻？
闻非自然生，因声有名字，旋闻与声脱，能脱欲谁名？
一根既返源，六根成解脱。见闻如幻翳，三界若空华，
闻复翳根除，尘销觉圆净。净极光通达，寂照含虚空。
却来观世间，犹如梦中事，摩登伽在梦，谁能留汝形？
如世巧幻师，幻作诸男女，虽见诸根动，要以一机抽，
息机归寂然，诸幻成无性。六根亦如是，元依一精明，

分成六和合，一处成休复，六用皆不成，尘垢应念销，
成圆明净妙。

余尘尚诸学，明极即如来。大众及阿难，旋汝倒闻机，
反闻闻自性，性成无上道，圆通实如是。此是微尘佛，
一路涅槃门，过去诸如来，斯门已成就；现在诸菩萨，
今各入圆明；未来修学人，当依如是法，我亦从中证，
非唯观世音。诚如佛世尊，询我诸方便，以救诸末劫，
求出世间人，成就涅槃心，观世音为最；自余诸方便，
皆是佛威神；即事舍尘劳，非是长修学，浅深同说法。
顶礼如来藏，无漏不思议。愿加被未来，于此门无惑，
方便易成就。堪以教阿难，及末劫沉沦，但以此根修，
圆通超余者，真实心如是。

于是阿难及诸大众身心了然，得大开示，观佛菩提
及大涅槃，犹如有人因事远游，未得归还，明了其家所
归道路。普会大众，天龙八部、有学二乘，及诸一切新
发心菩萨，其数凡有十恒河沙，皆得本心，远尘离垢，
获法眼净。性比丘尼闻说偈已，成阿罗汉。无量众生，
皆发无等等阿耨多罗三藐三菩提心。

广引修证，凡有三科：一者，二十四圣各说宿因。二
者，观音菩萨详示耳门。此二科皆已讲讫。今为第三，文
殊大士选择圆通也。

文殊大士选择圆通者，即经文第六卷"尔时，世尊于狮子座，从其五体，同放宝光"至同卷"无量众生皆发无等等阿耨多罗三藐三菩提心"六页半文也。

文殊大士选择圆通一科，复分四章：一者，现瑞庆赞，有八行不足文；二者，佛敕选择，有五行文；三者，文殊说偈，凡六十一偈；四者，大众获益，有六行文。修道分中二大科，初科二决定义至此。

第一，现瑞庆赞者，二十五圣各陈圆通竟，释迦世尊与十方诸佛悉皆欢喜，各从五体，同放宝光，相互灌顶，并灌诸大菩萨及阿罗汉。此以见法门殊胜，超越凡夫、二乘，乃至权乘菩萨境界。二十五圣中虽有罗汉，既入无生，悟如来藏，皆是大士，不可拘泥形迹谓之为二乘也。"林木池沼，皆演法音"者，犹如西方净土，七宝行树，出微妙音，波扬无量，自然妙声，其音演畅五根、五力、七菩提分、八圣道分等是也。大众普获金刚三昧者，诸圣所证，尽契佛心，能破坚惑，故号"金刚"。一会大众，皆获此益，弥见法门之妙也。从三昧中起于妙行，庄严法身，能成佛果。华喻妙行，空喻法身，依身起行，以行严身，故天雨宝花，十方虚空成七宝色。根尘消亡，法界圆成，故山河不现，合成一界。是事稀有，故咏歌也。

第二，佛敕选择者，二十五圣各证圆通，实无优劣，何可抑扬？今敕选择者，盖为娑婆世界末劫沉沦众生故也。

法无高下，契机则妙。为化此土众生，故须选择，令一门深入，易于成就也。

第三，文殊说偈者，凡六十一偈。复分为三：初、略示真妄，有五偈；次、料简诸圣，有二十四偈；后、颂观音圆通，有三十二偈。

初、略示真妄，有五偈者。

"觉海性澄圆，圆澄觉元妙"，此二句，显一真性海，清净圆满，性自妙明，非真非妄，不悟不迷。约众生言，名为本觉真心；约诸佛言，名为妙极法身。名虽不同，体即无别。心佛众生三无差别者，此之谓也。

"元明照生所，所立照性亡"，此下二偈半，明因迷而起妄也。元明者，真性妙明也。上句中"照"字，谓不达真性本是妙明，于妙明体上妄生照明，由是因迷起妄，此即《起信》所说"不如实知真如法一故，不觉心起而有其念"者是也。生所者，因妄起照用，而生所照之相也。照性亡者，所既妄立，生于妄能，能所既兴，元明遂隐。照性，即元明之性。亡者，隐也。

"迷妄有虚空"一偈，因迷妄而有虚空；依虚空而有世界；妄想凝结，成外国土；妄心知觉，成内众生。此言虚空、世界、国土、众生，皆由迷妄而起也。

"空生大觉中"一偈，虚空昏钝，体是不觉。因迷清净本觉，而有不觉，因不觉故，而有虚空，如大海中，一沤俄兴。经云"当知虚空生汝心内，犹如片云点太清里"，即此意也。十方微尘国土，皆依虚空所生。有漏者，谓凡夫所居也。如是无边虚空，微尘国土，皆由迷于清净本觉虚妄而现也。

"沤灭空本无，况复诸三有"，此二句，言返妄归真也。妄元无本，毕竟不生，若悟妄空，则虚空如沤，不灭而灭；三有如幻，不无而无。三有即三界，虚空本无，况复三界，言世界、国土、众生皆不可得也。经云"汝等一人发真归元，十方虚空悉皆销殒"，即此意也。

"归元性无二，方便有多门"，此二句，言返妄归真，理唯一途，随机施教，则有多门。

"圣性无不通"一偈，言方便多门，悉入圆通。随顺真如，是则为顺；违逆妄心，是则为逆。又即妄显真，是则为顺；灭妄明真，是则为逆。顺逆不同，皆证无生，元来毋须选择。然而当根则速，差机则迟。初心入道，迟速不同，日劫相倍，故须选择，令得速进。

次、料简诸圣，有二十四偈者。

二十四圣悉证圆通，今所以不取者，乃约此土众生之机而言也。岂有琉璃、虚空、普贤、弥勒及势至等诸大菩萨，皆非真入圆通之理？或谓二十四圣，禹门点额，不得成龙，名落孙山，悉成下第。是则不达佛旨，全昧法眼，背经侮圣，大不可也。

后、颂观音圆通，有三十二偈者。

"我今白世尊"二偈，此言观音圆通，最契娑婆末世众生之机也。真教体者，此土以名、句、文为教：名诠自性；句诠差别；文即文字，是名句之所依。如是名、句、文三者，皆依音声而得建立。声是实法，名、句、文是假法，摄假从实，故以音声为教体。言音闻者，音是所闻之境，闻是能闻之根，能所合言，故曰"在音闻"也。此土众生，欲求佛道，入三摩地，必由闻法始，故曰"实以闻中入"也。耳根闻法，即成闻慧；思惟所闻之法，即成思慧；依法修行，即成修慧。三慧具足，则得入三摩地，成大解脱，永离众苦，此唯观音所修法门为然也。

"于恒河沙劫"二偈，赞观音功德，悲救众生，悉获安宁。智冥理体，永享常乐。

"我今启如来"有六偈半，言此土众生，耳根最利，胜于余根，具有圆、通、常三真实功德，故唯此门为易入也。

"今此娑婆国"二偈，拣非以显是也。此娑婆国，由声教入。声、名、句、文，能诠法义，众生由此闻而解了，故云"声论得宣明"也。然而虽闻声教，不能亡缘返照，迷本闻性，循声流转，仍不免沦于生死。犹如阿难，虽得多闻，未能亡缘，为声所转，堕于邪思惟中，不能免于摩登伽难。故唯入流亡所，返观闻性，生灭既灭，寂灭现前，则永离妄缘矣。

"阿难汝谛听"五句，正示三昧之名体也。能破无始微细无明，曰"金刚王"；圆证如来藏体，依体起用，随缘能应入国土身，是名"如幻"；非言可议，非心可思，为"不思议"；三世诸佛，皆由此三昧生，故言"佛母"。此即首楞严大定是也，亦即观音所修"如幻闻熏闻修金刚三昧"。名虽有异，体即无殊。

"汝闻微尘佛"一偈半，此责阿难虽持诸佛法藏，以循声流转，畜闻成过，不能返照闻性，成真三昧。佛佛者，诸佛之言教也。闻闻者，返观闻性也。

"闻非自然生"一偈半，言当脱尘以旋根也。所闻既脱，能闻亦亡。一根返源，六根俱解。

"见闻如幻翳"一偈，言尘销觉显也。三界有法，悉是空花，见闻虚妄，本不可得。今一根返源，六根圆脱，闻性旋复，尘垢消除，妙觉明心，朗然圆净。经云"若弃生灭，守于真常，常光现前，根尘识心，应时销落。想相为尘，识情为垢，二俱远离，则汝法眼，应时清明，云何不成无上知觉"，即此意也。

"净极光通达"一偈半，言觉净故无碍也。觉心圆净，光明通达，如大梦觉，如莲花开，十方虚空，世界国土，及与众生，皆悉空寂。唯一圆融，清净宝觉。返观世界，犹如梦事，三界本空，谁能为碍？

"如世巧幻师"二偈又三句，复以譬喻，示返妄归真之义也。譬如幻师，幻作男女，诸根虽动，动在一机，一机若息，诸幻皆亡。一切众生，因无明力，幻成心境，能所安生，六根成异。如是六根，元是一机，一机既息，六根俱脱。

"尘垢应念销"一偈，明修此胜妙法门，所获之利益也。一根既复，六根俱脱，尘垢消除，觉心圆显，清净妙明，无复障碍。尘垢未尽，尚居有学；究竟圆明，即是如来。

"大众及阿难"一偈，劝修耳门。旋汝倒闻机者，循声流转，是为倒闻。旋倒闻之机，返观闻性，闻性圆成，菩提可冀。

"圆通实如是"一句，印定观音耳根法门为真实圆通之门也。

"此是微尘佛"二偈半，结显一切诸佛皆从此入，未来学人当依此法，我今文殊，亦复从此入门，同修同证，非唯观音为然也。盖以此土众生，无不皆从闻思修三慧证寂灭性，所谓"一门超出妙庄严路"者是也。

"诚如佛世尊"二偈又三句，此重明选择之意。选择方便，皆为救度末劫志求出世之众生故。若欲"成就涅槃心"者，唯有观音圆门最为当机。自余二十四门，各随所因事相而成观行，皆是佛之威神，得证无生，非是久长修学，浅深二机同入之法门也。

"顶礼如来藏"二偈半，结愿劝学。愿末劫沉沦众生，依此修行，无所惑也。如是妙法，超胜余门，真实圆通，印定此法，应坚信勿疑也。

第四，大众获益者，即"于是阿难及诸大众"下六行文也。

修道分有二大科：第一，二决定义一科已竟，此下为第二大科辩离魔业之正行也。

丙二、离魔业行　丁一、自行离魔

阿难整衣服，于大众中合掌顶礼，心迹圆明，悲欣交集，欲益未来诸众生故，稽首白佛："大悲世尊，我今已悟成佛法门，是中修行得无疑惑。常闻如来说如是言：'自未得度，先度人者，菩萨发心；自觉已圆，能觉他者，如来应世。'我虽未度，愿度末劫一切众生。世尊，此诸众生去佛渐远，邪师说法如恒河沙，欲摄其心入三摩地，云何令其安立道场，远诸魔事？于菩提心得无退屈？"

尔时，世尊于大众中称赞阿难："善哉！善哉！如汝所问，安立道场，救护众生末劫沉溺，汝今谛听，当为汝说。"阿难、大众唯然奉教。

佛告阿难:"汝常闻我毗奈耶中,宣说修行三决定义,所谓摄心为戒,因戒生定,因定发慧,是则名为三无漏学。阿难,云何摄心我名为戒?若诸世界六道众生,其心不淫,则不随其生死相续。汝修三昧,本出尘劳,淫心不除,尘不可出;纵有多智,禅定现前,如不断淫,必落魔道:上品魔王,中品魔民,下品魔女。彼等诸魔亦有徒众,各各自谓成无上道。我灭度后,末法之中多此魔民,炽盛世间,广行贪淫为善知识,令诸众生落爱见坑,失菩提路。汝教世人修三摩地,先断心淫,是名如来先佛世尊第一决定清净明诲。是故阿难,若不断淫,修禅定者,如蒸沙石欲其成饭,经百千劫,只名热沙。何以故?此非饭本,沙石成故。汝以淫身,求佛妙果,纵得妙悟,皆是淫根,根本成淫,轮转三途,必不能出;如来涅槃何路修证?必使淫机身心俱断,断性亦无,于佛菩提斯可希冀。如我此说,名为佛说;不如此说,即波旬说。"

"阿难,又诸世界六道众生,其心不杀,则不随其生死相续。汝修三昧,本出尘劳,杀心不除,尘不可出;纵有多智,禅定现前,如不断杀,必落神道:上品之人为大力鬼,中品则为飞行夜叉、诸鬼帅等,下品当为地行罗刹。彼诸鬼神亦有徒众,各各自谓成无上道。我灭度后，末法之中多此鬼神，炽盛世间，自言食肉得菩提路。阿难，我令比丘食五净肉。此肉皆我神力化生，本无命根。汝婆罗门，地多蒸湿，加以沙石，草菜不生，我以大悲神力所加，因大慈悲，假名为肉，汝得其味。奈何如来灭度之后，食众生肉，名为释子！汝等当知，是食肉人纵得心开，似三摩地，皆大罗刹，报终必沉生死苦海，非佛弟子。如是之人相杀相吞，相食未已，云何是人得出三界？汝教世人修三摩地，次断杀生，是名如来先佛世尊第二决定清净明诲。是故阿难，若不断杀，修禅定者，譬如有人自塞其耳，高声大叫，求人不闻，此等名为欲隐弥露。清净比丘及诸菩萨，于歧路行，不踏生草，况以手拔？云何大悲取诸众生血肉充食？若诸比丘不服东方丝、绵、绢、帛，及是此土，靴、履、裘、毳、乳、酪、醍醐，如是比丘，于世真脱，酬还宿债，不游三界。何以故？服其身分，皆为彼缘；如人食其地中百谷，足不离地。必使身心于诸众生若身身分，身心二途，不服不食，我说是人真解脱者。如我此说，名为佛说；不如此说，即波旬说。”

“阿难，又复世界六道众生，其心不偷，则不随其生死相续。汝修三昧，本出尘劳，偷心不除，尘不可出；纵有多智，禅定现前，如不断偷，必落邪道：上品精灵，中品妖魅，下品邪人诸魅所着。彼等群邪亦有徒众，各各自谓成无上道。我灭度后，末法之中多此妖邪，炽盛世间，潜匿奸欺，称善知识，各自谓已得上人法，詃惑无识，恐令失心，所过之处，其家耗散。我教比丘循方乞食，令其舍贪，成菩提道。诸比丘等不自熟食，寄于残生，旅泊三界，示一往还，去已无返。云何贼人假我衣服，裨贩如来，造种种业，皆言佛法？却非出家具戒比丘为小乘道，由是疑误无量众生堕无间狱。若我灭后，其有比丘发心决定修三摩提，能于如来形像之前，身然一灯，烧一指节，及于身上爇一香炷，我说是人无始宿债一时酬毕，长揖世间，永脱诸漏，虽未即明无上觉路，是人于法已决定心。若不为此舍身微因，纵成无为，必还生人，酬其宿债，如我马麦，正等无异。汝教世人修三摩地，后断偷盗，是名如来先佛世尊第三决定清净明诲。是故阿难，若不断偷，修禅定者，譬如有人水灌漏卮，欲求其满，纵经尘劫终无平复。若诸比丘，衣钵之余，分寸不畜，乞食余分，施饿众生。于大集会，合掌礼众。有人捶詈，同于称赞。必使身心二俱捐舍，身肉骨血与众生共。不将如来不了义说回为己解，以误初学，佛印是人得真三昧。如我所说，名为佛说；不如此说，即波旬说。"

"阿难，如是世界六道众生，虽则身心无杀、盗、淫，三行已圆，若大妄语，即三摩地不得清净，成爱见魔，失如来种。所谓未得谓得，未证言证。或求世间尊胜第一，谓前人言，我今已得须陀洹果、斯陀含果、阿那含果、阿罗汉道、辟支佛乘、十地、地前诸位菩萨；求彼礼忏，贪其供养。是一颠迦，销灭佛种，如人以刀断多罗木，佛记是人永殒善根，无复知见，沉三苦海，不成三昧。我灭度后，敕诸菩萨及阿罗汉，应身生彼末法之中，作种种形，度诸轮转：或作沙门、白衣居士、人王、宰官、童男、童女，如是乃至淫女、寡妇、奸、偷、屠、贩，与其同事，称赞佛乘，令其身心入三摩地。终不自言我真菩萨，真阿罗汉；泄佛密因，轻言未学；唯除命终，阴有遗付。云何是人惑乱众生，成大妄语？汝教世人修三摩地，后复断除诸大妄语，是名如来先佛世尊第四决定清净明诲。是故阿难，若不断其大妄语者，如刻人粪为旃檀形，欲求香气，无有是处。我教比丘直心道场，于四威仪一切行中尚无虚假，云何自称得上人法？譬如穷人妄号帝王，自取诛灭；况复法王，如何妄窃？因地不真，果招纡曲，求佛菩提，如噬脐人，欲谁成就？若诸比丘心如直弦，一切真实，入三摩地，永无魔事；我印是人成就菩萨无上知觉。如我所说，名为佛说；不如此说，即波旬说。"

修道分有二科：一者，二决定义；二者，离魔业行。

二决定义者，一为因果同异之义。菩提之果，不生不灭。欲求菩提，而以生灭心为因，终不可得。必须拣去生灭之心，依不生灭心，以之为因，而后可得菩提之果。生灭之心，即是无明。一切众生，皆有如来藏妙真如心，即不生不灭常住真心也。以迷此心故，成为无明；以无明故，而立能所：能为六根，所为六尘。根尘交互，诸惑竞兴，由是沉溺生死，轮转不休。诘其根元，唯是无明。如是无明，即是生死根本。拣除此心，则如来藏妙真如心，圆明彻照。如来藏心，本不生灭。即以此心为本修因，而后可得菩提之果。此即因果同异之义也。

二为根尘结解之义。根为内心，尘为外境。由心现境，由境生心，心境交织，则一切烦恼从此而起。因惑造业，因业感报，故有生死轮转。此则名之为结也。若能于六根中，随选一根，令此一根，不缘前尘；以不缘故，前尘寂灭；尘既寂灭，根亦消亡。一根尽故，六根皆脱，于是根尘俱寂，心境双亡，而如来藏心彻底彰显。此则名之为解也。是为根尘结解之义也。

二义既明，然后二十五圣各陈圆通，即是广引修证一大科也。不但根尘有结解之义，六根、六尘、六识、七大二十五法，皆有结解之义。解者，谓悟入圆通也。如是二十五法，摄心观之，皆可入道，是故二十五法悉是圆通妙门也。末世众生，若能修习如是法门，皆可入三摩地，得无生忍，解脱生死，圆满菩提。而二十五门中，尤以观音耳根圆通一门最为当机。故曰："堪以教阿难，及末劫沉沦。但以此根修，圆通超余者。"是则文殊选择之意也。

二决定义已竟。今讲修道分中第二大科离魔业行也。

圆通修证，前已畅明。然以末世，多诸邪说，众魔竞兴，妨废正修，故必内修戒行，外藉神咒，庶令学者，由圆通门，入三摩地，直至菩提，永无魔事。故有此科也。

此科复有二章：一为自行离魔。即经文第六卷中"阿难整衣服，于大众中，合掌顶礼"至第六卷终"如我所说，名为佛说；不如此说，即波旬说"五页文也。二为他力离魔。即经文第七卷初"阿难，汝问摄心，我今先说入三摩地"至第七卷中"恒令此人所作如愿"二十一页余文也。修道分止此。

离魔业行中，第一，自行离魔。谓持淫杀盗妄四戒，则得离魔业也。如是持戒，乃依自力，故为"自行"也。

此中初、阿难请问，即"阿难整衣服，于大众中合掌顶礼"至"于菩提心得无退屈"有七行文也。次如来许说，即"尔时，世尊于大众中称赞阿难"至"阿难大众唯然奉教"有二行半文也。

"佛告阿难，汝常闻我毗奈耶中"至"三无漏学"二行文，总明三学也。毗奈耶者，律也。戒定慧三，是成佛之因，佛佛皆尔，决定须说，故为三决定义。以此三法调御六根，伏断烦恼，故亦名为三无漏学。定慧二门，前已详说，故今于此，但明戒学。

戒学有四：一、离欲，二、离杀，三、离盗，四、离妄。

初、离欲。即"阿难，云何摄心，我名为戒"至"不如此说，即波旬说"有十三行文。

《圆觉经》云："一切众生，皆因淫欲，而正性命，当知轮回，爱为根本。由于诸欲，助发爱性，是故能令生死相续。"欲为生死根本，心能离欲，则生死不续，而得出轮回矣。此不但以身行为犯戒，心起即为犯戒也。淫心不除，纵有禅定、智慧，必落魔道，不成菩提。若约未来轮转，则应备历三途。如是众魔，亦有邪福，报得五通，自称成佛，诳惑众生。末法之中，魔怨尤多，广行贪淫，自称善友，诱化无识，失于正道。修三摩地，先断心淫，是为如来世尊第一决定清净明诲，不可不受持奉行，敬谨无犯。欲求菩提，而不离欲，譬如蒸沙成饭，安可得乎！必须先断淫心。不但持身，亦复除心。身心俱断，断性亦无，于佛菩提，庶可希冀矣。如此说者，是佛所说；不如此说，是魔说也。

印光法师《不可录序》云："女色之祸，极其酷烈。自古至今，由兹亡国败家，殒身绝嗣者，何可胜数！即未至此，其间颓其刚健之躯，昏其清明之志，以顶天履地、希圣希贤之资，致成碌碌庸人，无所树立之辈者，又复何限！况乎逆天理，乱人伦，生为衣冠禽兽，死堕三途恶道者，又何能悉知之而悉见之耶？"此言世间法中，犹必戒淫，况求无上菩提，不断淫心，如何可得？近世多有邪魔外道，妄说淫欲不碍菩提，竟有公开行淫，倡言行淫即是修道，且以此为无上佛法者，惑乱无知，坑害众生，生遭王难，死堕阿鼻。此正《楞严》所戒，正信学人，不应为其所惑也。

一切凡夫，从淫欲生，欲断淫心，须持净戒。即今闻歌起舞，读书观剧，皆宜自制，勿妄随众。出家比丘，固宜自警；在家白衣，亦不可忽。千里之堤，溃于蚁穴；毗岚之风，起于萍末。尤不可不慎之于微也。

二、离杀。即"阿难，又诸世界，六道众生"至"不如此说，即波旬说"有二十二行余文。

相杀相偿，结怨连祸，故尘不可出。其心不杀，则生死不续，而得出轮回矣。此亦不但以身行为犯，若起杀心，即为犯戒也。杀心不除，纵有禅定、智慧，必堕神鬼，不成菩提。若不修禅慧，但行杀害，则直入地狱，更无差降也。此等神鬼，亦有福报，及得业通自称成佛，诳惑众生。于末法中，多此鬼神，炽盛世间，广行杀害，自言食肉，得成菩提，诱化无识，当从沦坠。修三摩地，次断杀生，是为如来世尊第二决定清净明诲，不可不敬谨奉行，受持无犯。塞耳如修禅，高声如行杀，求人不闻如求出三界，岂可得乎！是故求菩提者，必须次断杀心，于诸众生，若身、身分，不服不食。心无杀害，身不服行，断性亦无，自得解脱。如此说者，是佛所说；不如此说，是魔说也。

此处言及五净肉。五净肉者，谓不见、不闻、不疑，及自死、鸟残也。此以西方草菜不生，故未制戒前，暂许比丘食五净肉，后制戒永断，则不得复食。故今之食众生肉者，纵有禅慧，皆大罗刹，不得名为佛弟子也。

周安士居士云："仁列五常首，慈居万德先，皇哉三教论，异口若同宣。人人爱寿命，物物贪生全。鸡见庖人执，惊飞集案前；豕闻屠价售，两泪涌如泉。方寸原了了，只为口难言。蓦受刀砧苦，肠断命如牵。白刃千翻割，红炉百沸煎。炮烙加彼体，甘肥佐我筵。此事若无罪，勿畏苍苍天。"此言众生被杀时之惨苦。杀生食肉，岂得无报乎！我今学佛，本为慈悲众生，悉令离苦得乐。若杀生食肉，即为上欺三世诸佛，下负一切众生，何慈悲之足言乎！颇闻人言：杀生食肉无罪。以被杀众生，当承我法力，解脱众苦，得成菩提。故杀而食其肉者，乃所以度脱之也。作此说者，于大众前，了无惭愧，妄言食肉，不碍菩提。试问彼言：我今杀汝，食汝之肉，亦以法力，度汝之苦，汝愿受之乎！杀害众生，于菩萨戒中，为第一波罗夷罪。求

佛道者，不但不得杀生，尤须方便救护，爱念众生，若保
赤子，尊重众生，视同父母，此是大士存心。设或恣心快
意杀生者，则永弃佛海边外，永失妙因妙果，是极恶法，
是断头法，当堕地狱，出苦无期矣！

三、离盗。即"阿难，又复世界，六道众生"至"不
如此说，即波旬说"有二十四行文。

不与而取，起心即犯。此亦不但以身行为犯，即心起
为犯也。心若不偷，则宿债既酬，无所执对，故得出生死
矣。偷心不除，纵有禅定、智慧，必落邪道，不成菩提。
若不修禅，直入地狱。末法之中，多此妖邪，自称成佛，
令彼愚者，倾其家财，尽命供给。此等妖邪，所过之处，
人家耗散。修三摩地，后断偷盗，是为如来世尊第三决定
清净明诲，不可不敬谨奉行，受持无犯。灌禅定水，于破
戒卮，纵经尘劫，终无平满。此言不断偷心，终不可得成
菩提也。如此说者，是佛所说；不如此说，是魔说也。

此处详明比丘离盗正行。比丘依法循乞，不自熟食，
为舍贪过。深厌自生，不恋三界，如旅泊人，一往不返。
今纵未能实行乞食，亦当离于贪著，衣食随众，不求殊异。
衣钵之余，分寸不蓄，是无贪也；于大集会，合掌礼众，
是无慢也；有人捶詈，同于称赞，是无瞋也；不将如来不
了义说，回为己解，以误初学，是无痴也。如是之人，身
住世间，心出尘劳，虽居凡地，已入圣流。燃灯烧指，谓

施内财；内财犹舍，况复外财；己财犹舍，岂当偷取他人之物以为己有乎！如是行者，即能翻破无始盗业。偷盗不行，执对俱亡，宿债已酬，世间永脱。马麦，马粮之麦也。昔佛曾受阿耆达婆罗门王请，安居彼国，与五百比丘，食三月马麦。此言业报不亡，纵已成佛，犹须酬业，况凡众乎！

蕅益大师云："盗有八种：或灼然劫取，或潜行窃取，或诈术骗取，或势力强取，或词讼取，或牴谩取，或受寄托而不还，或应输税而不纳。"皆名为盗也。盗通三宝，僧物最重。随损一毫，则望十方凡圣，一一结罪。五逆四重，佛犹能救，盗僧物者，佛所不救。又比丘不得受别请，利养入己。以施主所施之物，本通十方僧众，今由别受，令彼十方不得利养，远有夺取十方之义，亦是盗戒等流。而白衣檀越，请僧求愿，应平等供养，不得拣择。若别请者，亦复获罪，此则不可不知也。

四、离妄。即"阿难，如是世界，六道众生"至"不如此说，即波旬说"有二十一行文。

外贪名利，欲他重己，则成爱魔；内起邪见，以己均圣，则成见魔。由爱见惑，因起妄语，称得三乘贤圣果证，是一阐提，永断佛种。真是菩萨及阿罗汉，四摄利生，入于世间，作种种化，终不自言，我是圣人。云何邪魔，敢称成佛，作大妄语，惑乱众生？修三摩地，断大妄语，是为如来世尊第四决定清净明诲，不可不受持奉行，敬谨无犯。修禅定之檀形，刻妄语之人粪，欲求道香，终无得理。世间之人，妄号帝王，便犯死罪。若有妄言，我是法王，其罪较之妄号帝王，不啻百千万亿倍也。由是观之，今之凡夫，妄称是佛者，皆大妄语之类也。求佛道者，当秉直心，四威仪中，一一真实。心真实故，速入三摩，直至成佛，永无魔事。如此说者，是为佛说；不如此说，是魔说也。

蕅益大师云，妄语有四种：一者妄言，谓见言不见，不见言见，实有言无，实无言有，乃至法说非法，非法说法等，但令违心而语，皆名妄言。二者绮语，谓一切华靡浮辞，无义无利，及一切王论、贼论、饮食论等。三者两舌，谓向此说彼，向彼说此，互相离间，令成乖诤。四者恶口，谓粗重骂詈，忿怒咒诅，令他不堪。今经正制大妄语罪。大妄语者，自言我得十地、辟支、四果、四向、四禅、四空，成不净观，成安般念、六通、八解，天来、龙来，修罗、鬼神悉来问答，或言已断结使，或言永离三途。如是等语，虚而不实，图致名利，名大妄语也。

离魔业行中，自行离魔一章已竟。

楞严经卷七

丁二、他力离魔

"阿难，汝问摄心，我今先说入三摩地修学妙门；求菩萨道要先持此四种律仪，皎如冰霜，自不能生一切枝叶；心三口四生必无因。阿难，如是四事若不遗失，心尚不缘色香味触，一切魔事云何发生？若有宿习不能灭除，汝教是人一心诵我'佛顶光明摩诃萨怛多般怛啰无上神咒'。斯是如来无见顶相无为心佛从顶发辉，坐宝莲华所说心咒。且汝宿世与摩登伽历劫因缘，恩爱习气非是一生，及与一劫，我一宣扬，爱心永脱，成阿罗汉。彼尚淫女，无心修行，神力冥资，速证无学。云何汝等在会声闻，求最上乘，决定成佛，譬如以尘扬于顺风，有何艰险？若有末世欲坐道场，先持比丘清净禁戒，要当选择戒清净者、第一沙门以为其师，若其不遇真清净僧，汝戒律仪必不成就。戒成已后，着新净衣，然香闲居，诵此心佛所说神咒一百八遍，然后结界，建立道场；求于十方现住国土无上如来，放大悲光，来灌其顶。阿难，如是末世清净比丘，若比丘尼，白衣檀越，心灭贪淫，持佛净戒，于道场中发菩萨愿；出入澡浴，六时行道，如是不寐，经三七日；我自现身至其人前，摩顶安慰，令其开悟。"

阿难白佛言："世尊，我蒙如来无上悲诲，心已开悟，自知修证无学道成。末法修行建立道场，云何结界，合佛世尊清净轨则？"

佛告阿难："若末世人愿立道场，先取雪山大力白牛，食其山中肥腻香草，此牛唯饮雪山清水，其粪微细，可取其粪，和合旃檀，以泥其地。若非雪山，其牛臭秽，不堪涂地。别于平原，穿去地皮，五尺已下取其黄土，和上旃檀、沉水、苏合、薰陆、郁金、白胶、青木、零陵、甘松及鸡舌香，以此十种，细罗为粉，合土成泥，以涂场地，方圆丈六，为八角坛。坛心置一金、银、铜、木所造莲华，华中安钵，钵中先盛八月露水，水中随安所有华叶。取八圆镜，各安其方，围绕华钵。镜外建立十六莲华，十六香炉。间华铺设，庄严香炉。纯烧沉水，无令见火。取白牛乳，置十六器。乳为煎饼，并诸砂糖、油饼、乳糜、苏合、蜜姜、纯酥、纯蜜；于莲华外各各十六，围绕华外，以奉诸佛及大菩萨。每以食时，若在中夜，取蜜半升，用酥三合，坛前别安一小火炉，以兜楼婆香煎取香水，沐浴其炭，然令猛炽，投是酥蜜于炎炉内，烧令烟尽，享佛菩萨。令其四外遍悬幡华，于坛室中四壁，敷设十方如来及诸菩萨所有形像。应于当阳张卢舍那、释迦、弥勒、阿閦、弥陀。诸大变化观音形像，兼金刚藏，安其左右。帝释、梵王、乌刍瑟摩，并蓝地迦、诸军荼利，与毗俱胝、四天王等，频那夜迦，张于门侧，左右安置。又取八镜覆悬虚空，与坛场中所安之镜方面相对，使其形影重重相涉。于初七中，至诚顶礼十方如来、诸大菩萨、阿罗汉号，恒于六时诵咒围坛，至心行道，一时常行一百八遍。第二七中，一向专心发菩萨愿，心无间断，我毗奈耶先有愿教。第三七中，于十二时，一向持佛般怛啰咒；至第七日，十方如来一时出现，镜交光处，承佛摩顶；即于道场修三摩地。能令如是末世修学，身心明净，犹如琉璃。阿难，若此比丘本受戒师，及同会中十比丘等，其中有一不清净者，如是道场多不成就。从三七后，端坐安居，经一百日，有利根者，不起于座，得须陀洹。纵其身心圣果未成，决定自知成佛不谬。汝问道场，建立如是。"

阿难顶礼佛足，而白佛言："自我出家，恃佛侨爱，求多闻故，未证无为；遭彼梵天邪术所禁，心虽明了，力不自由；赖遇文殊，令我解脱。虽蒙如来佛顶神咒，冥获其力，尚未亲闻。唯愿大慈，重为宣说，悲救此会诸修行辈，末及当来在轮回者，承佛密音，身意解脱。"

于时会中一切大众普皆作礼，伫闻如来秘密章句。尔时，世尊从肉髻中涌百宝光，光中涌出千叶宝莲，有化如来坐宝华中，顶放十道百宝光明，一一光明皆遍示现十恒河沙金刚密迹，擎山持杵，遍虚空界。大众仰观，畏爱兼抱，求佛哀祐，一心听佛无见顶相，放光如来宣说神咒：

南无萨怛他 苏伽多耶 阿罗诃帝三藐三菩陀写。萨怛他 佛陀俱胝 瑟尼钐。南无萨婆 勃陀勃地 萨跢鞞弊。南无萨多南 三藐三菩陀 俱知喃。娑舍啰婆迦 僧伽喃。南无卢鸡 阿罗汉 跢喃。南无苏卢多波那喃。南无娑羯唎陀 伽弥喃。南无卢鸡三藐伽跢喃。三藐伽波啰 底波多那喃。南无提婆离瑟赧。南无悉陀耶 毗地耶 陀啰离瑟赧。舍波奴 揭啰诃 娑诃娑啰 摩他喃。南无跋啰诃摩尼。南无因陀啰耶。南无婆伽婆帝。嚧陀啰耶。乌摩般帝。娑醯夜耶。南无婆伽婆帝。那啰野拏耶。槃遮摩诃 三慕陀啰。南无悉羯唎多耶。南无婆伽婆帝。摩诃迦罗耶。地唎般剌那伽啰。毗陀啰 波拏迦啰耶。阿地目帝。

尸摩舍那泥 婆悉泥。摩怛唎伽挐。南无悉羯唎多耶。南
无婆伽婆帝。多他伽跢 俱啰耶。南无般头摩 俱啰耶。
南无跋阇啰 俱啰耶。南无摩尼 俱啰耶。南无伽阇 俱啰
耶。南无婆伽婆帝。帝唎茶 输啰西那。波啰诃啰 挐啰
阇耶。跢他伽多耶。南无婆伽婆帝。南无阿弥多婆耶。
跢他伽多耶。阿啰诃帝。三藐三菩陀耶。南无婆伽婆帝。
阿刍鞞耶。跢他伽多耶。阿啰诃帝。三藐三菩陀耶。南
无婆伽婆帝。鞞沙阇耶 俱卢吠柱唎耶。般啰婆啰阇耶。
跢他伽多耶。南无婆伽婆帝。三补师毖多。萨怜捺啰剌
阇耶。跢他伽多耶。阿啰诃帝。三藐三菩陀耶。南无婆
伽婆帝。舍鸡野 母那曳。跢他伽多耶。阿啰诃帝。三藐
三菩陀耶。南无婆伽婆帝。剌怛那 鸡都啰阇耶。跢他伽
多耶。阿啰诃帝。三藐三菩陀耶。帝瓢 南无萨羯唎多。
翳昙 婆伽婆多。萨怛他 伽都瑟尼钐。萨怛多般怛蓝。
南无阿婆啰视耽。般啰帝 扬歧啰。萨啰婆 部多揭啰诃。
尼羯啰诃 羯迦啰诃尼。跋啰 毖地耶 叱陀你。阿迦啰 密
唎柱。般唎 怛啰耶 儜揭唎。萨啰婆 槃陀那 目叉尼。萨
啰婆 突瑟吒。突悉乏 般那你 伐啰尼。赭都啰 失帝南。
羯啰诃 娑诃萨啰若阇。毗多崩娑那羯唎。阿瑟吒冰舍帝
南。那叉刹怛啰 若阇。波啰萨陀 那羯唎。阿瑟吒南。
摩诃羯啰诃 若阇。毗多崩 萨那羯唎。萨婆 舍都嚧 你婆

啰若阇。呼蓝 突悉乏 难遮那舍尼。毖沙舍 悉怛啰。阿
吉尼 乌陀迦啰 若阇。阿般啰视多具啰。摩诃般啰战持。
摩诃叠多。摩诃帝阇。摩诃税多 阇婆啰。摩诃跋啰 槃
陀啰 婆悉你。阿唎耶多啰。毗唎俱知。誓婆毗阇耶。跋
阇啰 摩礼底。毗舍嚧多。勃腾罔迦。跋阇啰 制喝那阿
遮。摩啰制婆 般啰质多。跋阇啰 擅持。毗舍啰遮。扇
多舍 鞞提婆 补视多。苏摩嚧波。摩诃税多。阿唎耶多
啰。摩诃婆啰 阿般啰。跋阇啰 商羯啰 制婆。跋阇啰 俱
摩唎。俱蓝陀唎。跋阇啰 喝萨多遮。毗地耶 乾遮那 摩
唎迦。啒苏母 婆羯啰跢那。鞞嚧遮那 俱唎耶。夜啰菟
瑟尼钐。毗折蓝婆摩尼遮。跋阇啰 迦那 迦波啰婆。嚧
阇那 跋阇啰 顿稚遮。税多遮 迦摩啰。刹奢尸 波啰婆。
翳帝夷帝。母陀啰羯拏。娑鞞啰忏。掘梵都 印兔那 么
么写。

　　乌㦸。唎瑟揭拏。般剌 舍悉多。萨怛他 伽都瑟尼
钐。虎㦸。都嚧雍。瞻婆那。虎㦸。都嚧雍。悉眈婆那。
虎㦸。都嚧雍。波啰瑟地耶 三般叉 拏羯啰。虎㦸。都
嚧雍。萨婆药叉 喝啰刹娑。揭啰河 若阇。毗腾崩 萨那
羯啰。虎㦸。都嚧雍。者都啰 尸底南。揭啰河 娑诃萨
啰南。毗腾崩 萨那啰。虎㦸。都嚧雍。啰叉。婆伽梵。
萨怛他 伽都瑟尼钐。波啰点 阇吉唎。摩诃 娑诃萨啰。

勃树 娑诃萨啰 室唎沙。俱知 娑诃萨泥 帝隶。阿弊提视
婆唎多。吒吒罂迦。摩诃 跋阇嚧陀啰。帝唎 菩婆那。
曼茶啰。乌钘。娑悉帝 薄婆都。么么。印兔那 么么写。

　　啰阇婆夜。主啰跋夜。阿祇尼 婆夜。乌陀迦 婆夜。
毗沙 婆夜。舍萨多啰 婆夜。婆啰 斫羯啰 婆夜。突瑟叉
婆夜。阿舍你 婆夜。阿迦啰 密唎柱 婆夜。陀啰尼 部弥
剑 波伽波陀 婆夜。乌啰迦 婆多 婆夜。剌阇坛茶 婆夜。
那伽婆夜。毗条怛 婆夜。苏波啰拏 婆夜。药叉 揭啰诃。
啰叉私 揭啰诃。毕唎多 揭啰诃。毗舍遮 揭啰诃。部多
揭啰诃。鸠槃茶 揭啰诃。补丹那 揭啰诃。迦吒补丹那
揭啰诃。悉乾度 揭啰诃。阿播悉摩啰 揭啰诃。乌檀摩
陀 揭啰诃。车夜揭啰诃。醯唎婆帝 揭啰诃。社多 诃唎
南。揭婆 诃唎南。嚧地啰 诃唎南。忙娑 诃唎南。谜陀
诃唎南。摩阇 诃唎南。阇多 诃唎女。视比多 诃唎南。
毗多 诃唎南。婆多 诃唎南。阿输遮 诃唎女。质多 诃唎
女。帝钐 萨鞞钐。萨婆 揭啰诃南。毗陀夜阇 嗔陀夜弥。
鸡啰夜弥。波唎 跋啰 者迦 讫唎担。毗陀夜阇 嗔陀夜
弥。鸡啰夜弥。茶演尼 讫唎担。毗陀夜阇 嗔陀夜弥。
鸡啰夜弥。摩诃般输 般怛夜。嚧陀啰 讫唎担。毗陀夜
阇 嗔陀夜弥。鸡啰夜弥。那啰夜拏 讫唎担。毗陀夜阇
嗔陀夜弥。鸡啰夜弥。怛埵伽嚧 茶西 讫唎担。毗陀夜

阇 嗔陀夜弥。鸡啰夜弥。摩诃迦啰 摩怛唎伽拏 讫唎担。
毗陀夜阇 嗔陀夜弥。鸡啰夜弥。迦波唎迦讫唎担。毗陀
夜阇 嗔陀夜弥。鸡啰夜弥。阇耶羯啰 摩度羯啰。萨婆
啰他 娑达那 讫唎担。毗陀夜阇 嗔陀夜弥。鸡啰夜弥。
赭咄啰 婆耆你 讫唎担。毗陀夜阇 嗔陀夜弥。鸡啰夜弥。
毗唎羊 讫唎知。难陀 鸡沙啰 伽拏 般帝。索醯夜 讫唎
担。毗陀夜阇 嗔陀夜弥。鸡啰夜弥。那揭那 舍啰 婆拏
讫唎担。毗陀夜阇 嗔陀夜弥。鸡啰夜弥。阿罗汉 讫唎
担 毗陀夜阇 嗔陀夜弥。鸡啰夜弥。毗多啰伽 讫唎担。
毗陀夜阇 嗔陀夜弥。鸡啰夜弥 跋阇啰波你。具醯夜 具
醯夜。迦地 般帝 讫唎担。毗陀夜阇 嗔陀夜弥。鸡啰夜
弥。啰叉罔。婆伽梵。印兔那 么么写。

　　婆伽梵。萨怛多 般怛啰。南无粹都帝。阿悉多 那
啰剌迦。波啰婆 悉普吒。毗迦 萨怛多 钵帝唎。什佛啰
什佛啰。陀啰陀啰。频陀啰 频陀啰 嗔陀嗔陀。虎斜。
虎斜。泮吒。泮吒 泮吒 泮吒 泮吒。娑诃。醯醯泮。阿
牟迦耶泮。阿波啰 提诃多泮。婆啰 波啰陀泮。阿素啰
毗陀啰 波迦泮。萨婆 提鞞 弊泮。萨婆 那伽 弊泮。萨婆
药叉 弊泮。萨婆 乾闼婆 弊泮。萨婆 补丹那 弊泮。迦吒
补丹那 弊泮。萨婆 突狼枳帝 弊泮。萨婆 突涩比犁 讫瑟
帝 弊泮。萨婆 什婆唎 弊泮。萨婆 阿播悉摩犁 弊泮。萨

婆 舍啰 婆拏 弊泮。萨婆 地帝鸡 弊泮。萨婆 怛摩陀继
弊泮。萨婆 毗陀耶 啰誓 遮犁 弊泮。阇夜羯啰 摩度羯
啰。萨婆 啰他 娑陀鸡 弊泮。毗地夜 遮唎 弊泮。者都啰
缚耆你 弊泮。跋阇啰 俱摩唎。毗陀夜 啰誓 弊泮。摩诃
波啰 丁羊 乂耆唎 弊泮。跋阇啰 商羯啰夜。波啰丈耆 啰
阇耶泮。摩诃迦啰夜。摩诃 末怛唎迦拏。南无 娑羯唎
多 夜泮。毖瑟拏婢 曳泮。勃啰诃 牟尼 曳泮。阿耆尼 曳
泮。摩诃羯唎 曳泮。羯啰檀持 曳泮。蔑怛唎 曳泮。唠
怛唎 曳泮。遮文茶 曳泮。羯逻啰怛唎 曳泮。迦般唎 曳
泮。阿地目 质多 迦尸摩 舍那。婆私你 曳泮。演吉质。
萨埵 婆写。么么 印兔那 么么写。

　　突瑟吒 质多。阿末怛唎 质多。乌阇 诃啰。伽婆 诃
啰。嚧地啰 诃啰。婆娑 诃啰。摩阇 诃啰。阇多 诃啰。
视毖多 诃啰。跋略夜 诃啰。乾陀 诃啰。布史波 诃啰。
颇啰 诃啰。婆写 诃啰。般波 质多。突瑟吒 质多。唠陀
啰 质多。药叉 揭啰诃。啰刹娑 揭啰诃。闭隶多 揭啰
诃。毗舍遮 揭啰诃。部多 揭啰诃。鸠槃茶 揭啰诃。悉
乾陀 揭啰诃。乌怛摩陀 揭啰诃。车夜 揭啰诃。阿播萨
摩啰 揭啰诃。宅袪革 茶耆尼 揭啰诃。唎佛帝 揭啰诃。
阇弥迦 揭啰诃。舍俱尼 揭啰诃。姥陀啰 难地迦 揭啰
诃。阿蓝婆 揭啰诃。乾度波尼 揭啰诃。什伐啰 堙迦醯

迦。坠帝药迦。怛隶帝药迦。者突托迦。昵提 什伐啰
瑟钤摩 什伐啰。薄底迦。鼻底迦。室隶 瑟密迦。娑你
般帝迦。萨婆 什伐啰。室嚧吉帝。末陀 鞞达 嚧制剑。
阿绮嚧钳。目佉嚧钳。羯唎突嚧钳。揭啰诃 揭蓝。羯拏
输蓝。惮多 输蓝。迄唎夜 输蓝。末么 输蓝。跋唎室婆
输蓝。毖栗瑟吒 输蓝。乌陀啰 输蓝。羯知输蓝。跋悉
帝输蓝。邬嚧输蓝。常伽输蓝。喝悉多输蓝。跋陀输蓝。
娑房盎伽 般啰 丈伽 输蓝。部多 毖跢茶。茶耆尼 什婆
啰。陀突嚧迦 建咄嚧吉知 婆路多毗。萨般嚧 诃凌伽。
输沙怛啰 娑那羯啰。毗沙喻迦。阿耆尼 乌陀迦。末啰
鞞啰 建跢啰。阿迦啰 密唎咄 怛敛部迦。地栗剌吒。毖
唎瑟质迦。萨婆那俱啰。肆引伽弊 揭啰唎 药叉 怛啰刍。
末啰视 吠帝钐 娑鞞钐。悉怛多 钵怛啰。摩诃跋阇嚧 瑟
尼钐。摩诃般赖 丈耆蓝。夜波突陀 舍喻阇那。辫怛隶
拏。毗陀耶 槃昙迦嚧弥。帝殊 槃昙迦嚧弥。般啰毗陀
槃昙迦嚧弥。跢侄他。唵。阿那隶。毗舍提。鞞啰 跋阇
啰 陀唎。槃陀槃陀你。跋阇啰 谤尼泮。虎𤙖都嚧瓮泮。
莎婆诃。

　　"阿难，是佛顶光聚悉怛多般怛罗秘密伽陀微妙章
句，出生十方一切诸佛，十方如来因此咒心，得成无上
正遍知觉。十方如来执此咒心降伏诸魔，制诸外道。十

方如来乘此咒心坐宝莲华，应微尘国。十方如来含此咒心，于微尘国转大法轮。十方如来持此咒心，能于十方摩顶授记。自果未成，亦于十方蒙佛授记。十方如来依此咒心，能于十方拔济群苦。所谓地狱、饿鬼、畜生，盲、聋、喑、哑，怨憎会苦、爱别离苦、求不得苦、五阴炽盛；大小诸横，同时解脱；贼难、兵难、王难、狱难，风、火、水难，饥渴、贫穷，应念销散。十方如来随此咒心，能于十方事善知识；四威仪中，供养如意；恒沙如来会中推为大法王子。十方如来行此咒心，能于十方摄受亲因，令诸小乘闻秘密藏不生惊怖。十方如来诵此咒心成无上觉，坐菩提树，入大涅槃。十方如来传此咒心，于灭度后，付佛法事，究竟住持，严净戒律，悉得清净。若我说是佛顶光聚般怛罗咒，从旦至暮，音声相联，字句中间亦不重叠，经恒沙劫，终不能尽。亦说此咒名如来顶。汝等有学，未尽轮回，发心至诚，取阿罗汉，不持此咒而坐道场，令其身心远诸魔事，无有是处。阿难，若诸世界随所国土，所有众生，随国所生桦皮贝叶，纸素白叠，书写此咒，贮于香囊，是人心昏，未能诵忆，或带身上，或书宅中，当知是人尽其生年，一切诸毒所不能害。阿难，我今为汝更说此咒救护世间，得大无畏，成就众生，出世间智。若我灭后，末世众生有能自诵，若教他诵，当知如是诵持众生，火不能烧，水不能溺，大毒小毒所不能害。如是乃至龙天鬼神、精祇魔魅所有恶咒皆不能着，心得正受。一切咒诅，厌蛊毒药，金毒银毒，草木虫蛇，万物毒气，入此人口成甘露味。一切恶星，并诸鬼神，碜心毒人，于如是人不能起恶；频那夜迦诸恶鬼王，并其眷属，皆领深恩，常加守护。阿难当知：是咒常有八万四千那由他、恒河沙俱胝金刚藏王菩萨种族，一一皆有诸金刚众而为眷属，昼夜随侍。设有众生于散乱心，非三摩地，心忆口持，是金刚王常随从彼诸善男子，何况决定菩提心者，此诸金刚菩萨藏王，精心阴速，发彼神识，是人应时心能记忆八万四千恒河沙劫，周遍了知，得无疑惑。从第一劫乃至后身，生生不生药叉、罗刹，及富单那、迦吒富单那、鸠槃茶、毗舍遮等，并诸饿鬼，有形无形、有想无想，如是恶处。是善男子，若读若诵，若书若写，若带若藏，诸色供养，劫劫不生贫穷下贱不可乐处。此诸众生，纵其自身不作福业，十方如来所有功德悉与此人。由是得于恒河沙阿僧祇、不可说不可说劫，常与诸佛同生一处，无量功德，如恶叉聚，同处熏修，永无分散。是故能令破戒之人戒根清净；未得戒者，令其得戒；未精进者，令得精进；无智慧者，令得智慧；不清净者，速得清净；

不持斋戒，自成斋戒。阿难，是善男子持此咒时，设犯禁戒于未受时，持咒之后，众破戒罪，无问轻重，一时销灭。纵经饮酒，食啖五辛，种种不净，一切诸佛、菩萨金刚、天仙鬼神不将为过。设着不净、破弊衣服，一行一住，悉同清净。纵不作坛，不入道场，亦不行道，诵持此咒，还同入坛行道功德，无有异也。若造五逆无间重罪，及诸比丘、比丘尼四弃、八弃，诵此咒已，如是重业，犹如猛风吹散沙聚，悉皆灭除，更无毫发。阿难，若有众生，从无量无数劫来，所有一切轻重罪障，从前世来，未及忏悔，若能读诵书写此咒，身上带持，若安住处、庄宅、园馆，如是积业，犹汤销雪，不久皆得悟无生忍。复次，阿难，若有女人未生男女，欲求孕者，若能至心忆念斯咒，或能身上带此悉怛多般怛啰者，便生福德智慧男女；求长命者，即得长命；欲求果报速圆满者，速得圆满；身、命、色、力，亦复如是。命终之后，随愿往生十方国土，必定不生边地下贱，何况杂形？阿难，若诸国土，州县聚落，饥荒疫疠，或复刀兵，贼难斗诤，兼余一切厄难之地，写此神咒，安城四门，并诸支提，或脱阇上，令其国土所有众生奉迎斯咒，礼拜恭敬，一心供养，令其人民各各身佩，或各各安所居宅地，一切灾厄悉皆销灭。阿难，在在处处，国土众生，随有此咒，天龙欢喜，风雨顺时，五谷丰殷，兆庶安乐。亦复能镇一切恶星随方变怪，灾障不起，人无横夭，杻械枷锁不着其身，昼夜安眠，常无恶梦。阿难，是娑婆界有八万四千灾变恶星，二十八大恶星而为上首；复有八大恶星以为其主，作种种形，出现世时，能生众生种种灾异；有此咒地，悉皆销灭；十二由旬成结界地，诸恶灾祥永不能入。是故如来宣示此咒，于未来世，保护初学诸修行者入三摩提，身心泰然，得大安隐。更无一切诸魔鬼神，及无始来冤横宿殃，旧业陈债，来相恼害。汝及众中诸有学人，及未来世诸修行者，依我坛场，如法持戒，所受戒主逢清净僧，持此咒心，不生疑悔。是善男子，于此父母所生之身不得心通，十方如来便为妄语。"

说是语已，会中无量百千金刚，一时佛前合掌顶礼，而白佛言："如佛所说，我当诚心保护如是修菩提者。"

尔时，梵王并天帝释、四天大王，亦于佛前同时顶礼，而白佛言："审有如是修学善人，我当尽心至诚保护，令其一生所作如愿。"

复有无量药叉大将、诸罗刹王、富单那王、鸠槃茶王、毗舍遮王、频那夜迦、诸大鬼王，及诸鬼帅，亦于佛前合掌顶礼："我亦誓愿护持是人，令菩提心速得圆满。"

复有无量日月天子、风师、雨师、云师、雷师，并电伯等，年岁巡官，诸星眷属，亦于会中顶礼佛足，而白佛言："我亦保护是修行人，安立道场，得无所畏。"

复有无量山神、海神、一切土地，水、陆、空行，万物精祇，并风神王、无色界天，于如来前同时稽首，而白佛言："我亦保护是修行人，得成菩提，永无魔事。"

尔时，八万四千那由他、恒河沙俱胝金刚藏王菩萨，在大会中即从座起，顶礼佛足而白佛言："世尊，如我等辈，所修功业，久成菩提，不取涅槃，常随此咒，救护末世修三摩提正修行者。世尊，如是修心求正定人，若在道场及余经行，乃至散心，游戏聚落，我等徒众常当随从，侍卫此人。纵令魔王、大自在天求其方便，终不可得。诸小鬼神，去此善人十由旬外，除彼发心乐修禅者。世尊，如是恶魔、若魔眷属，欲来侵扰是善人者，我以宝杵殒碎其首，犹如微尘；恒令此人所作如愿。"

离魔业行，凡有二科：上次所讲为自行离魔，今为他力离魔也。他力离魔者，谓藉神咒之力，破除宿业及与报障。宿业者，宿世之恶业种子；报障者，今时之恶业果报也。此科从经文第七卷初"阿难，汝问摄心"至第七卷中"恒令此人所作如愿"有二十一页又五行半文。

经文"阿难，汝问摄心"至"一切魔事云何发生"四行文，总结前文也。末世众生，有欲发心求三摩地，得无生忍者，先须严持淫杀盗妄四戒。不但防身，尤在治心。四戒清净，十恶皆无，身心既净，然后方可修三摩地。若不然者，纵有圆通妙门，亦不得而入也。

"若有宿习不能灭除"至"坐宝莲华所说经咒"有三行不足文，劝诵神咒也。如有行人，虽持戒清净，而有无始邪思宿业，如多病、多恼、多淫、多嗔，或逢邪师，或遭魔娆，因而不能进修道业者，当一心持此无上神咒，则能破除如是等障。"摩诃悉怛多般怛罗"意为大白伞盖，即如来藏心也。咒虽是字，此字即法。持神咒者，即是持如来藏心，故一切邪思宿业及与恶报，皆不能为之障也。

"且汝宿世与摩登伽"至"扬于顺风，有何艰险"有四行文，指陈持咒之功效也。摩登伽本是淫女，无意修行，闻此咒已，尚成无学。况复志求无上觉道，决心修行，咒力加持，何障不除，何行不成？

"若有末世，欲坐道场"至"摩顶安慰，令其开悟"八行余文，略示行持之方也。欲坐道场者，欲建立道场，依法修行也。此法不但比丘可修，白衣檀越亦得参与。欲修此法，须持净戒；禀持净戒，须以清净比丘为师。自无净戒，如何能令他人得戒？故不遇真清净僧，净戒律仪必不成就。净戒不成，虽建道场，徒成亵渎，必无益矣。求十方佛放光灌顶者，佛光加持，得离魔娆，进修弥速。持戒诵咒，如法修行，故佛现其前。若本无净戒，又阙妙慧，纵有所见，定是魔境，非佛现也。

"阿难白佛言"至"汝问道场，建立如是"三十四行文，详示建立坛场及诵咒修持之仪轨也。

雪山白牛，唯食香草，其牛之乳，纯是醍醐。是故此牛之粪，和合旃檀，堪以涂地；若非此牛，则不堪也。

行此法者，宿业消除，三障俱灭。故得身心明净，犹如琉璃。初破见惑，名须陀洹，此乃大乘见道之位，非小乘初果也。

"阿难顶礼佛足"至说咒辞毕，有十一页又五行文，正说神咒也。

此咒是诸佛如来无上妙法，一切众生无能见顶，故从佛顶现光而说也。百宝光者，十种法界，一一具十，则为百界；百界之中，一一凡圣无不具有如来藏心，如是妙心，至尊至贵，故名为宝；心体寂照，故名为光。是为百宝之光也。《梵网经》云："我今卢舍那，方坐莲华台。周匝千华上，复现千释迦。"今经言："光中涌出千叶宝莲，有化如来坐宝华中。"千叶宝莲，即华台也；宝华中佛，即卢舍那也。此咒实为报佛所说。亲证妙心，故成报佛；依智起行，故报佛说法也。十道者，十法界也。十道俱现十恒河沙，则有百恒河沙金刚密迹，此明如来藏心于一一凡圣心中断惑灭业、破魔除障之妙用也。一即一切，一切即一，故从一佛现百恒河沙之众也。依法修行，当证妙心，故示现以表也。

从"阿难，是佛顶光聚"至"十方如来，便为妄语"有五页文，示神咒之功能也。示神咒功能者，乃示如来藏心不可思议之妙用也。神咒功能，有其二章：一者明诸佛受持，二者劝众生受持。明诸佛受持，即经文"阿难，是佛顶光聚"至"远诸魔事，无有是处"一页又三行余文也。

此咒是无上妙法，最尊最贵，佛于顶中放光而说，故为佛顶光聚也。悉怛多般怛罗，此云白伞盖。如来藏心，不与妄染相应，故言白；遍复一切诸法，故言伞盖也。一切凡夫、二乘、权小菩萨，皆不能知，故言秘密。伽陀者，偈颂也。梵文三十二字，即名一颂，故此神咒，亦得名为伽陀也。如来藏心，幽微玄妙。此言微妙，是直显法体也。章句者，积句成章，乃以文字显总持也。如是神咒，是如来藏心，法身之体。一切诸佛及诸佛阿耨多罗三藐三菩提，皆从此出。是诸佛心，故为咒心也。

十方如来，因此心故而成正觉；执此心故，制诸魔外；乘此心故，应诸国土；含此心故，转大法轮。此言成佛、降魔、说法之相也。

十方如来，持此心故，能为十方菩萨摩顶受记；自果未成，亦以持此心故，能于十方蒙佛授记；十方如来，依此心故，能于十方拔济群生；随此心故，能于十方事善知识，绍法王位。此言与乐、拔苦、事师之相也。

十方如来，行此心故，能于十方摄受眷属，证小闻大；诵此心故，成菩提道，入大涅槃；传此心故，于灭度后，付嘱菩萨，令正法住世，无有断绝。此言摄亲、示灭、付法之相也。

如来藏心，生善灭恶，拔苦与乐，功德无边，穷劫不尽。如是之法，总摄诸佛秘密之藏，具足万行，最尊最贵，故名佛顶。是故行人不修此法，而得成道者，终不可得也。

劝众生受持，即经文"阿难，若诸世界"至"十方如来，便为妄语"有三页又十二行文。

若有众生，虽不能诵忆此咒，但书写带持，一生之间，一切诸毒所不能害。不但外来之毒，如毒药、毒酒、虫蛇、厌蛊之类所不能害，亦复不为自心所生贪瞋愚痴诸毒所害。此以如来藏心功德所熏，故能如是也。

世间凡夫，信奉此咒，必能背尘合觉，渐明出世间智，三乘妙智，皆当得之。

"若我灭后，末世众生，有能自诵，若教他诵"已下，详示受持此咒所获十一种功德利益。

自诵者，自觉妙心也；教他诵者，令他人觉于妙心也。妙心无相，如何能为世间水火之所烧溺？如何能为大小诸毒之所毒害？水火诸毒皆即妙心，岂有妙心自害妙心？此言咒力能除诸难也。

又此妙心，物不能坏，能摧万物，故为金刚。觉妙心故，无始宿习，八万四千诸尘劳众，翻成八万四千诸陀罗尼，故有八万四千那由他恒河沙诸金刚众也。那由他恒河沙者，言陀罗尼之多也。以有如是自性功德，故感诸金刚众日夜随侍。此言咒力能生诸智也。

第一劫者，发心修行之始也；后身者，等觉菩萨，即将成佛之时也。于其中间，不堕杂类；若生人中，亦非贫贱。以此妙心最极尊胜，故持此心者，其身亦复尊胜也。此言持咒力故，不堕恶处也。

十方如来，同证妙心。持此妙心，故得十方如来所有功德，皆与此人。持此心故，得常与诸佛生于一处。持此心故，常与诸佛同处熏修，永无分散。此言持咒力故，无量功德不求而自获也。

如来藏心，具诸妙行，故持此妙心，菩萨行门无不具足。此言持咒力故，众行成就也。

如来藏心，性离染污，故持此妙心，一切重罪悉皆灭除。此言持咒力故，众罪皆灭也。

如来藏心，性自清净，故诵持此心，无始积业顿获消亡。积业既亡，故皆能得悟无生忍。悟无生忍者，别地圆住，见道之位也。此言持咒力故，宿业顿除也。

如来藏心，是功德聚，持此心者，命终尚能随愿往生诸佛净土，况世间所求而有不获？此言持咒力故，所求随意也。

如来藏心，具安乐性，是故归敬此心，一切灾厄悉皆消灭。此言依咒力故，灾厄消除，家国永安也。

如来藏心，众福皆备，圣法在处，恶梦尚无，况余灾横。故得五谷丰殷，兆民安乐。此言依咒力故，年丰障销也。

如来藏心，具诸善法，是故有此咒地，诸大恶星皆不能入也。

末世凡夫，欲求菩提，多诸障恼。若不仗此不可思议秘密之功，莫之能遣。诸修行者，若能清净持戒，建立坛场，如法修行，依法力故，必得心通。心通者，通达位也，即是别地圆住。龙树菩萨云"父母所生身，速证大觉位"，即此意也。

从"说是语已"至"恒令此人，所作如愿"有一页又六行文，明菩萨天神，悉皆护持行人也。

护持行人者，一为金刚众，二为天王众，三为八部众，四为天神众，五为灵祇众，六为金刚藏王菩萨众。此大神咒，是修三昧者最上胜缘。故持此咒者，能却诸恶，能集众善。金刚菩萨，诸天鬼神，悉皆随逐，护持行人。此以显示持此咒心者之功德利益。而此咒心，即是如来所证妙觉明心。是故持此心者，无有功德而不具足，无有障难而不消灭。未有一佛，不由此法，而得成道，度众生矣。故知持此咒者，实为成佛之正行，亦是入道之胜缘也。

修道分已竟。

乙三、证道分　丙一、迷真起妄

阿难即从座起，顶礼佛足而白佛言："我辈愚钝，好为多闻，于诸漏心未求出离，蒙佛慈诲，得正熏修，身心快然，获大饶益。世尊，如是修证佛三摩提，未到涅槃，云何名为干慧之地？四十四心，至何渐次得修行目？诣何方所名入地中？云何名为等觉菩萨？"作是语已，五体投地。大众一心伫佛慈音，瞪瞢瞻仰。

尔时，世尊赞阿难言："善哉！善哉！汝等乃能普为大众及诸末世一切众生修三摩提求大乘者，从于凡夫，终大涅槃，悬示无上正修行路。汝今谛听，当为汝说。"阿难、大众合掌刳心，默然受教。

佛言："阿难当知，妙性圆明，离诸名相，本来无有世界、众生；因妄有生，因生有灭，生灭名妄，灭妄名真，是称如来无上菩提，及大涅槃，二转依号。阿难，汝今欲修真三摩地，直诣如来大涅槃者，先当识此众生、世界，二颠倒因；颠倒不生，斯则如来真三摩地。阿难，

云何名为众生颠倒？阿难，由性明心、性明圆故，因明
发性，性妄见生，从毕竟无，成究竟有。此有所有，非
因所因，住所住相，了无根本。本此无住，建立世界及
诸众生。迷本圆明，是生虚妄；妄性无体，非有所依。
将欲复真，欲真已非真真如性。非真求复，宛成非相。
非生、非住、非心、非法，展转发生，生力发明，熏以
成业；同业相感，因有感业，相灭相生，由是故有众生
颠倒。阿难，云何名为世界颠倒？是有所有，分段妄生，
因此界立；非因所因，无住所住，迁流不住，因此世成。
三世四方，和合相涉，变化众生成十二类。是故世界因
动有声，因声有色，因色有香，因香有触，因触有味，
因味知法。六乱妄想，成业性故，十二区分，由此轮转。
是故世间声香味触，穷十二变为一旋复。乘此轮转颠倒
相故，是有世界卵生、胎生、湿生、化生，有色、无色、
有想、无想，若非有色、若非无色、若非有想、若非无
想。阿难，由因世界虚妄轮回，动颠倒故，和合气成八
万四千飞沉乱想；如是故有卵羯逻蓝，流转国土，鱼、
鸟、龟、蛇，其类充塞。由因世界杂染轮回，欲颠倒故，
和合滋成八万四千横竖乱想；如是故有胎遏蒲昙，流转
国土，人、畜、龙、仙，其类充塞。由因世界执着轮回，
趣颠倒故，和合暖成八万四千翻覆乱想；如是故有湿相

蔽尸，流转国土，含蠢蠕动，其类充塞。由因世界变易轮回，假颠倒故，和合触成八万四千新故乱想；如是故有化相羯南，流转国土，转蜕飞行，其类充塞。由因世界留碍轮回、障颠倒故，和合著成八万四千精耀乱想；如是故有色相羯南，流转国土，休咎精明，其类充塞。由因世界销散轮回，惑颠倒故，和合暗成八万四千阴隐乱想；如是故有无色羯南，流转国土，空散销沉，其类充塞。由因世界罔象轮回，影颠倒故，和合忆成八万四千潜结乱想；如是故有想相羯南，流转国土，神鬼精灵，其类充塞。由因世界愚钝轮回，痴颠倒故，和合顽成八万四千枯槁乱想；如是故有无想羯南，流转国土，精神化为土木金石，其类充塞。由因世界相待轮回，伪颠倒故，和合染成八万四千因依乱想；如是故有非有色相，成色羯南，流转国土，诸水母等，以虾为目，其类充塞。由因世界相引轮回，性颠倒故，和合咒成八万四千呼召乱想；由是故有非无色相，无色羯南，流转国土，咒诅厌生，其类充塞。由因世界合妄轮回，罔颠倒故，和合异成八万四千回互乱想；如是故有非有想相，成想羯南，流转国土，彼蒲卢等异质相成，其类充塞。由因世界怨害轮回，杀颠倒故，和合怪成八万四千食父母想；如是故有非无想相，无想羯南，流转国土，如土枭等，附块为儿，及破镜鸟，以毒树果抱为其子，子成，父母皆遭其食，其类充塞。是名众生十二种类。"

讲修道分已竟，次讲证道分。

天如禅师判此经正宗为五分：一、见道，二、修道，三、证果，四、结经，五、助道。今稍异此判，而以结经、助道判入流通。以结经例为流通，而助道一分非是正修，亦以判入流通为宜。今言证道，即天如禅师所判证果一分也。经中第七卷"阿难即从座起，顶礼佛足"至第八卷"作是观者名为正观，若他观者名为邪观"十页余文是也。

证道一分，凡分二科：初明迷真起妄为立位之因，次明返妄归真辨地位之相。今讲初科也。

迷真起妄者，初显一真之体，次示转依之相，然后广明众生、世界二种颠倒。先因迷真而起妄，故有返妄以归真，而立三渐次、五十七贤圣之位也。

经文"阿难即从座起，顶礼佛足"至"大众一心，伫佛慈音，瞪瞢瞻仰"六行文，阿难启请也。经初"佛语阿难，心言直故，如是乃至终始地位，中间永无诸委曲相"，今即问此终始地位也。干慧地，相当天台五品观行；四十四心者，十住、十行、十回向、四加行与十地也。五十七位中，前缺十信，后缺等妙，问略而答广也。

经文"尔时，世尊赞阿难言"至"阿难大众，合掌刳心，默然受教"四行不足文，如来许说也。正修行路者，五十七贤圣之位也。

经文"佛言,阿难当知,妙性圆明,离诸名相,本来无有世界、众生",显一真之体也。

世界者,依报也;众生者,正报也。妙真如心,寂照圆明。于妙心中,本无一物,名相都绝,生界俱泯,是则名为一真之体。一者无二,真者无妄。《起信论》云:"一切法从本以来,离言说相,离名字相,离心缘相,毕竟平等,无有变异,不可破坏。惟是一心,故名真如。"即显此妙心也。学佛之初,当先识此心。又复须知,非离世界、众生别有妙心。世界、众生,从颠倒生,元自非有。悟生界非有故,则离颠倒。离颠倒故,即见妙心。约不变义,名之为性;约灵明义,名之为心。其实一也。

经文"因妄有生,因妄有灭,生灭名妄,灭妄名真,是称如来无上菩提及大涅槃二转依号",示转依之相也。

经云:"三缘断故,三因不生,则汝心中演若达多狂性自歇。"此言妄者,即演若之狂性也。《起信论》云:"不如实知真如法一故,不觉心动,而有其念。"此之不觉,即狂本也。"因妄有生,因妄有灭"者,妙真如心,本无生灭,不觉心动,以有念故,即有生灭。如是生灭,因不觉起。生灭名妄者,因不觉故,而有生灭,故此生灭即是不觉。不觉即妄也。灭妄名真者,觉妙心故,心即不动;心不动故,则离生灭;离生灭故,名之为真。二转依者,谓菩提与涅槃也。依谓所依，即妙心也。转谓改转，有转舍、转得二义。依妙心故，而有不觉；觉于不觉，则得菩提。此由转得之义立也。依妙心故，而有生灭；离生灭故，则证涅槃。此由转舍之义成也。当知二号，皆假施设，于妙心中，实无菩提、涅槃之可言也。

"阿难，汝今欲修真三摩地"至"颠倒不生，斯则如来真三摩地"二行文，令识妄因也。二颠倒因者，世界、众生二种颠倒之因也。颠倒之因，即是不觉。不觉即妄因也。

"阿难，云何名为众生颠倒"至"由是故有众生颠倒"七行文，明众生颠倒也。

"由性明心，性明圆故，因明发性，性妄见生，从毕竟无成究竟有"至"本此无住，建立世界及诸众生"三行文，总叙颠倒之因也。

妙真如心，本性真明，圆照法界，故言"性明圆"也。以此真明由性而发，故言"因明发性"也。性本非妄，以真明为能见故，性即成妄，故言"性妄"也。真明本非能见，以真明为能见，则成妄见，故言"见生"也。立能见故，则有所见，能所交织，二相俄兴，而迷真起妄矣，故言"从毕竟无成究竟有"也。

"此有所有，非因所因，住所住相，了无根本"者，前文已显从毕竟无成究竟有，今复显示此有本空，了无根本之可得也。此有者，指此妄有也。所有者，谓此妄有是非有之有，众生不了，成为所住之器界也。非因者，如是妄有，性本空寂，非能生诸法之因也。所因者，谓此非因之因，众生不悟，成为三世相续之因也。住所住者，"住"谓能住众生，"所住"谓众生所住之世界也。能住众生与所住世界，本自非有，唯一妙心。妙心之中，本无世界及与众生，故言"了无根本"也。故知此究竟之有，实是毕竟之无也。

"本此无住，建立世界及诸众生"，此言世界、众生了无根本也。能住所住，皆不可得，不可得中，何处更有世界、众生之可说乎！本此无住，建立世界、众生者，乃明世界、众生，了无根本，无有依住，于毕竟空中，无而妄现。若返妄归真，则根本不可得也。

"迷本圆明，是生虚妄"至"由是故有众生颠倒"四行文，上文已叙颠倒之因，今则别明颠倒之义也。

"迷本圆明，是生虚妄"者，迷此妙心，而生虚妄能见所见也。"妄性无体，非有所依"者，此虚妄之能见所见，本无体性，无有依住，即上文所言了无根本也。"将欲复真，欲真已非真真如性"者，今知能见所见是妄，而欲舍妄求真，其实真如妙心中，本无真妄之可得。无真可求，无妄可舍，今欲舍妄求真，早已违逆于真如妙心矣，故言"非真真如性"也。"非真求复，宛成非相"者，既违逆于真如妙心，而欲求复真如，则是增益虚妄，故言"宛成非相"也。"非生非住，非心非法"者，无而忽有故生，此生非实，故言"非生"也。有而暂止故住，此住无依，故言"非住"也。缘虑相续名心，此心是妄，故言"非心"也。染净差别名法，此法无体，故言"非法"也。

"展转发生，生力发明，熏以成业"者，生住心法悉本虚妄，如是虚妄相互资发，故言"展转发生"也。生即是果，力即是业，由业感果，为"生力发明"也。熏，指动业之惑，业能成果，而业由熏成，故言"熏以成业"也。

"同业相感，因有感业，相灭相生"者，七趣众生，皆随其妄感熏以成业，其业相同，则生于一处，是为"同业相感"也。因生于一处，或则相互爱慕，或则相互杀害，或则相互盗窃，故有相灭相生之事，是为"因有感业，相灭相生"也。

"由是故有众生颠倒"，总结众生颠倒之因与颠倒之义也。

"阿难，云何名为世界颠倒"至"穷十二变，为一旋复"五行半文，明世界颠倒也。

"是有所有，分段妄生，因此界立"，明界之所以立也，东西南北，名之为界。有本虚妄，执妄为实，则成器界，是"有所有"也。界有方位，隔别不同，故云"分段”。如是器界，本来空寂，无而忽有，成此虚相，故言“妄生”也。

“非因所因，无住所住，迁流不住，因此世成”，明世之所以成也。过现未来，名之为世。妄业为因，妄苦为果，是“非因所因”也。实无众生，妄见三世，是“无住所住”也。

“三世四方和合相涉，变化众生成十二类”者，世界成立皆由虚妄颠倒，于妙明心中了无所有也。

“是故世界因动有声”至“穷十二变，为一旋复”，见色闻声，乃至知法，是为“六乱妄想”也。世界成立，则有六妄。如是六妄成于业性，由是十二类生轮转不休。旋复，亦轮转也。此言世界颠倒也。

经文“乘此轮转颠倒相故”至“是名众生十二种类”有二页文，广明十二类生之相也。

虚空轮回，动颠倒故，则有卵生。世界初兴，唯有虚空，于虚空中不觉妄动。动即是风，风即气也，故云“气成”。飞沉，犹飞潜也。羯逻蓝者，此云凝滑，入胎之初，胎卵未分，是此位也。

杂染轮回，欲颠倒故，则有胎生。杂染即爱，爱名为欲，欲故生润，乃名为滋，故云“滋成”。人竖畜横，故言“横竖”。遏蒲昙者，疱也。

执著轮回，趣颠倒故，则有湿生。由执著故，一心趣境，湿暖之处，与想相应，即便受生，故云"暖成"。翻覆者，飞伏之貌。蔽尸，软肉也。

变易轮回，假颠倒故，则有化生。变易不常，假新换故。触境之处，与想相应，即便受生，故云"触成"。取新厌故，易夺不常，故云"新故"。无而忽有为"化"。羯南，硬肉也。

留碍轮回，障颠倒故，则有有色类生。留碍为缘，障隔不通，苟逢明者，爱此受生，故云"著成"。精明显著，则成"精耀"，故成有色之相也。

销散轮回，惑颠倒故，则有无色类生。销散为缘，惑暗颠倒，故云"暗成"。沉冥幽隐，是为"阴隐"，如无色外道之类也。

罔象轮回，影颠倒故，则有有想类生。虚妄影像，似有如无，信忆则灵，绝信则否，故云"忆成"。祈神祷祠，存形立影，精灵向附，潜相固结，是为"潜结"，即神鬼精灵之类也。

愚钝轮回，痴颠倒故，则有无想类生。堕在世间，愚痴为本，既非觉了，顽钝相成，故云"顽成"。用无识为真修，将顽愚为至道，枯槁灰凝，即无想外道乃至土木精怪之类也。

相待轮回，伪颠倒故，则有非有色生类。因依假待，虚伪不真，托秽成身，故云"染成"。附托因依，以养身命，虽似有色，实无自体，为非有色类也。

相引轮回，性颠倒故，则有非无色类生。互相引调，诱以成性，咒咀呼召，而成于身，故云"咒成"。因声所感，藉声诞质，故言无色，而复非全无色也。

合妄轮回，罔颠倒故，则有非有想类生。交合虚妄，诬罔相成，取异为同，故云"异成"。背己向他，回他作己。以异质故，非是有想，假以相成，复成于想，是为非有想类也。

怨害轮回，杀颠倒故，则有非无想类生。冤对相值，连环不止，子食父母，岂不怪异？故云"怪成"。初生托质，互有想爱，故非无想。后时成大，父母遭食，故言无想。

"是名众生十二种类"者，总结十二类生也。如是十二类生，皆由虚妄颠倒生。若悟妙心，则十方虚空悉皆销殒，何处更有世界、众生之可得乎？

证道分中第一大科初明迷真起妄为立位之因，已竟。

楞严经卷八

丙二、返妄归真

"阿难，如是众生，一一类中亦各各具十二颠倒，犹如捏目，乱华发生。颠倒妙圆真净明心，具足如斯虚妄乱想。汝今修证佛三摩提，于是本因元所乱想，立三渐次，方得除灭。如净器中除去毒蜜，以诸汤水并杂灰香洗涤其器，后贮甘露。云何名为三种渐次？一者修习，除其助因；二者真修，刳其正性；三者增进，违其现业。云何助因？阿难，如是世界十二类生不能自全，依四食住，所谓段食、触食、思食、识食。是故佛说：'一切众生皆依食住。'阿难，一切众生食甘故生，食毒故死。是诸众生求三摩提，当断世间五种辛菜。是五种辛，熟食发淫，生啖增恚。如是世界食辛之人，纵能宣说十二部经，十方天仙嫌其臭秽，咸皆远离；诸饿鬼等，因彼食次，舐其唇吻，常与鬼住；福德日销，长无利益。是食辛人修三摩地，菩萨、天仙、十方善神，不来守护。大力魔王得其方便，现作佛身，来为说法，非毁禁戒，赞淫、怒、痴。命终自为魔王眷属，受魔福尽，堕无间狱。阿难，修菩提者永断五辛，是则名为第一增进修行渐次。云何正性？阿难，如是众生，入三摩地，要先严持清净戒律：永断淫心，不餐酒肉，以火净食，无啖生气。阿难，是修行人，若不断淫及与杀生，出三界者，无有是处。当观淫欲犹如毒蛇，如见怨贼，先持声闻四弃、八弃，执身不动，后行菩萨清净律仪，执心不起。禁戒成就，则于世间永无相生相杀之业；偷劫不行，无相负累，亦于世间不还宿债。是清净人修三摩地，父母肉身不须天眼，自然观见十方世界，睹佛闻法，亲奉圣旨，得大神通，游十方界，宿命清净，得无艰险。是则名为第二增进修行渐次。云何现业？阿难，如是清净持禁戒人，心无贪淫，于外六尘不多流逸；因不流逸，旋元自归；尘既不缘，根无所偶，反流全一，六用不行。十方国土皎然清净，譬如琉璃，内悬明月；身心快然，妙圆平等，获大安隐；一切如来，密圆净妙皆现其中；是人即获无生法忍。从是渐修，随所发行，安立圣位。是则名为第三增进修行渐次。"

"阿难，是善男子欲爱干枯，根境不偶，现前残质不复续生，执心虚明，纯是智慧，慧性明圆，鎣十方界，干有其慧，名干慧地：欲习初干，未与如来法流水接。即以此心，中中流入，圆妙开敷，从真妙圆重发真妙，妙信常住，一切妄想灭尽无余，中道纯真，名信心住。真信明了，一切圆通；阴、处、界三，不能为碍；如是乃至过去、未来无数劫中，舍身、受身、一切习气皆现在前，是善男子皆能忆念，得无遗忘，名念心住。妙圆纯真，真精发化，无始习气通一精明，唯以精明进趣真净，名精进心。心精现前，纯以智慧，名慧心住。执持智明，周遍寂湛，寂妙常凝，名定心住。定光发明，明性深入，唯进无退，名不退心。心进安然，保持不失，十方如来气分交接，名护法心。觉明保持，能以妙力回佛慈光，向佛安住，犹如双镜，光明相对，其中妙影，重重相入，名回向心。心光密回，获佛常凝，无上妙净，安住无为，得无遗失，名戒心住。住戒自在，能游十方，所去随愿，名愿心住。阿难，是善男子，以真方便发此十心，心精发晖，十用涉入，圆成一心，名发心住。心中发明，如净琉璃，内现精金，以前妙心，履以成地，名治地住。心地涉知，俱得明了，游履十方，得无留碍，名修行住。行与佛同，受佛气分，如中阴身自求父母，阴信冥通，入如来种，名生贵住。既游道胎，亲奉觉胤，如胎已成，人相不缺，名方便具足住。容貌如佛，心相亦同，名正心住。身心合成，日益增长，名不退住。十身灵相，一时具足，名童真住。形成出胎，亲为佛子，名法王子住。表以成人，如国大王以诸国事分委太子，彼刹利王，世子长成，陈列灌顶，名灌顶住。阿难，是善男子成佛子已，具足无量如来妙德，十方随顺，名欢喜行。善能利益一切众生，名饶益行。自觉觉他，得无违拒，名无嗔恨行。种类出生，穷未来际，三世平等，十方通达，名无尽行。一切合同，种种法门，得无差误，名离痴乱行。则于同中显现群异，一一异相各各见同，名善现行。如是乃至十方虚空，满足微尘，一一尘中现十方界，现尘现界不相留碍，名无着行。种种现前，咸是第一波罗蜜多，名尊重行。如是圆融，能成十方诸佛轨则，名善法行。一一皆是清净无漏，一真无为，性本然故，名真实行。阿难，是善男子，满足神通，成佛事已，纯洁精真，远诸留患，当度众生，灭除度相，回无为心向涅槃路，名救护一切众生离众生相回向。坏其可坏，远离诸离，名不坏回向。本觉湛然，觉齐佛觉，名等一切佛回向。精真发明，地如佛地，名至一切处回向。世界如来，互相涉入，得无罣碍，名无尽功德藏回向。于同佛地，地中各各生清净因，依因发挥，取涅槃道，名随顺平等善根回向。真根既成，十方众生皆我本性，性圆成就，不失众生，名随顺等观一切众生回向。即一切法，离一切相；唯即与离，二无所着，名真如相回向。真得所如，十方无碍，名无缚解脱回向。性德圆成，法界量灭，名法界无量回向。阿难，是善男子，尽是清净四十一心，次成四种妙圆加行。即以佛觉用为己心，若出未出，犹如钻火，欲然其木，名为暖地。又以己心，成佛所履，若依非依，如登高山，身入虚空，下有微碍，名为顶地。心佛二同，善得中道，如忍事人，非怀非出，名为忍地。数量销灭，迷觉中道，二无所目，名世第一地。阿难，是善男子，于大菩提善得通达，觉通如来，尽佛境界，名欢喜地。异性入同，同性亦灭，名离垢地。净极明生，名发光地。明极觉满，名焰慧地。一切同异所不能至，名难胜地。无为真如，性净明露，名现前地。尽真如际，名远行地。一真如心，名不动地。发真如用，名善慧地。阿难，是诸菩萨，从此已往，修习毕功，功德圆满，亦目此地，名修习位。慈阴妙云，覆涅槃海，名法云地。如来逆流，如是菩萨顺行而至，觉际入交，名为等觉。阿难，从干慧心至等觉已，是觉始获金刚心中初干慧地。如是重重，单复十二，方尽妙觉，成无上道。是种种地，皆以金刚观察，如幻十种深喻，奢摩他中用诸如来毗婆舍那，清净修证，渐次深入。阿难，如是皆以三增进故，善能成就五十五位真菩提路。作是观者，名为正观；若他观者，名为邪观。"

证道分有二科：初明迷真起妄为立位之因，次明返妄归真辨地位之相。今讲次科也。

前科已明迷真起妄之因。妙明心中本来无有世界、众生，迷妙明故，遂生虚妄。因妄有生，因妄有灭，由是而有世界、众生二种颠倒。三世四方和合相涉，六乱妄想，成业性故，有十二类生。如是众生，流浪生死，轮转不休，受苦无穷。为欲解脱众苦，必应返妄归真，故有今科也。经第八卷初"阿难，如是众生"至同卷中"作是观者名为正观，若他观者名为邪观"六页半文是也。

此科有二大章：一为辨三渐次。三渐次者，初为除其助因，次为刳其正性，后为违其现业。次明五十七贤圣之位。五十七位者，初、干慧地，二、十信位，三、十住位，四、十行位，五、十回向位，六、四加行位，七、十地位，八、等觉位，九、妙觉位，今当依次述之。

经第八卷初"阿难，如是众生"至"洗涤其器，后贮甘露"四行半文，结前生后也。

世界、众生十二颠倒，犹如捏目，乱华发生，何曾有实？迷妙明心，遂生虚妄，复执虚妄以为真实，故有生死轮回之事。今欲离苦解脱，先应了知，如是虚妄颠倒本无有实，唯是妙圆明心。悟净心故，众苦皆除，众德圆备，是为返妄归真之大要也。一一类中各有具十二颠倒者，以一一类心妄种皆足。一种现起，名为事造；余则冥伏，名为理具。妄具即是真具。一类中具十二类，是即天台性具三千之义也。净器喻行人身心，毒蜜喻六乱妄想，汤水喻正行，灰香喻助行，甘露喻所证之理也。

"云何名为三种渐次"至"三者增进，违其现业"二行文，列三渐次名也。

"云何助因"至"名为第一增进修行渐次"十一行文，辨初渐次除其助因也。

段食者，段谓分段，以欲界香、味、触三正消变时，有资益义，以为食也；触食者，谓根、境、识三和合，能引意识相应触起，触对前境，能生喜乐，资益诸根及心心所，以为食也；思食者，谓意识相应思，与欲俱转，于可意境希望偏胜，有资益义，以为食也；识食者，谓第八识，由前三食缘助势力，令此第八体有增胜，故能执持诸根大种，能与诸法为长养因，有摄益义，故名为食也。

五辛者，大蒜、葱、慈葱、兰葱、兴渠也。蕅益大师云：葱即韭，慈葱即葱，兰葱即小蒜，兴渠此方所无。《楞伽经》云："一切肉与葱，及诸韭蒜等，种种放逸酒，修行常远离。"又云："酒肉葱韭蒜，悉为圣道障。"如是五辛，能发淫恚，譬如毒物，食之则死。以其能增益生死，故为助因。初心行人，当务除之也。

"云何正性"至"名为第二增进修行渐次"九行半文，辨第二渐次刳其正性也。

此以淫杀盗妄及饮酒食肉为生死根本之性，故为正性。今欲出离生死，解脱众累，必刳除之。此等众罪中，淫杀尤重，故曰："若不断淫及与杀生，出三界者，无有是处。"食肉即杀生，以不杀生，则肉不可得故。四弃，即杀盗淫妄，为比丘四重；八弃是比丘尼重戒，即于比丘四重，复加触八复随也。尼戒非所研求，兹不详说。弃，谓弃于佛法外边。犯此四种八种者，即驱摈于僧团之外，不为佛法所摄也。持戒清净，是为真修。永断杀盗淫妄及与酒肉，尽此报身，能见十方佛，获宿命通，长揖三界，十方无碍。

"云何现业"至"名为第三增进修行渐次"六行文，辨第三渐次违其现业也。

现业者，现行染恶之业也。持戒清净，心生明慧，知六尘境界悉是虚妄，是故不复随流奔逸，是为违现业也。不随六尘，则得伏断客尘烦恼。伏断烦恼，则得渐悟实相之理。悟实相故，逆无明流，纯一真性，根尘俱泯，六用不起，即得悟无生忍。真如实相，名无生法；无漏真智，名之为忍。得此智时，忍可印持法无生理，决定不谬，境智相冥，名无生忍，是为圆教初住之位也。从是渐修，安立圣位者，干慧、十信，尚属贤位，初住获无生忍，从此以上方入圣位也。

经"阿难，是善男子，欲爱干枯"至"未与如来法流水接"三行文，明干慧地也。

干有二义：一者，欲爱干枯，远离贪淫，故名为干；二者，但有其慧，未接法流，故名为干。鍪者，鍪彻也。此是圆教五品外凡之位也。五品者：一、随喜，谓若有人，宿植深厚，或值知识，或从经卷，得闻妙理，起圆信解，随顺妙理，庆己庆人，故为随喜也；二、读诵，对本为读，背本名诵，即读诵大乘，以助理观也；三、讲说者，将己所解，转示于人也；四、兼行六度者，理观稍熟，即能傍兼利物也；五、正行六度者，内观已熟，涉事不妨理，在理不隔事，故具行六度也。在此位中，能圆伏五住烦恼。五住者，谓见惑一住，欲、色、无色三界思惑为三住，无明为一住。如此五住烦恼，皆伏而不起，以未与如来法流水接，犹为外凡之位也。

"即以此心，中中流入"至"所去随愿，名愿心住"十三行文，明十信位也。

初信已去，贤圣之位自有深浅高下。犹如初月，光明渐生，以至十五，圆满无缺；又如入海，渐行渐远，渐入渐深。我等博地凡夫，惑业具在，久住生死，安知此事？纵能依文作解，深惧违于圣心。今姑以天台圆教地位释之，俾读诵者略知诸位断证之相也。

十信者，谓信心、念心、精进心、慧心、定心、不退心、护法心、回向心、戒心、愿心也。台教第七为回向心，第八为护法心。是为十信内凡之位。虽身居有漏，而相似见理，不于心外取法，故称内凡。初信任运先断见惑，与初果须陀洹齐。譬如冶铁，意在成器，不在去粗垢。铁既被溶，而垢自落，为任运也。第二念心至第七护法心，任运断三界思惑尽，与四果阿罗汉齐。永嘉大师云"同除四住，此处为齐，若伏无明，三藏则劣"者，即指此位。于第七信断四住烦恼，与藏教阿罗汉齐，而实此位能伏无明。藏教四果，不知无明为何物，名尚未闻，何所论伏，故言三藏则劣也。第八回向心至第十愿心，任运断界内外尘沙。尘沙之惑，为菩萨化导之障。菩萨教化众生，必得通达如尘若沙无数法门。然以心性暗昧，不能通达如是法门，自在教化，是为尘沙之惑。菩萨于所化六凡之机，不能知病与药，令断见思，于菩萨成界内尘沙；于所化三乘之机，不能知病与药，令断见思，于菩萨成界外尘沙。故菩萨之尘沙惑，乃就所化众生而得名也。虽至信满，断见思、尘沙，相似见理，以未破无明，故犹名贤，不名为圣。

"阿难，是善男子"至"陈列灌顶，名灌顶住"十行余文，明十住位也。

十住者，谓发心住、治地住、修行住、生贵住、方便具足住、正心住、不退住、童真住、法王子住、灌顶住也。

从此已去，方为圣位。会理之心，名之为住。理为所住，慧为能住，是能所合释也。初发心住，断一品无明，证一分三德。无明有无量品，今且略作四十二品，即十住、十行、十回向、十地、等觉、妙觉四十二位，位位断一品无明也。台教中不列四加行位，与本经略异。三德亦无限量，对无明以论三德，故言证一分三德也。正因理心发，名法身德；了因慧心发，名般若德；缘因善心发，名解脱德。法身、般若、解脱为三，各具常乐我净为德。在昔名正因佛性，至此开发，即成法身德，住实相法身中道第一义；向名了因慧性，至此开发，即成般若德，住摩诃般若毕竟之空；向名缘因善性，至此开发，即成解脱德，住不可思议解脱首楞严定。《华严经》云："初住菩萨所有无量功德，三世诸佛叹不能尽。"若具足说，凡人闻之，迷乱心发狂。初住菩萨，即能现身百界，八相作佛。《华严经》云："初发心时，便成正觉。所有慧身，不由他悟。""清净妙法身，湛然应一切。""便成正觉"，即八相作佛；"湛然应一切"，即现身百界也。别教初地破一品无明，今圆初住亦破一品无明，即与别教初地齐也。别教十地破十品无明，今圆住亦破十品无明，即与别教十地齐也。

"阿难，是善男子"至"性本然故，名真实行"八行半文，明十行位也。

十行者，谓欢喜行、饶益行、无瞋恨行、无尽行、离痴乱行、善现行、无著行、尊重行、善法行、真实行也。行以进趣为义。初、欢喜行，破十一品无明，与别教等觉齐；二、饶益行，破十二品无明，与别教妙觉齐。三行已去所有智断，别教之人不知名字。

"阿难，是善男子"至"法界量灭，名法界无量回向"十一行余文，明十回向位也。

十回向者，谓救护一切众生离众生相回向、不坏回向、等一切佛回向、至一切处回向、无尽功德藏回向、随顺平等善根回向、随顺等观一切众生回向、真如相回向、无缚解脱回向、法界无量回向也。回事向理，回因向果，回己功德普施众生，事理和融，顺入法界，故名回向。

"阿难，是善男子"至"二无所目，名世第一地"五行文，明四加行也。

四加行者，谓暖、顶、忍、世第一也。此四加行，亦名四善根。依小乘教，在见道前。今列于初地之前，盖借别教位。别教以初地破一品无明，初见中道第一义谛，为大乘见道之位也。天台四十二位，不列加行。

"阿难，是善男子"至"覆涅槃海，名法云地"有七行文，明十地位也。

十地者，谓欢喜地、离垢地、发光地、焰慧地、难胜地、现前地、远行地、不动地、善慧地、法云地也。地有三义：一、能生成万物，二、能不动，三、能荷负一切。今此十位亦然。证中道实际理地，能生成佛智，住持不动，能以无缘大悲荷负一切，故名为地也。

"如来逆流"至"名为等觉"一行文，明等觉位也。

如来权智，下随机感，故谓之"逆"；菩萨实智，上合觉心，故谓之"顺"。起应之始，行因之极，名为"觉际入交"。此即解脱道前无间道也。只于此处立为等觉，望于妙觉犹有一等，故曰等觉。

"阿难，从干慧心"至"方尽妙觉，成无上道"二行文，明妙觉位也。

从初干慧至于等觉，皆用金刚三昧，观察诸法，皆如幻等。至此位时，破最后微细无明。是此三昧，最极边际，力用满足，别得名为金刚心也。此金刚心，是妙觉入心之初。属无间道，便名等觉；金刚喻定现在前时，即入妙觉也。初干慧地至今妙觉，单复相兼，总有十二。干慧、暖、顶、忍、世第一、等、妙七位为单，信、住、行、向、地五位为复，以一一位中自具于十，故为复也。

"是种种地"至"若他观者名为邪观"四行不足文，总结上文也。

如是五十七位，皆用金刚如幻三昧观察诸法，皆如幻、焰、水月、虚空、响、城、梦、影、像、化等事，是为十种深喻也。奢摩他者，即观之止也；毗婆舍那者，即止之观也。止为会体，观为起用。于静止之中，作如幻等观，渐次深入，至于妙觉也。三增进者，即三渐次也。五十五位者，信、住、行、向、地五十位，暖、顶、忍、世第一及与等觉五位。五十五心，能到菩提之果，故名之为真菩提路也。不言干慧者，以干慧属外凡，显非真也。不言妙觉者，妙觉是菩提之果，显非路也。于金刚三昧中，观察如幻十种深喻，是正观也；若取有无之相，心外之法，名邪观也。又依此五十五位真菩提路而修行者，是正观也；若言都无地位，但尚理是，是邪观也。

证道分竟。

正宗三分：见道、修道、证道，皆已讲讫。此后两卷半经文，悉入流通分矣。

甲三、流通分　乙一、文殊请问经名

尔时，文殊师利法王子，在大众中，即从座起，顶礼佛足，而白佛言："当何名是经？我及众生云何奉持？"

佛告文殊师利："是经名《大佛顶悉怛多般怛罗无上宝印十方如来清净海眼》，亦名《救护亲因度脱阿难及此会中性比丘尼得菩提心入遍知海》，亦名《如来密因修证了义》，亦名《大方广妙莲华王十方佛母陀罗尼咒》，亦名《灌顶章句诸菩萨万行首楞严》。汝当奉持。"

从经文卷八中，"尔时，文殊师利法王子，在大众中"

至卷十终，有二卷半经文，皆为流通分。

流通分有四科：初为文殊请问经名，次为广辨七趣因果，三为详明五阴魔境，四为显示弘持功德。

初、文殊请问经名，有七行文。经名有五：初、总约理智立名。大佛顶表一心具体相用三大；无上宝印，是则为理；清净海眼，是则为智。二、约功用立名。得菩提心，发大乘意；入遍知海，证圆觉理：皆以功用言也。三、约人法立名。如来为人。以此为因，得入秘藏，故言"密因"；以此法门，为究竟说，故言"了义"：是为法也。四、约显益以立名。大方是体；广是其用；莲华喻开佛知见；能生诸佛，故为"佛母"；持善遮恶，总摄功德，名"陀罗尼"：皆显益也。五、约教行以立名。灌顶章句明教；于一心中具足万行，一切毕竟而得坚固，名"万行首楞严"：是明行也。

乙二、广辨七趣因果　丙一、约情想以总明

说是语已，即时阿难及诸大众，得蒙如来开示密印、般怛罗义，兼闻此经了义名目，顿悟禅那，修进圣位，增上妙理，心虑虚凝，断除三界修心六品微细烦恼。即从座起，顶礼佛足，合掌恭敬而白佛言："大威德世尊，慈音无遮，善开众生微细沉惑，令我今日身心快然，得

大饶益。世尊，若此妙明、真净妙心，本来遍圆，如是乃至大地草木，蠕动含灵，本元真如，即是如来成佛真体；佛体真实，云何复有地狱、饿鬼、畜生、修罗、人、天等道？世尊，此道为复本来自有？为是众生妄习生起？世尊，如宝莲香比丘尼，持菩萨戒，私行淫欲，妄言行淫非杀非偷，无有业报。发是语已，先于女根生大猛火，后于节节猛火烧然，堕无间狱。琉璃大王、善星比丘：琉璃为诛瞿昙族姓，善星妄说一切法空，生身陷入阿鼻地狱。此诸地狱，为有定处？为复自然，彼彼发业，各各私受？唯垂大慈开发童蒙，令诸一切持戒众生，闻决定义，欢喜顶戴，谨洁无犯。"

佛告阿难："快哉此问！令诸众生不入邪见。汝今谛听，当为汝说。阿难，一切众生实本真净，因彼妄见，有妄习生，因此分开内分外分。阿难，内分即是众生分内，因诸爱染发起妄情，情积不休，能生爱水。是故众生心忆珍羞，口中水出；心忆前人，或怜或恨，目中泪盈；贪求财宝，心发爱涎，举体光润；心着行淫，男女二根自然流液。阿难，诸爱虽别，流结是同，润湿不升，自然从坠，此名内分。阿难，外分即是众生分外，因诸渴仰，发明虚想，想积不休，能生胜气。是故众生心持禁戒，举身轻清；心持咒印，顾盼雄毅；心欲生天，梦想飞举；心存佛国，圣境冥现；事善知识，自轻身命。阿难，诸想虽别，轻举是同，飞动不沉，自然超越，此名外分。阿难，一切世间生死相续，生从顺习，死从变流，临命终时，未舍暖触，一生善恶俱时顿现，死逆生顺，二习相交。纯想即飞，必生天上；若飞心中，兼福兼慧，及与净愿，自然心开，见十方佛，一切净土随愿往生。情少想多，轻举非远，即为飞仙，大力鬼王，飞行夜叉，地行罗刹，游于四天，所去无碍。其中若有善愿善心，护持我法，或护禁戒，随持戒人；或护神咒，随持咒者；或护禅定，保绥法忍，是等亲住如来座下。情想均等，不飞不坠，生于人间，想明斯聪，情幽斯钝。情多想少，流入横生，重为毛群，轻为羽族。七情三想，沉下水轮，生于火际，受气猛火，身为饿鬼，常被焚烧；水能害己，无食无饮，经百千劫。九情一想，下洞火轮，身入风火二交过地，轻生有间，重生无间，二种地狱。纯情即沉，入阿鼻狱。若沉心中，有谤大乘，毁佛禁戒，诳妄说法，虚贪信施，滥膺恭敬，五逆十重，更生十方阿鼻地狱。循造恶业，虽则自招，众同分中，兼有元地。"

次、广辨七趣因果。从经文卷八中"说是语已，即时阿难及诸大众"至"作是说者名为正说，若他说者即魔王说"十八页经文是也。诸经皆明六趣，此言七趣者，增一仙趣也。

辨七趣中，初、阿难问，次、如来答。

初、阿难问者，"说是语已，即时阿难"至"欢喜顶戴，谨洁无犯"有一页文。

文殊请问经名已，一会已终。今阿难复兴问者，有师谓此是第二会再说经也。天如禅师判广辨七趣，详明五魔，为正宗助道分。兹以已出经名，从此已去，应属流通。且详明五魔之前，有"如来将罢法座"之语，可为第二会。此处阿难承前闻法增道，文义连贯，言第二会，恐未谛当，故今不用。

阿难及诸大众，闻此法已，断除三界修心六品微细烦恼者，谓断欲界六品思惑，得斯陀含果也。阿难本地实不可测，此示其迹耳。

"若此妙明真净妙心，本来遍圆"乃至"即是如来成佛真体"者，此述阿难腾疑也。妙明真心，清净本然，本来无有世界、众生。大地草木，蠕动含灵，妙明心中本不可得。即是如来成佛真体者，谓山河大地，草木含灵，本无所有，唯一圆融，清净宝觉。指此宝觉，为佛之真体也。清净宝觉为佛真体，于宝觉中了无一物，然则何得更有七趣也？"如宝莲香"等，别问地狱，以例诸趣也。如是地狱，为有定处？为无定处？为是自然？为是因缘？为是私受？为是同受？此阿难问意，经言略也。

次、如来答者，有三科：初、约情想以总明，次就业报以别辨，后、结妄因以诫离。

今初、约情想以总明。"佛告阿难，快哉此问"至"众同分中，兼有元地"有一页又十一行余文。

即俗而真，唯一妙觉；即真而俗，因果不亡。今阿难问七趣因果，是即真而明俗。此义既明，邪见自除，故能令众生不入邪见也。

"一切众生，实本真净"者，一切众生包括依正色心。如是诸法，本无所有，即是如来，成佛真体。真者，无妄；净者，无染。故曰"实本真净"也。"因彼妄见，有妄习生"者，言依真而起妄也。妄见者，于真净中妄见能所也；能所既兴，遂生分别；以有分别，遂起爱憎，是为妄习。妄习者，虚妄之习因也。分者，因也。"内分"约情，"外分"约想。众生生死本分，因于爱染。爱染者，情也。如是爱染，名为"内分"。喜、怒、哀、乐、爱、恶六者，皆人之情也。以爱染为情者，且言少分耳。爱著染境，因是从坠。以清净之境为所欲处，但因于想，不属于情，乃是众生分外之事，故言"外分"。"缘想净境"，故得轻升。

情爱沉下，能生于水。水能润下，故润业受生。"心忆珍羞"等，引事以验，明情爱生水，能润下也。或忆珍羞，或忆前人，或求财宝，或著行淫，所爱之境虽别，能爱之心是一。流结是同者，流谓沉下，结谓抟著。如是爱心，所爱虽异，其为沉下结著则同也。爱著染境，故从沦坠。或疑："心忆前人，或怜或恨"，怜由情爱，生水可然，恨由怨憎，何亦沉下？答：恨虽非爱，由爱生恨，亦属于情，不离内分。故恨极成怨，怨极生悲，悲乃流泪，从于沦坠，无可疑也。以是观之，一切众生，堕于三途，皆因情爱故也。而情爱之生，由著染境。染境非一，欲境为最。是故行人，欲免于沦坠，应以远离欲境为第一要务矣。

心缘净境，如是缘想，亦为妄习，故称"虚想"。此想轻清，故能生胜气也。"心持禁戒"等，引事以验，明积想轻清，生于胜气，能飞升也。或持咒印，或希生天，或想佛国，或敬知识，所缘之净境虽别，而能缘之心想是同。欣外圣境，不由情染，想既轻清，自然飞动，故报得超越也。或疑：心想佛国，应名为真，何得亦称妄习？答：凡夫心中，见思二惑固结未断，见思心中无法非妄，故虽缘佛国之境，犹未免为妄习也。然以佛境，真实清净，功德殊胜，能令众生，缘此净境，渐离妄习，得真如智。是故，以缘佛境断见思者，得生方便净土，见应化佛；以缘佛境断尘沙者，得生实报净土，见报身佛；以缘佛境断无明者，得生寂光净土，见法身佛。若未断见思，但心生渴仰，缘想不休，亦得生于同居净土，见应化佛也。

"生从顺习，死从变流"者，一切众生，好生恶死，生则顺其妄习，死则逆情而流。变犹逆也。又业能感果，由因致果，是则为顺，故言"顺习"。一期报尽，酬业已毕，故生尽归灭，则为"变流"也。未舍暖触者，现阴将尽，中阴欲起之时也。一生善恶俱时顿现者，情想升沉，决于此时也。

情想升沉，凡有五种：一者纯想，二者情少想多，三者情想均等，四者情多想少，五者纯情。若细分之，应有纯想、一情九想、二情八想、三情七想，乃至纯情十一种也。

"纯想即飞，必生天上"，以其离于爱染，故无沦坠；心缘净境，故得清升。纯想心中，必具善福，然此善福，非出世道。今言兼福慧者，谓心缘佛境也。既修善福，复缘佛境，缘佛境故，得具福慧，故名为"兼"。而复深厌三界，求生佛国，名兼"净愿"。如是之人，必生净土，见十方佛，获闻妙法，悟无生忍。此即《观经》所说三辈九品之人也。或疑：第六天王，即是波旬，若非纯想，何能生天？若曰纯想，何得是魔？答：以具善福，知是纯想；未断爱种，故复是魔。若有善愿，护持佛法，则为如来弟子矣。

情少想多者，虽缘净境，未免爱染。缘净境故，心得轻举；犹有爱染，虽轻举而非远，故不得生天也。游于四天者，必非忉利以上欲界诸天，乃须弥山腰四王天也。若于此中，有善愿善心，护持佛法，或护禁戒，或护神咒，或护禅定，则得住于如来座下，为护法天神，如八部龙神是也。此中理宜分为四种：一情九想，即为飞仙；二情八想，为大力鬼王；三情七想，为飞行夜叉；四情六想，为地行罗刹。

"情想均等"者，既具爱染，亦缘净境，染净相杂，故不得升为天仙，亦不致堕于三途，则生人间，亦不一概。想若稍强，则多聪慧；情若稍重，则多暗钝。虽俱为人，亦由情想有此差异也。

"情多想少，流入横生"，横生者，旁生也。毛群、走兽、羽族、飞禽，皆旁生也。于旁生中，情稍重者，报为走兽；想稍强者，报为飞禽。同为旁生，亦由情想，有此异也。此当六情四想也。七情三想，爱染已深，则为饿鬼。爱能生水，今爱染已深，水变为火，水火相反，而能互变。故感猛火，节节烧燃。贪爱极盛，感无食饮之报。九情一想，感地狱报。风火二交过地者，谓风轮、火轮交际之处，此乃地狱所居处也。轻生有间者，当八情二想；重生无间者，正此九情一想。此云"无间"，约受苦无间而言，非下文所说五无间也。

"纯情即沉，入阿鼻狱"，纯情无想，即入阿鼻。阿鼻此云无间，谓受苦、苦具、身量、劫数、寿命五皆无间也。若沉心中有谤大乘等罪，此世界坏，更生十方世界阿鼻狱中，言受苦长也。诽谤大乘，断佛种性，令无数人堕于邪见，故其罪最重。毁佛禁戒，诳妄说法，虚贪信施，滥膺恭敬，亦当堕五无间狱。以其毁破佛法，惑乱众生故也。五逆者，杀父、杀母、杀阿罗汉、破和合僧、出佛身血。十重者，杀、盗、淫、妄语、酤酒、说四众过、自赞毁他、悭惜加毁、瞋心不受悔、谤三宝也。

酤，卖也。大乘行人，应以开悟众生，令生智慧，为其正行。今酤酒与人饮，是令人丧失智慧，生颠倒心，故为重罪。四众者，出家菩萨、在家菩萨、比丘、比丘尼也。如是四众，禀佛法修行，应恭敬尊重，今虚构罪过，向人宣说，则是破坏佛法，故为重罪。问：虚构罪过，向人宣说，故自不许。若罪过确实，亦不得言乎？答：实是四众，当加护惜，虽在罪过，宜行谏劝，令其悔改。向他人说，亦为犯戒。若外道恶人，混入佛法中，肆意为恶，自应摈绝，以护佛法。蕅益大师云："佛法中罪过者，拣非外道罪过，亦拣非犯边罪已失戒人罪过也。"自赞者，自扬己德。己实有德，尚宜谦抑，况无实德，而复自赞乎？经言："若菩萨为人所赞，言是十住，若阿罗汉等，默然受者，得罪。"受人赞亦不可，况自赞耶！毁他者，毁辱他人。大乘行人，当常行慈悯恭敬，于诸众生不加毁辱。今自赞毁他者，显己有德，毁辱他人，使名利归于自己，深背大乘远离贪欲、慈悯众生之道，故犯重罪。若毁破外道，称赞佛法，则不但非犯，且有功德。悭惜者，谓不肯以少财少法施于众生。六度四摄，布施为首，有乞财者，应施以财；有求法者，应施以法。悭惜不施，复加骂辱，全失利生之心，故为重罪。瞋心不受悔者，菩萨观诸众生，犹如赤子，亦如父母，故应常生慈悲孝顺之心。而乃自处瞋恚斗争之地，以恶口刀杖加之，慈悲孝顺之心乌在乎？前人求悔，善言忏谢，犹瞋不解，则绝人甚矣，故为重罪。绍隆三宝，是菩萨法，肆行谤毁，其为重罪，不待言矣。如是六重加前杀、盗、淫、妄为十重，是为菩萨波罗夷罪。犯此戒者，永弃佛海边外，永失妙因妙果，是极恶法，是断头法。如微尘许，尚不应犯，何况具足犯十重乎！

循造恶业，感诸苦报，皆由自招，非他人与。然业虽各造，若恶业同者，共感地狱等苦，名众同分。虽共感地狱，以业有强弱之异，故受报亦轻重不同。元地，本元因地。众同分中，兼复有本元因地之异，故亦非无差别也。此酬阿难为有定处、为无定处，自然、因缘，私受、同受之问也。

丙二、就业报以别辨　丁一、地狱

"阿难，此等皆是彼诸众生自业所感，造十习因，受六交报。云何十因？阿难，一者，淫习交接，发于相磨，研磨不休，如是故有大猛火光于中发动。如人以手自相摩触，暖相现前。二习相然，故有铁床、铜柱诸事。是故十方一切如来，色目行淫，同名欲火；菩萨见欲，如避火坑。二者，贪习交计，发于相吸，吸揽不止，如是故有积寒坚冰，于中冻冽。如人以口吸缩风气，有冷触生。二习相陵，故有吒吒、波波、罗罗、青赤白莲、寒冰等事。是故十方一切如来，色目多求，同名贪水；菩萨见贪，如避瘴海。三者，慢习交陵，发于相恃，驰流不息，如是故有腾逸奔波，积波为水。如人口舌自相绵味，因而水发。二习相鼓，故有血河、灰河、热沙、毒海、融铜、灌吞诸事。是故十方一切如来，色目我慢名饮痴水；菩萨见慢，如避巨溺。四者，嗔习交冲，发于相忤，忤结不息，心热发火，铸气为金，如是故有刀山、铁橛、剑树、剑轮、斧、钺、枪、锯。如人衔冤，杀气飞动。二习相击，故有宫割、斩斫、剉、刺、槌、击诸事。是故十方一切如来，色目嗔恚名利刀剑；菩萨见嗔，如避诛戮。五者，诈习交诱，发于相调，引起不住，如是故有绳木绞校；如水浸田，草木生长。二习相延，故有杻、械、枷、锁、鞭、杖、挝、棒诸事。是故十方一切如来，色目奸伪同名谗贼；菩萨见诈，如畏豺狼。六者，诳习交欺，发于相罔，诬罔不止，飞心造奸，如是故有尘土、屎、尿、秽污不净。如尘随风，各无所见。二习相加，故有没溺、腾掷、飞坠、漂沦诸事。是故十方一切如来，色目欺诳同名劫杀；菩萨见诳，如践蛇虺。七者，怨习交嫌，发于衔恨，如是故有飞石、投磓、匣贮、车槛、瓮盛、囊扑。如阴毒人，怀抱畜恶。二习相吞，故有投掷、擒捉、击射、抛撮诸事。是故十方一切如来，色目怨家名违害鬼；菩萨见怨，如饮鸩酒。八者，见习交明，如萨迦耶、见、戒禁取，邪悟诸业，发于违拒，出生相反，如是故有王使主吏，证执文籍。如行路人，来往相见。二习相交，故有勘问，权诈考讯，推鞫察访，披究照明，善恶童子手执文簿，辞辩诸事。是故十方一切如来，色目恶见同名见坑；菩萨见诸虚妄遍执，如入毒壑。九者，枉习交加，发于诬谤，如是故有合山合石、碾硙耕磨。如谗贼人，逼枉良善。二习相排，故有押、捺、捶、按，蹙漉衡度诸事。是故十方一切如来，色目怨谤同名谗虎；菩萨见枉，如遭霹雳。十者，讼习交喧，发于藏覆，如是故有鉴见照烛。如于日中，不能藏影。二习相陈，故有恶友，业镜火珠，披露宿业，对验诸事。是故十方一切如来，色目覆藏同名阴贼；菩萨观覆，如戴高山履于巨海。”

“云何六报？阿难，一切众生，六识造业，所招恶报从六根出。云何恶报从六根出？一者见报招引恶果：此见业交，则临终时，先见猛火满十方界，亡者神识飞坠乘烟，入无间狱。发明二相：一者明见，则能遍见种种恶物，生无量畏；二者暗见，寂然不见，生无量恐。如是见火，烧听，能为镬汤、烊铜；烧息，能为黑烟、紫焰；烧味，能为焦丸、铁糜，烧触，能为热灰、炉炭；烧心，能生星火、迸洒、煽鼓空界。二者闻报招引恶果：此闻业交，则临终时，先见波涛没溺天地，亡者神识降注乘流，入无间狱。发明二相：一者开听，听种种闹，精神愁乱；二者闭听，寂无所闻，幽魄沉没。如是闻波，注闻，则能为责为诘；注见，则能为雷、为吼、为恶毒气；注息，则能为雨、为雾、洒诸毒虫，周满身体；注味，则能为脓、为血种种杂秽；注触，则能为畜、为鬼、为粪、为尿；注意，则能为电、为雹、摧碎心魄。三者嗅报招引恶果：此嗅业交，则临终时，先见毒气充塞远近，亡者神识从地踊出，入无间狱。发明二相：一者通闻，被诸恶气熏极心扰；二者塞闻，气掩不通，闷绝于地。如是嗅气，冲息，则能为质、为履；冲见，则能为火、为炬；冲听，则能为没、为溺、为洋、为沸；冲味，则能为馁、为爽；冲触，则能为绽、为烂、为大肉山，有百千眼，无量咂食；冲思，则能为灰、为瘴、为飞砂礚，击碎身体。四者味报招引恶果：此味业交，则临终时，先见铁网猛焰炽烈，周覆世界，亡者神识下透挂网，倒悬其头，入无间狱。发明二相：一者吸气，结成寒冰，冻裂身肉；二者吐气，飞为猛火，焦烂骨髓。如是尝味，历尝，则能为承、为忍；历见，则能为然金石；历听，则能为利兵刃；历息，则能为大铁笼，弥覆国土；历触，则能为弓、为箭、为弩、为射；历思，则能为飞热铁，从空雨下。五者触报招引恶果：此触业交，则临终时，先见大山四面来合，无复出路，亡者神识见大铁城、火蛇、火狗、虎、狼、师子；牛头狱卒、马头罗刹，手执枪稍，驱入城门，向无间狱。发明二相：一者合触，合山逼体，骨肉血溃；二者离触，刀剑触身，心肝屠裂。如是合触，历触，则能为道、为观、为厅、为案；历见，则能为烧、为蒸；历听，则能为撞、为击、为剚、为射；历息，则能为括、为袋、为考、为缚；历尝，则能为耕、为钳、为斩、为截；历思，则能为坠、为飞、为煎、为炙。六者思报招引恶果：此思业交，则临终时，先见恶风吹坏国土，亡者神识被吹上空，旋落乘风，堕无间狱。发明二相：一者不觉，迷极则荒，奔走不息；二者不迷，觉知则苦，无量煎烧，痛深难忍。如是邪思，结思，则能为方、为所；结见，则能为鉴、为证；结听，则能为大合石、为冰、为霜、为土、为雾；结息，则能为大火车、火船、火槛；结尝，则能为大叫唤、为悔、为泣；结触，则能为大、为小、为一日中万生万死、为偃、为仰。阿难，是名地狱十因六果，皆是众生迷妄所造。若诸众生，恶业同造，入阿鼻狱受无量苦，经无量劫。六根各造，及彼所作兼境兼根，是人则入八无间狱。身、口、意三，作杀、盗、淫，是人则入十八地狱。三业不兼，中间或为一杀一盗，是人则入三十六地狱。见见一根，单犯一业，是人则入一百八地狱。由是众生别作别造，于世界中入同分地，妄想发生，非本来有。"

流通分之第二科为广辨七趣因果。广辨七趣中，初为总明情想，次为别辨业报，后为诫离妄因。今述次科别辨业报也。

别辨业报，即别辨地狱、鬼、畜、人、仙、诸天及阿修罗七趣造业受报之相也。即经第八卷"阿难，此等皆是彼诸众生自业所感"至第九卷"此阿修罗，因湿气有，畜生趣摄"十四页又十一行文是也。

别辨业报，复有七科：初为地狱，即经"阿难，此等皆是彼诸众生自业所感"至"于世界中，入同分地，妄想发生，非本来有"五页又十二行文也。

地狱之因有十，即淫习、贪习、慢习、嗔习、诈习、诳习、怨习、见习、枉习、讼习也。习者，熏习之义。如是十习，为地狱因。地狱之报有六，即六根之所受也。交者，涉入之义。受报之时，六根与恶报交相涉入，名六交报也。

十习因者：一者淫习。淫为生死之本。以淫欲业熏习自心，因此业种能感现铁床铜柱等事。火能烧坏一切，欲能烧坏出世善法，故目为欲火，而视之如火坑也。

二者贪习。种种计较，爱著前境，是名为贪。以贪爱业熏习自心，因此业种能感现积寒坚冰等事。贪能滋润恶法，如水能润物，故名贪水；复能损害法身慧命，如有瘴之海，触之则死，故视之如瘴海也。

三者慢习。恃己凌他，求胜于人，是名为慢。如是慢业熏习自心，能感血河灰沙等事。饮之迷倒，故名痴水；飘沦有海，故视之如巨溺也。

四者瞋习。恚恨恼怒，扰乱身心，是名为瞋。如是瞋业熏习自心，能感宫割斩斫等事。瞋心猛锐，如利刀剑；能断一切功德善根，故视之如诛戮也。

五者诈习。心存谄曲，行多奸伪，是名为诈。如是诈业熏习自心，能感杻械枷锁等事。邪行害正，名为谗贼；倾陷良善，故视之如豺狼也。

六者诳习。心怀异谋，欺罔求利，是名为诳。如是诳业熏习自心，能感没溺腾掷等事。相互诬罔，以诱利誉，如盗贼劫财，故名劫杀；能断正命，故视之如蛇虺也。

七者怨习。忿恨为先，怀恶不舍，是名为怨。如是怨习，能感投掷擒捉等事。伺人之短，志欲违害，名违害鬼；积怨于心，遇之则死，故视之如鸩酒也。

八者见习。于诸谛理，颠倒推度，是名为见。如是见习，能感勘问考讯等事。由诸邪见，陷溺众生，堕于恶道，故名见坑，而视之如毒壑也。

九者枉习。枉压良善，抑捺无辜，是名为枉。如是枉习，能感合山逼迫等事。损恼于他，如虎食人，故名谗虎；枉遭逼压，无容违拒，故视之如霹雳也。

十者讼习。心怀狠戾，发人之覆，是名为讼。如是讼习，能感业镜火珠等事。隐藏己罪，恐被照烛，故名阴贼；覆掩重罪，不思忏悔，当受大苦，故如戴山以履海也。

如是十种恶业，熏习自心，皆能招感地狱之报。

六交报者：一者见报，先见猛火满十方界等；二者闻报，先见波涛没溺天地等；三者嗅报，先见毒气充塞远近等；四者味报，先见铁网猛焰周覆世界等；五者触报，先见大山四面来合等；六者思报，先见恶风吹坏国土等。六识造业，六根受报，六根俱受众苦。以造业时，亦由六识共造故也。

如是地狱十因六果，皆是众生迷妄所造。虚妄造业，虚妄受报。而复因果分明，未尝乖失。妙明心中，本无是事。

丁二、鬼趣

"复次，阿难，是诸众生非破律仪，犯菩萨戒，毁佛涅槃，诸余杂业，历劫烧然，后还罪毕，受诸鬼形。若于本因，贪物为罪，是人罪毕，遇物成形，名为怪鬼。贪色为罪，是人罪毕，遇风成形，名为魃鬼。贪惑为罪，是人罪毕，遇畜成形，名为魅鬼。贪恨为罪，是人罪毕，遇虫成形，名蛊毒鬼。贪忆为罪，是人罪毕，遇衰成形，名为疠鬼。贪憨为罪，是人罪毕，遇气成形，名为饿鬼。贪罔为罪，是人罪毕，遇幽为形，名为魇鬼。贪明为罪，是人罪毕，遇精为形，名魍魉鬼。贪成为罪，是人罪毕，遇明为形，名役使鬼。贪党为罪，是人罪毕，遇人为形，名传送鬼。阿难，是人皆以纯情坠落，业火烧干，上出为鬼。此等皆是自妄想业之所招引，若悟菩提，则妙圆明，本无所有。"

别辨业报中，次辨鬼趣，即经"复次，阿难，是诸众生非破律仪"至"若悟菩提，则妙圆明本无所有"十二行文也。

谤无戒律，犯菩萨戒，毁佛涅槃，不信因果，断于善根，此谓罪之极重者。如是众生，必堕地狱。经于历劫，受烧燃苦，后还罪毕，受诸鬼形，此言地狱余报为鬼也。然亦有人天福尽，堕此中者，非必皆是地狱余报也。

鬼趣十类，由前十因。十因正报，在于地狱，今言余报也。

贪物为罪，即贪习为因也。于物生贪，非理而取。余报为鬼，还托于物，即金银草木精怪之类，名为怪鬼。

贪色为罪，即淫习为因也。色能动乱身心，如风鼓物。余报为鬼，还复随风，故遇风成形，名为魃鬼。

贪惑为罪，即诈习为因也。因中诈伪，惑乱他人。余报为鬼，附托狐狸猪狗之类，多行惑乱，名为魅鬼。

贪恨为罪，即怨习为因也。结怨在意，热恼居怀。余报为鬼，亦假毒类，如蛇虺毒虫之有灵者，名蛊毒鬼。

贪忆为罪，即瞋习为因也。瞋恚居心，长时不舍。余报为鬼，于衰变处，便入人身，能起疫疠，遇之多死，名为疠鬼。

贪傲为罪，即慢习为因也。凌人傲物，空腹高心。余报为鬼，常为饥饿所困，名为饿鬼。

贪罔为罪，即诳习为因也。为获利誉，罔冒于他，令他不晓。余报为鬼，凭虚托暗，魇惑寐者，名为魇鬼。

贪明为罪，即见习为因也。执著邪见，自谓明悟。余报为鬼，即日月精魄，山泽明灵，有精耀者，以托其质，名魍魉鬼。

贪成为罪，即枉习为因也。凭虚构罪，陷害无辜。余报为鬼，遇明显境，托以成形，枉入人罪，如强人负重，故担沙负石，名役使鬼。

贪党为罪，即讼习为因也。发人隐覆，自谓神明。余报为鬼，托质于人，如巫祝之类，自称神道，传送吉凶祸福之言，名传送鬼。

如是十罪，皆名贪者，以见贪为地狱之本也。受罪已毕，余报为鬼。用是可知，欲离鬼狱之苦，必修无贪之道矣。

如是十类，皆以纯情堕于地狱。地狱罪毕，余报为鬼。自妄业招，非他人与。菩提心中，皆如空华，本无所有也。

丁三、畜生

"复次，阿难，鬼业既尽，则情与想二俱成空，方于世间与元负人怨对相值，身为畜生，酬其宿债。物怪之鬼，物销报尽，生于世间，多为枭类。风魃之鬼，风销报尽，生于世间，多为咎征，一切异类。畜魅之鬼，畜死报尽，生于世间，多为狐类。虫蛊之鬼，蛊灭报尽，生于世间，多为毒类。衰疠之鬼，衰穷报尽，生于世间，多为蛔类。受气之鬼，气销报尽，生于世间，多为食类。绵幽之鬼，幽销报尽，生于世间，多为服类。和精之鬼，和销报尽，生于世间，多为应类。明灵之鬼，明灭报尽，生于世间，多为休征，一切诸类。依人之鬼，人亡报尽，

生于世间，多为循类。阿难，是等皆以业火干枯，酬其
宿债，傍为畜生。此等亦皆自虚妄业之所招引，若悟菩
提，则此妄缘本无所有。如汝所言：宝莲香等，及琉璃
王、善星比丘，如是恶业本自发明，非从天降，亦非地
出，亦非人与。自妄所招，还自来受。菩提心中，皆为
浮虚妄想凝结。"

三辨畜生，即经"复次，阿难，鬼业既尽，则情与想，
二俱成空"至"菩提心中，皆为浮虚妄想凝结"十五行
文也。

地狱治情，鬼中治想，鬼狱罪毕，故云"二俱成空"。
此处言想，只是地狱报讫所余之妄想耳，其实亦是情，非
众生外分之想也。若外分之想亦空，当出三界，岂尚在畜
趣乎？

畜亦十类：怪鬼多为枭类，枭为食母之鸟。魃鬼多为
咎征。咎谓过恶，征为征兆，即灾异之征兆，如鹏鸟之类。
魅鬼多为狐类，好惑人者也。蛊毒之鬼，多为毒类，如虺
蛇蝮蝎之类。疬鬼多为蛔类，即人身中寄生虫类。饿鬼多
为食类，为人所食也。魇鬼多为服类，为人服役，如牛马
等也。魍魉之鬼，多为应类，应节序而来去，如鸿燕等也。
役使之鬼，多为休征。休，美也。美善之征兆，如麟凤之
类也。传送之鬼，多为循类，循顺之畜，如猫犬等也。十
类皆言多者，多分为之，未必皆然也。一类之鬼为一类之

畜，多有不可解者，且顺经意，不敢妄加穿凿。

昔造众罪，久堕地狱，余报为鬼。业火烧毕，情想干枯，方离鬼狱，得为畜生，酬偿宿债。如是畜趣，亦皆自己妄想之所招引，菩提心中，本无如是虚妄之法。如目有眚，则见圆影；清净眼中，元无是事。

如宝莲香私行淫欲，琉璃大王诛杀释种，善星比丘妄说空法，以是重罪，生身陷入阿鼻地狱。如是恶业皆由自造，地狱之苦亦由自受，非从天降，非是人与。若悟妙心，则如空华影落，梦境无踪，唯一净明，圆照法界。

丁四、人趣

"复次，阿难，从是畜生酬偿先债，若彼酬者分越所酬，此等众生还复为人，反征其剩。如彼有力，兼有福德，则于人中不舍人身，酬还彼力。若无福者，还为畜生，偿彼余直。阿难当知：若用钱物，或役其力，偿足自停。如于中间杀彼身命，或食其肉，如是乃至经微尘劫，相食相诛，犹如转轮，互为高下，无有休息。除奢摩他，及佛出世，不可停寝。汝今应知，彼枭伦者，酬足复形，生人道中，参合顽类。彼咎征者，酬足复形，生人道中，参合愚类。彼狐伦者，酬足复形，生人道中，参于很类。彼毒伦者，酬足复形，生人道中，参合庸类。

彼蛔伦者，酬足复形，生人道中，参合微类。彼食伦者，酬足复形，生人道中，参合柔类。彼服伦者，酬足复形，生人道中，参合劳类。彼应伦者，酬足复形，生人道中，参于文类。彼休征者，酬足复形，生人道中，参合明类。彼诸循伦，酬足复形，生人道中，参于达类。阿难，是等皆以宿债毕酬，复形人道，皆无始来业计颠倒，相生相杀，不遇如来，不闻正法，于尘劳中法尔轮转，此辈名为可怜愍者。"

四辨人趣，即经"复次，阿难，从是畜生，酬偿先债"至"于尘劳中法尔流转，此辈名为可怜愍者"十七行文也。

从鬼狱出，受畜生身，于彼人前，酬偿先债。若于畜生役使过分，食啖无度，超过所酬，则彼畜生还复为人，征其余剩。若有修善而崇福者，则以人身酬还债负；若无福业，则还为畜生，偿其余值。若负他钱物，或役使其力，偿足自止。若杀彼身，而食其肉，则生生世世，互相食啖，经微尘劫，永无已时。苟非修习定慧，破除妄惑，或遇如来出世，修行得道，悟三界之本空，知幻化之非实，终不可得停息也。于诸业中，杀命最重。以怨恨难消，故相互酬偿，无有休止。轮回根本，唯淫杀二事。欲离三途，诚不可不兢兢于此焉。

人亦十类：枭类为人，参于顽类，谓心忘德义，不受教诲也。咎征为人，参于愚类，谓暗钝无知，性多蒙昧也。狐类为人，参于庸类，谓庸鄙无识，不晓是非也。毒类为人，参于狠类，谓心多怨毒，忧悁不调也。蛔类为人，参于微类，谓受身微贱，人不齿录也。食类为人，参于柔类，谓为人柔弱，常存畏怯也。服类为人，参于劳类，谓受人役使，多事劬劳也。应类为人，参于文类，谓能为文章，娴习仪矩也。休征为人，参于明类，谓为人聪明，多有知识也。循类为人，参于达类，谓善处穷通，心存达观也。言参于者，以此类人，从畜道中来，参合于人类，非是人趣皆从此中来也。修五戒得人身，人趣正因，由于戒善。从畜道来者，乃其下劣者耳。

如是十类，皆以偿完宿债，暂得人身。以淫杀二习固结不解故，相生相杀，颠倒轮转，无有停息。若不遇如来出世，不闻三乘正法，则永无解脱之时。我等今日，既得人身，复闻正法，若不深心信受，依教修行，一失人身，长在三途，经微尘劫，受诸苦恼，诚为至堪怜愍者矣！

丁五、仙趣

"阿难，复有从人，不依正觉修三摩地，别修妄念，存想固形，游于山林人不及处，有十种仙。阿难，彼诸众生坚固服饵而不休息，食道圆成，名地行仙。坚固草木而不休息，药道圆成，名飞行仙。坚固金石而不休息，化道圆成，名游行仙。坚固动止而不休息，气精圆成，名空行仙。坚固津液而不休息，润德圆成，名天行仙。坚固精色而不休息，吸粹圆成，名通行仙。坚固咒禁而不休息，术法圆成，名道行仙。坚固思念而不休息，思忆圆成，名照行仙。坚固交遘而不休息，感应圆成，名精行仙。坚固变化而不休息，觉悟圆成，名绝行仙。阿难，是等皆于人中炼心，不修正觉，别得生理，寿千万岁，休止深山或大海岛，绝于人境；斯亦轮回，妄想流转；不修三昧，报尽还来散入诸趣。"

五辨仙趣，即经"阿难，复有从人，不依正觉，修三摩地"至"报尽还来，散入诸趣"十三行文也。

或有从人道中修行，以其不达生死根本，不悟圆觉妙心，别依妄念，错乱修习，则成外道。存心在于长生不死，俾此形骸坚固不坏，进不如天，退则胜人，居于山林，人不及处，如是一类，名为仙趣。诸经唯明六趣，不出仙趣。今以此趣为人天二趣之所不摄，故别出之。

仙亦十种：服饵丹砂，存形久固，为地行仙。餐松啖柏，身能飞举，为飞行仙。点石为金，游戏人间，为游行仙。履空自在，身坚寿永，为空行仙。欲境不交，如天无异，为天行仙。吸气餐霞，存身世表，为空行仙。习诸咒术，流功益物，为道行仙。缘念前境，能发照明，为照行仙。运心交互，彼此感应，为精行仙。存想变化，心境都亡，为绝行仙。如是十种仙趣，皆于人中修行。不悟妙心，别修长生久视之法，寿千万岁。居于深山海岛，远离人境。坚固修行，无敢懈息；身形坚固，历千万岁而不坏，故十种皆言坚固也。如是诸仙，以不修正定故，名为外道。虽获寿命，不出轮回，仙寿既尽，还入诸趣，故学佛者不贵也。

别辨七趣业报中，地狱、鬼、畜、人与诸仙五趣已竟，天及修罗，后当广说。

丁六、天趣

"阿难，诸世间人，不求常住，未能舍诸妻妾恩爱。于邪淫中心不流逸，澄莹生明，命终之后，邻于日月。如是一类，名四天王天。于己妻房淫爱微薄，于净居时不得全味，命终之后，超日月明，居人间顶。如是一类，名忉利天。逢欲暂交，去无思忆，于人间世动少静多；命终之后，于虚空中朗然安住，日月光明上照不及，是诸人等自有光明。如是一类，名须焰摩天。一切时静，有应触来，未能违戾；命终之后上升精微，不接下界诸人天境，乃至劫坏，三灾不及。如是一类，名兜率陀天；我无欲心，应汝行事，于横陈时，味如嚼蜡；命终之后，生越化地。如是一类，名乐变化天。无世间心，同世行事，于行事交，了然超越；命终之后，遍能出超化无化境。如是一类，名他化自在天。阿难，如是六天，形虽出动，心迹尚交，自此已还，名为欲界。"

楞严经卷九

　　"阿难，世间一切所修心人，不假禅那，无有智慧，但能执身不行淫欲，若行若坐，想念俱无，爱染不生，无留欲界，是人应念身为梵侣。如是一类，名梵众天。欲习既除，离欲心现，于诸律仪爱乐随顺，是人应时能行梵德。如是一类，名梵辅天。身心妙圆，威仪不缺，清净禁戒，加以明悟，是人应时能统梵众，为大梵王。如是一类，名大梵天。阿难，此三胜流，一切苦恼所不能逼，虽非正修真三摩地，清净心中诸漏不动，名为初禅。阿难，其次梵天，统摄梵人，圆满梵行，澄心不动，寂湛生光。如是一类，名少光天。光光相然，照耀无尽，映十方界遍成琉璃。如是一类，名无量光天。吸持圆光，成就教体，发化清净，应用无尽。如是一类，名光音天。阿难，此三胜流，一切忧悬所不能逼，虽非正修真三摩地，清净心中粗漏已伏，名为二禅。阿难，如是天人，圆光成音，披音露妙，发成精行，通寂灭乐。如是一类，名少净天。净空现前，引发无际，身心轻安，成寂灭乐。如是一类，名无量净天。世界身心一切圆净，净德成就，胜托现前，归寂灭乐。如是一类，名遍净天。阿难，此三胜流，具大随顺，身心安隐，得无量乐，虽非正得真三摩地，安隐心中，欢喜毕具，名为三禅。阿难，复次天人不逼身心，苦因已尽，乐非常住，久必坏生。苦乐二心俱时顿舍，粗重相灭，净福性生。如是一类，名福生天。舍心圆融，胜解清净，福无遮中得妙随顺，穷未来际。如是一类，名福爱天。阿难，从是天中有二歧路：若于先心无量净光，福德圆明，修证而住。如是一类，名广果天。若于先心双厌苦乐，精研舍心，相续不断，圆穷舍道，身心俱灭，心虑灰凝，经五百劫。是人既以生灭为因，不能发明不生灭性，初半劫灭，后半劫生。如是一类，名无想天。阿难，此四胜流，一切世间诸苦乐境所不能动；虽非无为，真不动地，有所得心功用纯熟，名为四禅。阿难，此中复有五不还天，于下界中九品习气俱时灭尽，苦乐双亡，下无卜居，故于舍心众同分中安立居处。阿难，苦乐两灭，斗心不交。如是一类，名无烦天。机括独行，研交无地。如是一类，名无热天。十方世界妙见圆澄，更无尘象一切沉垢。如是一类，名善见天。精见现前，陶铸无碍。如是一类，名善现天。

究竟群几，穷色性性，入无边际。如是一类，名色究竟天。阿难，此不还天，彼诸四禅四位天王独有钦闻，不能知见。如今世间旷野深山圣道场地，皆阿罗汉所住持故，世间粗人所不能见。阿难，是十八天独行无交，未尽形累，自此已还名为色界。复次，阿难，从是有顶，色边际中，其间复有二种歧路：若于舍心发明智慧，慧光圆通，便出尘界，成阿罗汉，入菩萨乘。如是一类，名为回心大阿罗汉。若在舍心舍厌成就，觉身为碍，销碍入空。如是一类，名为空处。诸碍既销，无碍无灭，其中唯留阿赖耶识，全于末那半分微细。如是一类，名为识处。空色既亡，识心都灭，十方寂然，回无攸往。如是一类，名无所有处。识性不动，以灭穷研，于无尽中发宣尽性，如存不存，若尽非尽。如是一类，名为非想非非想处。此等穷空，不尽空理，从不还天圣道穷者，如是一类，名不回心钝阿罗汉。若从无想诸外道天穷空不归，迷漏无闻，便入轮转。阿难，是诸天上，各各天人则是凡夫业果酬答，答尽入轮。彼之天王即是菩萨，游三摩提，渐次增进，回向圣伦所修行路。阿难，是四空天，身心灭尽，定性现前，无业果色，从此逮终，名无色界。此皆不了妙觉明心，积妄发生，妄有三界，中间妄随七趣沉溺，补特伽罗各从其类。"

广辨七趣因果三：初、约情想以总明，次、就业报以别辨，三、结妄因以诫离。别辨业报有七，地狱、鬼、畜、人与诸仙五趣已竟，今辨天及修罗也。

广辨天趣者，即经卷八末"阿难，诸世间人，不求常住"至卷九前部"中间妄随七趣沉溺，补特伽罗各从其类"五页文也。

天趣有三：初、欲界天，次、色界天，后、无色界天。今当一一释之。

初、欲界，凡有六天，即四天王天、忉利天、焰摩天、兜率天、乐变化天、他化自在天。戒支清净，心不邪者，得生四天。于己妻室亦少爱欲者，得生忉利天。逢欲暂交，去无思忆者，得生焰摩天。虽顺欲境，应触而已，得生兜率天。兜率天中，凡有二类：补处菩萨所居，三灾不及；若凡夫福感，劫火能坏。无心于境，于欲无味者，得生乐变化天。无世间心，了然超越者，得生他化自在天。《俱舍论》云："六受欲交抱，执手笑视淫。"四天、忉利，犹为形交；焰摩抱持；兜率执手；化乐视笑；他化但视。如是六天，皆有男女，即以欲心厚薄轻重分之。经所言者，乃六天生因，《俱舍》所说，是六天受欲之相也。四王、忉利为地居天，依须弥住故；焰摩等四天，为空居天，住虚空故。地居二天，单修上品十善，得生其中；空居四天，修上品十善，兼修未到定，得生其中。未到定者，未入初禅之定也。他化已下，直至地狱，共名五趣杂居地。五趣者，地狱、鬼、畜及人、天也。

次、色界，以此界中，依正二报，色法殊胜，故以为名也。通名梵世。梵是净义，离欲染故，禅所生故，异散动故。此界分为四禅，谓初禅、二禅、三禅、四禅也。

初禅有三天，即梵众天、梵辅天、大梵天也。不行淫欲，想念俱无，如是之人，生梵众天；欲习既除，随顺梵行，如是之人，生梵辅天；禁戒清净，加以明悟，如是之人，生大梵天。梵众是民，梵辅是臣，大梵即王也。初禅有五支功德，即觉支、观支、喜支、乐支、一心支也。粗思名觉，细思名观。此觉观心，虽是善法，然能扰乱定心，初禅定力尚浅，故有觉观也。中心调适，愁忧不生，是名为喜；身离众苦，得轻安乐，是名为乐；无异念故，名为一心。是为离生喜乐地也。所言离者，谓离欲也。诸天皆修六行。六行者，谓厌下苦、粗、障，欣上净、妙、离也。以欣厌力，能离下地染，得上地功德。以是观之，凡求胜进者，欣厌之力，不可或缺也。

二禅亦有三天，即少光天、无量光天、光音天也。寂湛不动，定心发光，名少光天；光相转增，映十方界，名无量光天；但用光明以为言诠，名光音天。如是三天，即以定力分优劣也。二禅有四支功德，即内净支、喜支、乐支、一心支也。初禅有觉有观，二禅定力渐深，觉观俱尽，内心明净，为内净也；余三支同初禅而胜。是为定生喜乐地。以此中喜乐，皆定力之所生也。

三禅亦有三天，即少净天、无量净天、遍净天也。灭前喜相，而生净乐，定相犹劣，此乐未广，名少净天；定心转胜，引发此乐，令其无涯，遍身轻安，名无量净天；遍于依正，乐净圆融，净德成就，内心寂灭，名遍净天。如是三天，即以所受妙乐为差等也。三禅有五支功德，即舍支、念支、慧支、乐支、一心支也。喜相粗动，舍此喜故，则得妙乐，是为舍支；爱念此乐，令得增胜，名为念支；妙乐既胜，则生巧慧，是名慧支；所获妙乐，世间第一，更无过者，是名乐支；内心安隐，归于寂灭，为一心支。离粗动喜，得胜妙乐，是为离喜妙乐地也。

四禅有九天，应分三类：一为根本第四禅三天，二为外道无想天，三为三果圣人所居五不还天。今当分释之。

根本第四禅三天者，即福生天、福爱天、广果天也。苦乐俱舍，得第四禅，三灾不动，净福性生，名福生天；已舍苦乐，得福无量，爱乐修习胜妙之定，名福爱天；于福爱天，更增胜定，广福所感，得生胜处，名广果天。如是三天，乃以净福渐广分差等也。四禅有四支功德，即不苦不乐支、舍支、念清净支、一心支也。苦乐俱舍，不住二边，为不苦不乐支；舍三禅乐，心得寂定，是名舍支；爱念胜定，离下地染，至极清净，为念清净支；随顺胜定，得无留碍，为一心支。舍三禅乐，爱念胜定，至极清净，故为舍念清净地也。

四禅中外道无想天者，此天从初发心，即带异计。异计者，谓以无想为涅槃也。以其修习六行，即厌恶下地苦、粗、障，欣乐上地净、妙、离，渐厌渐舍，至福爱天。以其不修四无量心，熏禅福德，惟乐于舍，是故不得生广果天。舍心相续，遍穷舍道，则生此天。以穷舍故，舍心亦亡，身心俱灭。心虑灰凝，经五百劫，必定退堕，无上生义。尚不得生无色界中，况能出生死乎！外道徒众修无想者，七、八二识，皆悉不转，唯第六识，暂尔不行，如冰夹鱼，仍有微细生灭之相。彼等不知，妄谓涅槃，其实非是真涅槃也。以禅定力，经五百劫，五百劫后，仍堕生死。今人修禅，多以灭除妄想为毕竟者，皆堕外道异计，不可不知也。

圣人所居五不还天者，即无烦天、无热天、善见天、善现天、色究竟天也。如是五天，皆是三果圣人所住。已灭欲界九品思惑，亦灭初禅、二禅、三禅各九品思惑，尚未进断第四禅中及无色界思惟之惑，则生于此五不还天。五品别者，谓下品、中品、上品、上胜品、上极品也。不还者，不复还来欲界及三禅也。苦乐两灭，毕竟不生，形待既无，敌对全亡，名无烦天；不与违顺二境相应，舍心自在，渐得清凉，名无热天；十方世界，圆遍澄寂，更无尘象，及与沉垢，名善见天；妙见圆澄，定慧功著，熔炼万法，自在无碍，名善现天；研穷多念，至于一念，究竟推极色性之性，名色究竟天。如果五天，是圣人所居，非同凡夫有漏住故。定力殊胜，依报亦胜，同在世间，境界各异，故诸四禅，四位天王，皆所不见。色界已竟。

三、无色界，此界天人无业果色，谓无业力所感果报色也。从五不还天出三界者，复有二途：一者，即从不还发无漏智，断第四禅及无色四地各九品思惑，即出三界，成阿罗汉。二者，从五不还，于定心中，销碍入空，生无色界，此等名为不回心钝阿罗汉。言不回心者，非竟不回，较前利根，即于四禅断思惟惑成无学者，名不回心。究竟亦皆断九地惑，乃至回心向大入菩萨乘也。若是凡夫，则由广果入无色界，灭色取空，八万劫后，仍入轮回。若是外道生无想者，必定退堕，更不进修，不复来至无色界也。

无色有四，即空处、识处、无所有处、非非想处也。于五不还，用无漏智，断四禅中九品修惑，复从此地，销碍入空，此是乐定阿那含也。若于广果，用有漏道，伏惑入空，此是凡夫外道也。名为空处，即为空无边处地也。复于空处，破空入识，即唯观识，以破于空。赖耶、末那，悉皆不转，而于第六，灭其一半缘色空分，唯留一半缘心识分。以识相微细，全不知有，故冥然自留也。是名识处，即识无边处地也。空处无色而存空，识处亡空而存识，皆名所有。今空之与识二俱不存，所缘既寂，能缘不行，名无所有处。此言无所有者，非是真无所有，以心不缘色空，亦不缘心识，而依无所有法，心与无所有法相应，名无所有处，即无所有处地也。今之修大乘者，多滥此定。但一切无著，心无所寄，都无一物，即是大乘，其实正堕此地。正修大乘法者，并其依无所有之心识，亦不可得也。谓依无所有之心识不可得者，以此心识即是妙觉明心。而此妙心，如大圆镜，世出世间一切诸法，皆于中现，岂如此地冥然无觉者乎？复于无所有处，用心穷研，亦不依无所有法。是时第六粗想不起，仍有细想及赖耶识流注不息，名非非想处地也。如是四天，有其二类：一者钝根那含，不能于四禅中断思惟惑，来至非想，方断三界八十一品思惑，出离生死。此名从不还天圣道穷者，虽是钝根，犹为佛弟子也。二者凡夫外道，于四禅天，用有漏道，厌下欣上，渐至非想，认有漏心作无为解，便谓涅槃，至此不进。以不广闻圣教，不辨诸禅漏与无漏修证行相，寿终随业，必入诸趣。如是四天，名无色界。

如是诸天，皆由不了妙觉明心，从妄积妄，妄有三界。以其不断三界见思，纵至非想，身心寂灭，八万大劫，报尽还堕，总为长寿天难。故学佛人，必先了悟妙觉明心，以无漏智，不断而断，断诸妄惑，得证圣果。昔人谓此为竖出三界者，约钝根那含言耳。若凡夫外道至非想者，必堕无疑，乌在其为竖出者也？今有不信净土横超法门，唯勤修学世间禅门者，诚宜鉴于斯哉！

此处应辨无漏、有漏二智之异。无漏智者，谓观一切法苦、空、无常、无我，而得见真谛也。见真谛故，则知本无烦恼生死。此智猛利，能断三界思惟之惑，而证涅槃，是圣人之所修也。有漏智者，但修六行，即厌下苦、粗、障，欣上净、妙、离，极至非想，依旧轮回。若学大乘法门者，则当开悟妙觉明心。见此心故，一切诸法不为障碍，身心不动而遍十方，普现色身度脱众生，是则法身大士之所修也。

辨天趣竟。

丁七、修罗

"复次，阿难，是三界中，复有四种阿修罗类。若于鬼道，以护法力，乘通入空；此阿修罗从卵而生，鬼趣所摄。若于天中，降德贬坠，其所卜居邻于日月；此阿修罗从胎而出，人趣所摄。有修罗王，执持世界，力洞无畏，能与梵王及天帝释、四天争权；此阿修罗因变化有，天趣所摄。阿难，别有一分下劣修罗，生大海心，沉水穴口，旦游虚空，暮归水宿；此阿修罗，因湿气有，

畜生趣摄。"

广辨七趣中，辨修罗者，即经卷九前部"复次，阿难，是三界中，复有四种"至"此阿修罗，因湿气有，畜生趣摄"七行文也。

此明修罗凡有四种：从卵而生，鬼趣所摄；从胎而出，人趣所摄；因变化有，天趣所摄；因湿气有，畜生趣摄。不局一道，故列诸趣之后。

别辨业报已竟。

丙三、结妄因以诫离

"阿难，如是地狱、饿鬼、畜生、人及神仙、天洎修罗。精研七趣，皆是昏沉诸有为相，妄想受生，妄想随业，于妙圆明无作本心，皆如空华，元无所着，但一虚妄，更无根绪。阿难，此等众生，不识本心，受此轮回，经无量劫，不得真净，皆由随顺杀、盗、淫故。反此三种，又则出生无杀、盗、淫，有名鬼伦，无名天趣，有无相倾，起轮回性。若得妙发三摩提者，则妙常寂，有无二无，无二亦灭。尚无不杀、不偷、不淫，云何更随杀、盗、淫事？阿难，不断三业，各各有私，因各各私，众私同分，非无定处，自妄发生，生妄无因，无可寻究。汝勖修行，欲得菩提，要除三惑。不尽三惑，纵

得神通，皆是世间有为功用；习气不灭，落于魔道，虽欲除妄，倍加虚伪，如来说为可哀怜者。汝妄自造，非菩提咎。作是说者，名为正说；若他说者，即魔王说。"

经卷九前部"阿难，如是地狱、饿鬼、畜生"至"作是说者名为正说，若他说者即魔王说"有十三行余文，为广辨七趣因果中第三科结妄因以诫离也。

如是地狱、饿鬼、畜生、人及神仙，天与修罗，凡有七趣，皆是妄想受生，妄想随业。此妄因果，皆是无明有为虚相，无实可得。若望圆明，如虚空华，本无所有也。如是众生，不识妙心，皆堕轮回。若得妙发三摩地者，谓知一切法本无所有。既无生死，亦无涅槃，唯一真净妙觉明心。离妙心外，更无别法，尚无于善，况随于恶。善恶皆亡，空亦不立。以无住法住于此者，为妙三摩地也。造杀盗淫，堕于三途；反此三种，无杀盗淫，则得生天。有无虽异，同属虚妄。如是七趣众生，各各造业，名各各私；所造业同，名为同分；由业感报，非无定处；虽有定处，而实全体虚妄，本不可得也。

最后，佛诫阿难及末世众生，欲得菩提，当除三惑。三惑者，即杀盗淫业之因也。如是三惑，名为狂性。三惑既除，狂性自歇，歇即菩提。菩提心中，本无虚妄。七趣众生，以妄修妄，自堕轮回，非是菩提之过咎也。

流通分中第二大科广辨七趣因果已竟。

乙三、详明五阴魔境　丙一、总明真妄

即时如来，将罢法座，于师子床，揽七宝几，回紫金山，再来凭倚，普告大众及阿难言："汝等有学缘觉、声闻，今日回心趣大菩提无上妙觉，吾今已说真修行法。汝犹未识修奢摩他、毗婆舍那微细魔事，魔境现前汝不能识，洗心非正，落于邪见。或汝阴魔，或复天魔，或着鬼神，或遭魑魅，心中不明，认贼为子。又复于中得少为足，如第四禅无闻比丘妄言证圣，天报已毕，衰相现前，谤阿罗汉，身遭后有，堕阿鼻狱。汝应谛听，吾今为汝子细分别。"

阿难起立，并其会中同有学者，欢喜顶礼，伏听慈诲。

佛告阿难及诸大众："汝等当知：有漏世界十二类生，本觉妙明，觉圆心体，与十方佛无二无别。由汝妄想迷理为咎，痴爱发生，生发遍迷，故有空性；化迷不息，有世界生，则此十方微尘国土非无漏者，皆是迷顽妄想安立。当知虚空生汝心内，犹如片云点太清里，况诸世界在虚空耶？汝等一人发真归元，此十方空皆悉销殒，云何空中所有国土而不振裂？汝辈修禅饰三摩地，十方

菩萨及诸无漏大阿罗汉，心精通泯，当处湛然。一切魔王及与鬼神、诸凡夫天，见其宫殿无故崩裂，大地振坼，水陆飞腾，无不惊慑，凡夫昏暗，不觉迁讹。彼等咸得五种神通，唯除漏尽，恋此尘劳，如何令汝摧裂其处？是故鬼神，及诸天魔、魍魉妖精，于三昧时佥来恼汝。然彼诸魔虽有大怒，彼尘劳内，汝妙觉中，如风吹光，如刀断水，了不相触。汝如沸汤，彼如坚冰，暖气渐邻，不日销殒，徒恃神力，但为其客。成就破乱，由汝心中五阴主人，主人若迷，客得其便。当处禅那，觉悟无惑，则彼魔事无奈汝何。阴销入明，则彼群邪咸受幽气，明能破暗，近自销殒，如何敢留，扰乱禅定？若不明悟，被阴所迷，则汝阿难必为魔子，成就魔人。如摩登伽殊为眇劣，彼唯咒汝破佛律仪，八万行中只毁一戒，心清净故，尚未沦溺。此乃隳汝宝觉全身，如宰臣家忽逢籍没，宛转零落，无可哀救。"

流通分四：初、文殊请问经名，次、广辨七趣因果已竟。今为第三详明五阴魔境也，即经第九卷第六页前部"即时如来，将罢法座"至第十卷十六页后部"令识虚妄，深厌自生，知有涅槃，不恋三界"近二卷文也。自此以后有一页多文，为流通分中第四显示弘持功德，而全经终矣！

详明五阴魔境，复有三科：初为总明真妄，次为别显五阴，后为除断顿渐。

总明真妄者，即经卷九第六页前部"即时如来，将罢法座"至第八页前部"如宰臣家，忽逢籍没，宛转零落，无可哀救"两页文也。

如来解答阿难云何复有鬼、狱、畜生、人、天诸趣，为是本有，为是妄起之问，遂乃广辨七趣因果。最后结示，如是七趣，皆由不识本心，妄受轮回，菩提心中，本无如是虚妄之法也。佛辨七趣已竟，一会将毕。复为末世修行之士，于禅定中所发境界不能觉察，取著魔境，遂遭沦堕，乃兴深慈大悲，无问自说，详示魔境，令修行人直进无难。是此科之所以来也。

欲识魔境，当明真妄。

"有漏世界十二类生，本觉妙明觉圆心体，与十方佛无二无别"者，示一切众生皆有佛性也。若论心体，虽鬼、狱、畜生，与十方佛无二无别。但以无明有厚薄，发心有先后，修行有迂直，证道有迟速，故有三乘五性之异。其实地狱众生，闻经顿超，断善根者，毕竟成佛。众生妄心中，本具一切诸佛智慧福德、神通道力，譬如冰有水性，矿有金性，只以不信故，不能知耳，非是无也。

一切众生觉圆心体，与佛无二，但由无始迷此心体，由是"迷妄有虚空，依空立世界，想澄成国土，知觉乃众生"。此虚空、世界、国土、众生之所以成也。一切众生，皆谓自身依国土住，国土住世界中，世界住虚空中，虚空无际，则无所住。殊不知无际虚空生我心中，犹如片云点太清里。此言心者，即妙明心也。片云者，迷真成妄之一念无明也。太清喻妙心，片云喻一念无明。十方虚空，乃是一念无明之所现，如太清中之片云而已。若能发真归元，则虚空销殒，况复依空而住之世界、国土，乃至十二类生乎！

一人发真归元，何以能令十方虚空皆悉销殒？以十方空本由一念无明之所妄现，今发真归元，则破无明而显妙心。妙明心中，本无虚空可得，故十方空皆悉销殒也。虚空尚且销殒，则依虚空而住之世界、国土，及与众生，不待言矣！

微尘国土，本由众生妄业所感。已发真者，无妄可得，故国土销殒。未发真者，犹有妄在，见有国土。然此国土为共业所感，我已发真，国土销殒；彼之国土，亦以我智所了，虽不销殒，宁免振裂！故知诸佛成道，地摇六震，非徒言也。一切魔王，及诸鬼神、诸凡夫天，见其国土倾摇，宫殿崩裂，不能安住，故来恼乱。此言魔之所以兴也。然彼处尘劳，我住妙觉，纵欲恼乱，终不可得。若无明悟，则此行人迷于五阴，为魔所娆。本修正定，反入邪伦，譬如宰臣，犯国极法，削没其籍，零落无救，故不可不知降伏之方也。

总明真妄已竟。

丙二、别显五阴　丁一、示色阴境

　　"阿难当知，汝坐道场，销落诸念，其念若尽，则诸离念一切精明，动静不移，忆忘如一。当住此处，入三摩提，如明目人处大幽暗，精性妙净，心未发光，此则名为色阴区宇。若目明朗，十方洞开，无复幽黯，名色阴尽。是人则能超越劫浊，观其所由，坚固妄想以为其本。阿难，当在此中精研妙明，四大不织，少选之间身能出碍，此名精明流溢前境；斯但功用，暂得如是，非为圣证；不作圣心，名善境界；若作圣解，即受群邪。阿难，复以此心精研妙明，其身内彻。是人忽然于其身内拾出蛲蛔，身相宛然，亦无伤毁；此名精明流溢形体；斯但精行，暂得如是，非为圣证；不作圣心，名善境界；若作圣解，即受群邪。又以此心内外精研，其时魂、魄、意、志、精、神，除执受身，余皆涉入，互为宾主。忽于空中闻说法声，或闻十方同敷密义；此名精魄递相离合，成就善种，暂得如是，非为圣证；不作圣心，名善境界；若作圣解，即受群邪。又以此心澄露皎彻，内光发明，十方遍作阎浮檀色，一切种类化为如来；于时忽见毗卢遮那踞天光台，千佛围绕，百亿国土及与莲华俱时出现；此名心魂灵悟所染，心光研明，照诸世界，暂得如是，非为圣证；不作圣心，名善境界；若作圣解，即受群邪。又以此心精研妙明，观察不停，抑按降伏，制止超越；于时忽然十方虚空成七宝色，或百宝色，同时遍满，不相留碍；青黄赤白，各各纯现；此名抑按功力逾分，暂得如是，非为圣证；不作圣心，名善境界；若作圣解，即受群邪。又以此心研究澄彻，精光不乱；忽于夜半，在暗室内见种种物，不殊白昼，而暗室物亦不除灭；此名心细密澄其见，所视洞幽，暂得如是，非为圣证；不作圣心，名善境界；若作圣解，即受群邪。又以此心圆入虚融，四体忽然同于草木，火烧刀斫，曾无所觉；又则火光不能烧爇，纵割其肉，犹如削木，此名尘并，排四大性，一向入纯，暂得如是，非为圣证；不作圣心，名善境界；若作圣解，即受群邪。又以此心成就清净，净心功极，忽见大地、十方山河皆成佛国，具足七宝，光明遍满；又见恒沙诸佛如来遍满空界，楼殿华丽；下见地狱，上观天宫，得无障碍；此名欣厌凝想日深，想久化成，非为圣证；不作圣心，名善境界；若作圣解，即受群邪。又以此心研究深远，忽于中夜遥见远方市井街巷、亲族眷属，或闻其语；此名迫心逼极飞出，故多隔见，非为圣证；不作圣心，名善境界；若作圣解，即受群邪。又以此心研究精极，见善知识形体变移，少选无端种种迁改，此名邪心，含受魑魅，或遭天魔入其心腹，无端说法，通达妙义，非为圣证；不作圣心，魔事销歇；若作圣解，即受群邪。阿难，如是十种禅那现境，皆是色阴用心交互，故现斯事。众生顽迷，不自忖量，逢此因缘，迷不自识，谓言登圣，大妄语成，堕无间狱。汝等当依，如来灭后，于末法中宣示斯义，无令天魔得其方便，保持覆护，成无上道。"

次为别显五阴，则有五科。今初示色阴境也，即经第九卷第八页前部"阿难当知，汝坐道场，销落诸念"至同卷十一页前部"无令天魔得其方便，保持覆护，成无上道"不盈三页文也。

示色阴境者，初明尽未尽相，次明十种境界，后为结劝弘宣。

初明尽未尽相者，谓已破色阴与未破色阴之相也。已破色阴者，则色阴已尽。色阴尽故，不得更有色阴之境。若不修正定者，本无振裂国土之事。惟于将破未破之时，由禅定力，能发诸境。若有多闻智慧，于禅发境，自能觉察，不为魔娆；若无智慧，则堕为魔眷，沦溺三途，无依无救。修禅行人，当深识此义，不令天魔得其方便。彼无闻暗证之流，则不可不广寻经论，亲近知识，深识魔佛之辨矣。破五阴时，先破色阴，次破受、想、行阴，后破识阴者，以五阴渐灭，从粗至细，有是次第，经云"生因识有，灭从色除"者是也。

坐道场者，谓正修禅定之时也。销落诸念者，令妄念不生也。妄念不生，则无一切虚妄境界。妄念已息，名为"念尽"。妄念尽故，妙心显现。一切精明者，谓妙心所发真精妙明也。如是精明，乃真心妙用，非是虚妄，故必离念而后始显也。如是精明，离于动静明暗，忆忘生灭，故"动静不移，忆忘如一"也。当于此处入三摩地者，谓当如是入正定也。然以行人定力尚浅，精明乍露，已如明目之人；色阴未破，仍处幽暗之中，是则名为"色阴区宇"。十种境界，由此而发。若妙心彻显，证色阴空，则如目明朗，无复幽暗，即不复有色阴之境矣。

"色阴区宇"，谓色阴之域也。区者，地域也。宇者，盖覆也。住于色阴之域，为色阴之所盖覆，是为"色阴区宇"。若显妙心，证色阴空，则如目明朗，暗相尽破，故"十方洞开，无复幽暗"，是则名为"色阴尽"也。色阴尽故，能超劫浊。空为色本，依空立界，依界立时，色阴尽，则十方空色一切俱尽，更无三世之可得，故能超劫浊也。质碍名色，故名"坚固"。然此质碍之色，实由妄想所成，本自非有，故名之为"坚固妄想"也。

次明十种境界，即为十章。如是十章，皆有三节：一者发境之由，二者所发境相，三者结判邪正。

第一，身能出碍。修禅行人，于正定中，精究研穷妙明元体。由此精研，妄念渐息。妄念息故，四大不织。此明禅定发境之由也。身能出碍者，所发境相也。"此名精明，流溢前境"等者，结判邪正也。身之所以能出碍者，以行人修习禅定之力，真心妙用，相似显发，故令前境不相为碍。若破色阴，则无前境，故亦无有出碍之相矣。以是可知，此境现前，非是圣证。"不作圣心，名善境界"者，以此境界，是勤修正定，精研妙明之所致也。"若作圣解，即受群邪"者，若认此境以为圣证，则落色阴区宇，而为邪魔之所惑矣。

第二，体拾蛲蛔。修禅行人，于正定中，精究研穷妙明元体。由此精研，身相渐空，故得内彻。内彻者，谓内见己身如琉璃也。此明禅定发境之由也。于其身内拾出蛲蛔者，所发境相也。"此名精明，流溢形体"等者，结判邪正也。所以能如是者，以行人修习禅定之力，真心妙用，相似显发，故令己身洞彻无碍。若破色阴，则身元叵得，故亦无有内彻之相矣。以是可知，此境现前，非圣证也。此是勤修正定，精研妙明之所致，故"名善境界"。若认此境以为圣境，则仍落色阴区宇，而为邪魔之所惑矣。

第三，密义闻空。修禅行人，于正定中，精究研穷妙明元体。由此精研，能令身中心肝脾肺肾五内俱空。由是魂魄意志及于精神，无所依附，流出于外，迭互相依。此明禅定发境之由也。"忽于空中闻说法声"等者，所发境相也。"此名精魄，递相离合"等者，结判邪正也。此乃先世所习闻慧种子，因禅而发，遂托神魂，现于说法也。若破色阴，则声色俱亡，无复更有说法之相矣。此是精研妙明所致，故"名善境界"。若作圣解，则为邪魔之所惑矣。

第四，华台踞佛。修禅行人，于正定中，精研妙明。由此精研，能令定心澄静，内发明耀。此明禅定发境之由也。"十方遍作阎浮檀色"等者，所发境相也。"此名心魂，灵悟所染"等者，结判邪正也。此乃先世熏习名言善种，因禅而发。若破色阴，则本无佛身可得，何有此境也？此是精研妙明所致，故"名善境界"。若心取著，则为邪魔之所惑矣。或疑：修观佛三昧者，见佛身现前，亦是魔耶？答：经中明示，此境现前，与修多罗合者，名为正观。然亦不可取著，若修树观，设见佛形，亦为邪也。

第五，空呈宝色。修禅行人，于正定中，精研妙明。由此精研，观察逾深，抑按制止，过用功力。此明禅定发境之由也。"十方虚空成七宝色"等者，所发境相也。"此名抑按，功力逾分"等者，结判邪正也。此以抑按过分之所妄现。若破色阴，则虚空尚无，况复空中所现之色乎！此是精研妙明所致，故"名善境界"。若作圣解，则为邪魔之所惑矣。

第六，暗室见物。修禅行人，于正定中，精研妙明。由此精研，心光澄彻。此明禅定发境之由也。"在暗室内见种种物"等者，所发境相也。"此名心细，密澄其见"等者，结判邪正也。于禅定中，能观之心，微细精密，澄静明彻，心精发光，暗境不隐，故能尔也。若破色阴，则本无暗室中物之可得也。此是精研妙明所致，故名善境。若作圣解，则为邪魔之所惑矣。

第七，伤体无知。修禅行人，于正定中，精研妙明。由此精研，能令定心圆融通达，遍了一切己身他物无不虚寂。此明禅定发境之由也。"四体忽然同于草木"等者，所发境相也。"此名尘并，排四大性"等者，结判邪正也。此以定中，心融思寂，执受不行，故割截如空耳。若破色阴，则四大五尘本自空寂，四体不存，何处更有割截之事？此是精研妙明所致，故名善境。若作圣解，则为邪魔之所惑矣。

第八，遍观诸界。修禅行人，于正定中，精研妙明。厌秽欣净，积想所凝。此明禅定发境之由也。"忽见大地十方山河皆成佛国"等者，所发境相也。"此名欣厌，凝想日久"等者，结判邪正也。此以凝想日久，故感斯境。若破色阴，则"法性本空寂，无取亦无见，性空即是佛，不可得思量"，不复得见此幻境也。此是圆定功深所致，故名善境。若作圣解，则为邪魔之所惑矣。

第九，他方夜睹。修禅行人，于正定中，精研妙明。由此定力，能令识心飞出隔见，远近皆然。此明禅定发境之由也。"遥见远方市井街巷"等者，所发境相也。"此名迫心，逼极飞出"等者，结判邪正也。此是定力迫心所致，若破色阴，则能见所见悉皆空寂，无复隔见。此亦定力所致，故名善境。若作圣解，则为邪魔之所惑矣。

第十，知识变移。修禅行人，于正定中，精研妙明。由此行人宿昔之时，曾有邪心种子深埋识田，今因定力发此境相。此明发境之由也。"见善知识形体变移"等者，所见境相也。"此名邪心，含受魑魅"等者，结判邪正也。此是行人邪心种子，与外魔合，共相娆乱，非圣证也。若悟其非，则魔事销歇，不能为害。若作圣解，则为邪魔之所惑矣。前之九相，皆名善境，起心作证，方始成魔。唯此一章，纯是魔娆，不同前文。

明色阴十种境界竟。

后为结劝弘宣者，此是于观行及相似位中色阴将尽未尽之时，用心羌异，有此十境。若不识知，认为圣证，即被魔惑，作大妄语，堕无间狱。末世行人，若发此境，鲜有不自以为证圣者。故知本修正定，反堕无间者，众矣。是以如来兴起深慈大悲，说此降魔法门。而谆谆告诫阿难大众，当弘宣流通，以护持行人也。

别显五阴中初示色阴境已竟。

丁二、示受阴境

"阿难，彼善男子，修三摩提奢，摩他中色阴尽者，见诸佛心如明镜中显现其像。若有所得，而未能用，犹如魇人，手足宛然，见闻不惑，心触客邪而不能动，此则名为受阴区宇。若魇咎歇，其心离身，返观其面，去住自由，无复留碍，名受阴尽。是人则能超越见浊，观其所由，虚明妄想以为其本。阿难，彼善男子当在此中得大光耀，其心发明，内抑过分，忽于其处发无穷悲，如是乃至观见蚊虻犹如赤子，心生怜愍，不觉流泪。此名功用抑摧过越，悟则无咎，非为圣证；觉了不迷，久自销歇。若作圣解，则有悲魔入其心腑，见人则悲，啼泣无限，失于正受，当从沦坠。阿难，又彼定中诸善男子，见色阴销，受阴明白，胜相现前，感激过分，忽于其中生无限勇，其心猛利，志齐诸佛，谓三僧祇一念能越。此名功用，陵率过越，悟则无咎，非为圣证；觉了不迷，久自销歇。若作圣解，则有狂魔入其心腑，见人则夸，我慢无比，其心乃至上不见佛，下不见人，失于正受，当从沦坠。又彼定中诸善男子，见色阴销，受阴明白，前无新证，归失故居，智力衰微，入中隳地，迥无所见，心中忽然生大枯渴，于一切时沉忆不散，将此以为勤精进相。此名修心无慧自失，悟则无咎，非为圣证。若作圣解，则有忆魔入其心腑，旦夕撮心，悬在一处，失于正受，当从沦坠。又彼定中诸善男子，见色阴销，受阴明白，慧力过定，失于猛利，以诸胜性怀于心中，自心已疑是卢舍那，得少为足。此名用心亡失恒审，溺于知见，悟则无咎，非为圣证。若作圣解，则有下劣易知足魔入其心腑，见人自言'我得无上第一义谛'，失于正受，当从沦坠。又彼定中诸善男子，见色阴销，受阴明白，新证未获，故心已亡，历览二际，自生艰险，于心忽然生无尽忧，如坐铁床，如饮毒药，心不欲活，常求于人令害其命，早取解脱。此名修行失于方便，悟则无咎，非为圣证。若作圣解，则有一分常忧愁魔入其心腑，手执刀剑，自割其肉，欣其舍寿；或常忧愁，走入山林，不耐见人。失于正受，当从沦坠。又彼定中诸善男子，见色阴销，受阴明白，处清净中，心安隐后，忽然自有无限喜生，心中欢悦，不能自止。此名轻安，无慧自禁，悟则无咎，非为圣证。若作圣解，则有一分好喜乐魔入其心腑，见人则笑，于衢路傍自歌自舞，自谓已得无碍解脱，失于正受，当从沦坠。又彼定中诸善男子，见色阴销，受阴明白，自谓已足，忽有无端大我慢起，如是乃至慢与过慢，及慢过慢，或增上慢，或卑劣慢，一时俱发，心中尚轻十方如来，何况下位声闻、缘觉。此名见胜，无慧自救，悟则无咎，非为圣证。若作圣解，则有一分大我慢魔入其心腑，不礼塔庙，摧毁经像，谓檀越言：'此是金铜，或是土木；经是树叶，或是叠华；肉身真常，不自恭敬，却崇土木，实为颠倒。'其深信者，从其毁碎，埋弃地中；疑误众生，入无间狱，失于正受，当从沦坠。又彼定中诸善男子，见色阴销，受阴明白，于精明中，圆悟精理，得大随顺。其心忽生无量轻安，已言成圣，得大自在。此名因慧获诸轻清，悟则无咎，非为圣证。若作圣解，则有一分好轻清魔入其心腑，自谓满足，更不求进，此等多作无闻比丘，疑误众生，堕阿鼻狱，失于正受，当从沦坠。又彼定中诸善男子，见色阴销，受阴明白，于明悟中得虚明性，其中忽然归向永灭，拨无因果，一向入空，空心现前，乃至心生长断灭解。悟则无咎，非为圣证。若作圣解，则有空魔入其心腑，乃谤持戒名为小乘；菩萨悟空，有何持犯？其人常于信心檀越饮酒啖肉，广行淫秽，因魔力故，摄其前人不生疑谤，鬼心久入，或食屎尿与酒肉等，一种俱空，破佛律仪，误入人罪，失于正受，当从沦坠。

又彼定中诸善男子，见色阴销，受阴明白，味其虚明，深入心骨，其心忽有无限爱生，爱极发狂，便为贪欲。此名定境安顺入心，无慧自持，误入诸欲，悟则无咎，非为圣证。若作圣解，则有欲魔入其心腑，一向说欲为菩提道，化诸白衣平等行欲，其行淫者名持法子，神鬼力故，于末世中摄其凡愚，其数至百，如是乃至一百二百，或五六百，多满千万，魔心生厌，离其身体，威德既无，陷于王难，疑误众生入无间狱，失于正受，当从沦坠。阿难，如是十种禅那现境，皆是受阴用心交互，故现斯事。众生顽迷，不自忖量，逢此因缘，迷不自识，谓言登圣，大妄语成，堕无间狱。汝等亦当将如来语，于我灭后，传示末法，遍令众生开悟斯义，无令天魔得其方便，保持覆护，成无上道。"

　　详明五阴魔境，凡有三科：初、总明真妄，次、别显五阴，后、除断顿渐。别显五阴有五科，今为第二示受阴境也。经第九卷十一页前部第二行"阿难，彼善男子，修三摩提"至同卷十五页后部第二行"无令天魔得其方便，保持覆护，成无上道"四页又八行文也。

　　示受阴境者，初明尽未尽相，次明十种境界，后为结劝弘宣。

　　初明尽未尽相者，谓已破受阴与未破受阴之相也。已破受阴者，则受阴已尽，不复更有受阴之相。何谓受阴之相？受以领纳为义。其相有五，即苦、乐、忧、喜、舍也。破受阴故，心亡领纳，既无所领之境，亦无能领之受。无能领之受故，则苦、乐、忧、喜及舍皆亡，是则名为受阴尽也。于观行中，悟色阴空，而受阴犹在；受阴在故，由禅定力，能发诸境。此受阴之中十种魔境所由现也。问：已破色阴，则无所领纳；所领无故，能领亦亡。是则受阴应与色阴同时顿断。何以色阴已尽，而受犹在乎？答：约理而言，实应同断；约事言之，先破色阴，次破受阴，亦有次第。如人欲寐，心已了然，手足被魇，犹不能动。心了然者，喻已破色阴也；不能动者，喻受阴犹在也。问：五阴之境，同是无明所现，破色阴故，即破无明；破无明故，五阴俱破。何以色尽而犹有受乎？答：破无明者，圆初住也。今言尽色阴者，乃在观行位中，但伏无明，非真断也。以是永伏故，亦得言尽；非真断故，得论次第。又相似位中，已断见思，六根清净，若非乘愿度生，不复更入三界，何得有“失于正受，当从沦坠”之事？故知五阴魔境，皆在观行中也。又圆教观行，智慧猛利，虽现魔境，自能令灭。为魔所惑者，皆是定多慧少，无闻暗证之流耳。末世行人，多有此失，故如来悲悯，将罢法座，又复“回紫金山，再来凭倚”，而详示之也。

“见诸佛心，如明镜中，显现其相”者，谓悟色阴空，则见佛心也。佛心者，妙明心也。于观行中，妙觉明心了了而见，如于镜中自见其面，非真实见。真实见者，无所见也。"若有所得，而未能用"者，于观行中得见妙心，以非真见，故真心妙用未能现前也。"手足宛然，见闻不惑"者，喻得见妙心也。"心触客邪，而未能动"者，喻真心妙用未现前也。受阴区宇，受阴之域也。住于受阴之域，为受阴之所盖覆，是为"受阴区宇"。言此心犹未离于领受之域也。犹未免为苦、乐、忧、喜及与舍受之所盖覆，而不得自在无碍也。若显妙心，证受阴空，所受既亡，能受亦寂，不受亦不受，于法自在，无所障碍，名"受阴尽"。"若魇咎歇，其心离身"者，喻证受阴空，真心得显，不为受阴之所盖覆也。返观其面者，喻显真心故，返知观行位中，所观之境，非真实也。"去住自由，无复留碍"者，真心既显，不为受阴之所盖覆，故妙用自在，无复障碍，是则名为"受阴尽"也。心见外境，执为有无等，名之为见。受阴尽故，无所领纳，亦无执取，故超见浊也。见闻虚通，前境了然，而有领纳违顺等事。然此领纳违顺等事，全由妄想所成，本自非有，故名之为"虚明妄想"也。

次明十种境界，亦有十章。如是十章，皆有四节：一者发境之由，二者所发之境，三者结判邪正，四者魔事之相。色阴境中，但言"若作圣解，即受群邪"，犹未详示群邪之相。今受阴境中，十种邪魔入于心腑，其相昭然无所隐覆，有智慧者宜应无惑矣。

第一，见物生悲。修禅行人，于奢摩他中，一心在定，心光发现，此正念也。以用心太紧，抑止过甚，正念便失，邪境现前。此发境之由也。"忽于其处发无穷悲"等，所发之境也。受有五相，苦、乐、忧、喜、舍，此即忧受也。"此名功用，抑摧过越"等，结判邪正也。"则有悲魔入其心腑"等，魔事之相也。夫外魔之来，皆由自召，自无忧悲，谁感悲魔？而忧悲之心，乃藏识中忧悲种子因禅而发。无慧自觉，谓是证圣，由是招引外魔，失于正受，而堕无间矣。正受者，无受也。以是观之，修正定者，不可不以般若之智为前导也。五度如盲，般若如导，岂不然哉！

第二，勇志齐圣。修禅行人，于奢摩他中，一心在定。见色阴空，言"色阴销"也。而领纳违顺分明犹在，言"受阴明白"也。色尽受现，定中胜相。胜相现前，心生欢喜，感激太过，正念便失，邪境即现。此发境之由也。"忽于其中生无限勇"等，所发之境也。此由喜受而发也。"此名功用，凌率过越"等，结判邪正也。"则有狂魔入其心腑"等，魔事之相也。狂魔之来，亦由自召，自心不狂，谁感狂魔？而此狂心，实有无始我慢种子，被激而生。欲破狂魔，当除我慢。若悟人空，则慢山自摧。内魔既摧，外魔无踪，故曰"觉了不迷，久自销歇"也。若认为证圣，则失于正受，而堕无间矣！沦坠者，沦溺陷坠也。正念已失，为魔所娆，故沦溺陷坠，入于无间也。

第三，渴心沉忆。修禅行人，于奢摩他中，一心在定。见色阴空，而领纳违顺分明犹在。受阴未尽，前无新证；色阴已销，归失故居。前后失准，堕入两楹，无所依倚，名"中隳地"。心住于此，进退茫然。此发境之由也。"心中忽然生大枯渴"等，所发之境也。此由忧虑而发也。"此名修心，无慧自失"等，结判邪正也。"则有忆魔，入其心腑"等，魔事之相也。如是忆魔，亦由自召，若悟阴空，则何有无新证、失故居之虑哉？心中廓然，魔不为害。以无慧故，则失于正受，而堕无间矣！

第四，疑自果成。修禅行人，于奢摩他中，一心在定。虽领纳违顺分明犹在，而色阴已空，由是发生狂慧，失于正定。此发境之由也。自心已疑是卢舍那者，所发之境也。以由胜解，引起见取种子，执劣为胜，故此现也。"此名用心，亡失恒审"等，结判邪正也。定力微故，亡失恒审；慧力过故，溺于知见。定慧若均，寂照无二，则心住正定，故无咎也。"则有下劣易知足魔"等，魔事之相也。此魔亦由内心感召所致，心诚无邪，外魔不至。我得无上第一义谛者，魔之言也。圆教观行，能伏无明。今作此言，全由狂慧，认沤作海，执劣为胜，作大妄语，堕无间必矣。

第五，逼意忧愁。修禅行人，于奢摩他中，一心在定。见色阴空，而领纳违顺分明犹在。新证未获，进无所得；

故心已亡，退无所据。忧愁太过，便失正念。此发境之由也。"于心忽然生无尽忧"等，所发之境也。此与第三沉忆相似。沉忆者，但进退失据，故旦夕悬心。今则自念修行求道，途路艰险，忧恼失心，故但欲早死，速获解脱也。"此名修行，失于方便"等，结判邪正。定无方便安忍其心，故生忧恼，不耐活命。若有方便，善修安忍，则忧恼自亡，故无咎也。"则有一分常忧愁魔入其心腑"等，魔事之相也。此由忧恼种子因禅而发。修无方便，故引外魔，无慧自觉，则失正念而堕无间矣！

第六，心生喜乐。修禅行人，于奢摩他中，一心在定。虽领纳违顺分明犹在，而色阴已空，定境清净，心获轻安。此发境之由也。"忽然自有无限喜生"等，所发之境也。"此名轻安，无慧自禁"，结判邪正也。轻安本是定中胜境，今所发者，无慧自持，定翻成散，故魔得其方便。若有慧悟，则无咎也。"则有一分好喜乐魔"等，魔事之相也。此是喜乐过分，而成掉举，好喜乐魔，因兹得便，由是失于正受，而堕无间矣！问：喜乐轻安，本是禅中胜相，何以反堕无间？答：喜乐轻安，虽是功德，以无慧自禁，失于正定，外魔乘之，"自谓已得无碍解脱"，则成大妄语，惑乱众生，故必堕无间，无可疑也。

第七，无端我慢。修禅行人，于奢摩他中，一心在定。虽受阴犹在，而色阴已空。故自谓已足，便失正定，而我慢起矣。此发境之由也。"忽有无端大我慢起"等，所发之境也。慢有七种：恃己凌他，高举为性，名我慢；称量自他，比较同德，但称为慢；于他等，谓己胜，名为过慢；于他胜，谓己胜，名慢过慢；未得谓得，名增上慢；虽知下劣，返顾自矜，名卑劣慢；斥毁经像，即是邪慢。此之七慢，由禅定中忽生胜见，无正慧觉，是故起也。"此名见胜，无慧自救"等，结判邪正也。我慢虽起，若有正慧，能自觉悟，则慢山摧折，故无咎也。"则有一分大我慢魔入其心腑"等者，魔事之相也。末世住持，依因像教，出家学道，藉此而修。魔坏信因，令毁经像，则世间凡夫入道无由矣。佛不说法，则无圣教，若无圣教，谁有修行及得道者？魔鬼入心，起大邪见，有智慧者，勿为所惑。如是毁经像人，当速堕无间，长劫沉沦，永无出离之期矣！

第八，顿获轻安。修禅行人，于奢摩他中，一心在定。虽受阴犹在，而色阴已空。定中发慧，与理相契，身心调畅，得未曾有。此发境之由也。此乃观行位中，理智暂契，非真相冥。虽获轻安，犹在凡地，故能引生邪见，为魔所乘。"其心忽生无量轻安"等，所发之境也。此与第六相似。第六以喜乐故而生掉举，自谓解脱。此则以调适故自谓成圣，更不求进，是由舍受而发也。复与第四相似。第四过在狂慧，此则乐于轻清，是亦乐受之所发也。"此名因慧，获诸轻安"等，结判邪正也。暂得轻安，亦是胜相。

若自知位次，犹在凡地，非是成圣，则无咎也。则有一分好轻清魔入于心腑者，魔事之相也。自言成圣，成大妄语，疑误后生，则必堕无间。无闻比丘者，虽修禅定，而无智慧，不识邪正，不辨凡圣。末世多有此类，不可不察也。

第九，误入空心。修禅行人，于奢摩他中，一心在定。虽受阴犹在，而色阴已空。即依圆定发于空慧，依此起见，成恶取空。此发境之由也。"其中忽然归向永灭"等者，所发之境也。此由舍受而发也。由无方便，忽发邪见，拨无因果，生断灭解。由斯邪见，空魔乘之，惑乱众生，作无量罪，自他共堕，可不悲哉！"悟则无咎"等，此当结判。然此空心，唯邪非正，若有正慧，知是邪空，则亦无咎也。"则有空魔入其心腑"等，魔事之相也。以此邪见作为圣解，为魔所乘，永堕无间。此亦由藏识中邪见种子，因禅而发，招引外魔，故致斯咎。

第十，狂成贪欲。修禅行人，于奢摩他中，一心在定。虽受阴犹在，而色阴已空。心生欢喜，味其虚明，遂生贪爱，失于正定。此发境之由也。"其心忽有无限爱生"等，所发之境也。是亦喜乐之所发也。"此名定境，安顺入心"等，结判邪正也。若有正慧，不生贪爱，则欲心自亡，故无咎也。"则有欲魔，入其心腑"等，魔事之相也。此魔亦由自心招引，贪欲种子，因禅而发，其惑炽盛，不可抑制。内外二魔，互引俱发，则能牵人，作重大罪，生陷王难，死堕无间，无慧自持，至于如是。

明受阴十种境界竟。

后为结劝弘宣者，此是于观行中受阴将尽之时，用心差异，有此十境。若不识知，认为证圣，作大妄语，堕无间狱。末世行人，堕此者众，故当弘宣斯义，令得开悟，不落邪见，不为魔娆。从此胜进，于凡夫地，历诸圣位，圆破五住，顿超二死，亲证妙心，成无上道，不亦美哉！

别显五阴中，次示受阴境已竟。

丁三、示想阴境

"阿难，彼善男子，修三摩提，受阴尽者，虽未漏尽，心离其形，如鸟出笼，已能成就从是凡身上历菩萨六十圣位，得意生身，随往无碍。譬如有人熟寐寱言，是人虽则无别所知，其言已成音韵伦次，令不寐者咸悟其语，此则名为想阴区宇。若动念尽，浮想销除，于觉明心如去尘垢，一伦生死首尾圆照，名想阴尽。是人则能超烦恼浊，观其所由，融通妄想以为其本。阿难，彼善男子，受阴虚妙，不遭邪虑，圆定发明，三摩地中，心爱圆明，锐其精思，贪求善巧。尔时，天魔候得其便，飞精附人，口说经法。其人不觉是其魔着，自言谓得无上涅槃，来彼求巧善男子处，敷座说法。其形斯须或作

比丘，令彼人见，或为帝释，或为妇女，或比丘尼，或
寝暗室，身有光明。是人愚迷，惑为菩萨，信其教化，
摇荡其心，破佛律仪，潜行贪欲。口中好言灾祥变异，
或言如来某处出世，或言劫火，或说刀兵，恐怖于人，
令其家资无故耗散。此名怪鬼年老成魔，恼乱是人；厌
足心生，去彼人体，弟子与师俱陷王难。汝当先觉，不
入轮回；迷惑不知，堕无间狱。阿难，又善男子，受阴
虚妙，不遭邪虑，圆定发明，三摩地中，心爱游荡，飞
其精思，贪求经历。尔时，天魔候得其便，飞精附人，
口说经法。其人亦不觉知魔着，亦言自得无上涅槃，来
彼求游善男子处，敷座说法。自形无变，其听法者忽自
见身坐宝莲华，全体化成紫金光聚，一众听人各各如是，
得未曾有。是人愚迷，惑为菩萨，淫逸其心，破佛律仪，
潜行贪欲。口中好言诸佛应世，某处某人当是某佛化身
来此，某人即是某菩萨等，来化人间。其人见故，心生
倾渴，邪见密兴，种智销灭。此名魅鬼年老成魔，恼乱
是人；厌足心生，去彼人体，弟子与师俱陷王难。汝当
先觉，不入轮回；迷惑不知，堕无间狱。又善男子，受
阴虚妙，不遭邪虑，圆定发明，三摩地中，心爱绵泯，
澄其精思，贪求契合。尔时，天魔候得其便，飞精附人，
口说经法。其人实不觉知魔着，亦言自得无上涅槃，来

彼求合善男子处，敷座说法。其形及彼听法之人，外无迁变，令其听者，未闻法前，心自开悟，念念移易，或得宿命，或有他心，或见地狱，或知人间好恶诸事，或口说偈，或自诵经，各各欢娱，得未曾有。是人愚迷，惑为菩萨，绵爱其心，破佛律仪，潜行贪欲。口中好言佛有大小，某佛先佛，某佛后佛，其中亦有真佛假佛，男佛女佛，菩萨亦然。其人见故，洗涤本心，易入邪悟。此名魅鬼年老成魔，恼乱是人；厌足心生，去彼人体，弟子与师俱陷王难。汝当先觉，不入轮回；迷惑不知，堕无间狱。又善男子，受阴虚妙，不遭邪虑，圆定发明，三摩地中，心爱根本，穷览物化性之终始，精爽其心，贪求辨析。尔时，天魔候得其便，飞精附人，口说经法。其人先不觉知魔着，亦言自得无上涅槃，来彼求元善男子处，敷座说法。身有威神摧伏求者，令其座下虽未闻法，自然心伏，是诸人等将佛涅槃菩提法身，即是现前我肉身上，父父子子递代相生，即是法身常住不绝，都指现在即为佛国，无别净居及金色相。其人信受，亡失先心，身命归依，得未曾有。是等愚迷，惑为菩萨，推究其心，破佛律仪，潜行贪欲。口中好言眼耳鼻舌皆为净土，男女二根即是菩提涅槃真处。彼无知者，信是秽言。此名蛊毒、魇胜恶鬼年老成魔，恼乱是人；厌足心生，去彼人体，弟子与师俱陷王难。汝当先觉，不入轮回；迷惑不知，堕无间狱。又善男子，受阴虚妙，不遭邪虑，圆定发明，三摩地中，心爱悬应，周流精研，贪求冥感。尔时，天魔候得其便，飞精附人，口说经法。其人元不觉知魔着，亦言自得无上涅槃，来彼求应善男子处，敷座说法。能令听众暂见其身如百千岁，心生爱染，不能舍离，身为奴仆，四事供养，不觉疲劳。各各令其座下人心知是先师、本善知识，别生法爱，黏如胶漆，得未曾有。是人愚迷，惑为菩萨，亲近其心，破佛律仪，潜行贪欲。口中好言我于前世于某生中，先度某人，当时是我妻、妾、兄、弟，今来相度，与汝相随归某世界、供养某佛；或言别有大光明天，佛于中住，一切如来所休居地。彼无知者信是虚诳，遗失本心。此名疠鬼年老成魔，恼乱是人；厌足心生，去彼人体，弟子与师俱陷王难。汝当先觉，不入轮回；迷惑不知，堕无间狱。又善男子，受阴虚妙，不遭邪虑，圆定发明，三摩地中，心爱深入，克己辛勤，乐处阴寂，贪求静谧。尔时，天魔候得其便，飞精附人，口说经法。其人本不觉知魔着，亦言自得无上涅槃，来彼求阴善男子处，敷座说法。令其听人各知本业；或于其处语一人言：‘汝今未死，已作畜生。’敕使一人，于后蹋尾，顿令其人起不能得，于是一众倾心钦伏；有人起心，已知其肇；佛律仪外，重加精苦；诽谤比丘，骂詈徒众，讦露人事，不避讥嫌；口中好言未然祸福，及至其时，毫发无失。此大力鬼年老成魔，恼乱是人；厌足心生，去彼人体，弟子与师俱陷王难。汝当先觉，不入轮回；迷惑不知，堕无间狱。又善男子，受阴虚妙，不遭邪虑，圆定发明，三摩地中，心爱知见，勤苦研寻，贪求宿命。尔时，天魔候得其便，飞精附人，口说经法。其人殊不觉知魔着，亦言自得无上涅槃，来彼求知善男子处，敷座说法。是人无端于说法处得大宝珠；其魔或时化为畜生，口衔其珠，及杂珍宝、简册符牍，诸奇异物，先授彼人，后着其体。或诱听人藏于地下，有明月珠照耀其处，是诸听者得未曾有。多食药草，不餐嘉馔，或时日餐一麻一麦，其形肥充，魔力持故；诽谤比丘，骂詈徒众，不避讥嫌。口中好言他方宝藏，十方圣贤潜匿之处，随其后者，往往见有奇异之人。此名山林、土地、城隍、川岳鬼神年老成魔。或有宣淫，破佛戒律，与承事者潜行五欲；或有精进，纯食草木；无定行事，恼乱是人。厌足心生，去彼人体，弟子与师多陷王难。汝当先觉，不入轮回；迷惑不知，堕无间狱。又善男子，受阴虚妙，不遭邪虑，圆定发明，三摩地中，心爱神通种种变化，研究化元，贪取神力。尔时，天魔候得其便，飞精附人，口说经法。其人诚不觉知魔着，亦言自得无上涅槃，来彼求通善男子处，敷座说法。是人或复手执火光，手撮其光分于所听四众头上，是诸听人顶上火光皆长数尺，亦无热性，曾不焚烧；或水上行，如履平地；或于空中安坐不动；或入瓶内，或处囊中，越牖透垣，曾无障碍；唯于刀兵不得自在。自言是佛，身着白衣受比丘礼，诽谤禅律，骂詈徒众，讦露人事，不避讥嫌。口中常说神通自在；或复令人傍见佛土，鬼力惑人，非有真实。赞叹行淫，不毁粗行，将诸猥媟以为传法。此名天地大力山精、海精、风精、河精、土精，一切草木积劫精魅，或复龙魅，或寿终仙再活为魅，或仙期终，计年应死，其形不化，他怪所附，年老成魔，恼乱是人；厌足心生，去彼人体，弟子与师多陷王难。汝当先觉，不入轮回；迷惑不知，堕无间狱。又善男子，受阴虚妙，不遭邪虑，圆定发明，三摩地中，心爱入灭，研究化性，贪求深空。尔时，天魔候得其便，飞精附人，口说经法。其人终不觉知魔着，亦言自得无上涅槃，来彼求空善男子处，敷座说法。于大众内其形忽空，众无所见，还从虚空突然而出，存没自在；或现其身洞如琉璃，或垂手足作旃檀气，或大小便如厚石蜜；诽毁戒律，轻贱出家。口中常说无因无果，

一死永灭，无复后身及诸凡圣。虽得空寂，潜行贪欲，
受其欲者，亦得空心，拨无因果。此名日月薄蚀精气，
金玉芝草，麟凤龟鹤，经千万年不死为灵，出生国土，
年老成魔，恼乱是人；厌足心生，去彼人体，弟子与师
多陷王难。汝当先觉，不入轮回；迷惑不知，堕无间狱。
又善男子，受阴虚妙，不遭邪虑，圆定发明，三摩地中，
心爱长寿，辛苦研几，贪求永岁，弃分段生，顿希变易
细相常住。尔时，天魔候得其便，飞精附人，口说经法。
其人竟不觉知魔着，亦言自得无上涅槃，来彼求生善男
子处，敷座说法。好言他方往还无滞；或经万里，瞬息
再来。皆于彼方取得其物；或于一处，在一宅中数步之
间，令其从东诣至西壁，是人急行，累年不到；因此心
信，疑佛现前。口中常说十方众生皆是吾子，我生诸佛，
我出世界，我是元佛，出世自然，不因修得。此名住世
自在天魔，使其眷属，如遮文茶，及四天王毗舍童子，
未发心者，利其虚明，食彼精气，或不因师，其修行人
亲自观见，称执金刚，与汝长命。现美女身，盛行贪欲；
未逾年岁，肝脑枯竭，口兼独言，听若妖魅，前人未详，
多陷王难。未及遇刑，先已干死；恼乱彼人，以至殂殒。
汝当先觉，不入轮回；迷惑不知，堕无间狱。阿难当知，
是十种魔于末世时，在我法中出家修道，或附人体，或

自现形，皆言已成正遍知觉；赞叹淫欲，破佛律仪，先恶魔师与魔弟子淫淫相传，如是邪精魅其心腑，近则九生，多逾百世，令真修行总为魔眷，命终之后，必为魔民，失正遍知，堕无间狱。汝今未须先取寂灭，纵得无学，留愿入彼末法之中，起大慈悲，救度正心深信众生，令不着魔，得正知见。我今度汝已出生死，汝遵佛语，名报佛恩。阿难，如是十种禅那现境，皆是想阴用心交互，故现斯事。众生顽迷，不自忖量，逢此因缘，迷不自识，谓言登圣，大妄语成，堕无间狱。汝等必须将如来语，于我灭后传示末法，遍令众生开悟斯义，无令天魔得其方便，保持覆护，成无上道。"

详明五阴魔境中，别显五阴有五科，即示色、受、想、行、识五境。示色、受二境已讲讫，今为第三示想阴境也。经第九卷十五页后面第二行"阿难，彼善男子，修三摩提"至第九卷终"无令天魔得其方便，保持覆护，成无上道"九页又五行文也。

示想阴境，亦有三科：初明尽未尽相，次明十种境界，后为结劝弘宣。

初明尽未尽相者，谓已尽想阴与未尽想阴之相也。想者，取像，谓先安立境分剂相，随起种种名言，念缘不息，念即想也。虽尽色、受二阴，而念想犹在，名想阴区宇，言犹在念想之域，为念想之所覆也。质碍已无，名色阴尽；

领纳亦亡，名受阴尽。是时，心离忧喜，身无苦乐，故曰"心离其形，如鸟出笼"。于观行中，虽能伏惑，全未断故，名"未尽漏"。六十圣位者，谓三渐次、干慧、十信、十住、十行、十回向、暖、顶、忍、世第一、十地、等觉、妙觉也。三渐次在名字位中修，能成观行及发真似。干慧一地，犹在外凡，乃观行成相。十信为内凡，相似位也。十住以上，方入圣位。今言六十圣位者，皆是三世诸佛所历之位，故通称圣位也。得意生身者，谓相似位中所得之身。为济度众生，自在受身，譬如意去，速疾无碍，名意生身。若登初住，则得法性身，是为无为法身也。"其言已成音韵伦次"等，言此人犹在无明大梦之中，已有进破无明之分，如熟寐者，虽作梦呓，尚未觉醒。其言已成音韵伦次，令不寐者皆知其所言也。观行位中，有利钝二人。利根之人，即至干慧，观行成时，便入十信，如是之人，决无著魔堕狱之事。若钝根人，以无慧故，观行难成，念想不除，邪魔得便，破佛律仪，堕于无间，可不哀哉！若念想已除，觉心明净，如去尘垢，名想阴尽。"一伦生死，首尾圆照"者，谓想阴已尽，则生灭体露，始终本末了了明见，是为想尽而行阴现也。烦恼以想为本，扰恼身心，汩乱真性，说名为浊。今念想既除，觉观俱灭，故得"超烦恼浊"。想能融变，自随于心，如心想酢梅，口中水出，心忆悬崖，足心酸涩等，皆是虚妄构造，本自非有，故名

"融通妄想"也。

次明十种境界，即有十章。章有四节：一、招感天魔，二、魔现其相，三、口说邪法，四、劝令先觉。

第一，贪求善巧。修禅行人，已尽受阴，而于三摩地中，心著定境，贪求善巧。此贪求善巧之心，即名邪虑。内生邪虑，外引魔娆。此第一节招感天魔之由也。"尔时天魔候得其便"等，此第二节魔现其相也。飞精附人者，谓天魔飞其精灵，附于他人之身，口说邪法，惑乱愚人也。其人不觉是其魔著者，谓为魔所附之人，自亦未知为魔所附。自言谓得无上涅槃者，为魔所附，作大妄语也。"来彼求巧善男子处"等，谓此为魔所附之人，至贪求善巧之行人前，现诸异相也。"是人愚迷，惑为菩萨"等者，此贪求善巧之行人，以无智故，谓此现相说法之人为菩萨也。"口中好言灾祥变异"等，此第三节为魔所附之人口说邪法也。"此名怪鬼，年老成魔"等，此第四节诫劝行人当先觉也。弟子与师俱陷王难者，说邪法者为师，为彼惑乱者为弟子也。若想阴尽，则心离贪求，不复更为邪魔之所娆矣！

言先觉者：第一，当离贪求。求贪之心，名为邪虑，内生邪虑，则外魔至矣。第二，魔说邪法，必作妄语。凡说法者，自称得无上涅槃、成佛等等，皆大妄语，定是魔说，不可信也。第三，邪魔说法，恒现异相。凡睹异相，定是魔现，真是菩萨，但说真法，不现异相。第四，邪魔说法，旨在破行人之正信。言正信者，谓深信因果及大乘经论。凡拨无因果，或说邪因邪果，毁谤大乘经论者，必是魔说，不可信也。第五，旨在破行人之净戒。凡言不必持戒，或导人私行淫欲等，定是魔也。第六，菩萨说法，唯在济度众生，不求名利恭敬。凡说法之人，其意在求他人恭敬供养，欺世盗名者，皆不可信也。持此六法，鉴别邪正，譬如秦镜当台，无所遁形矣。

第二，贪求经历。修禅行人，已尽受阴，而于三摩地中，心爱游荡，贪求经历。此第一节招感天魔之由也。在禅定中，发动掉举种子，而现魔境也。"尔时天魔候得其便"等，此第二节魔现其相也。飞精附人者，天魔飞其精灵，附于他人之身也。"其人不觉"等，为魔所附之人，不自知其为魔之所附也。"亦言自得无上涅槃"，作大妄语也。"来彼求游善男子处"等，为魔所附之人，至贪求经历之行人前，现诸异相也。"是人愚迷惑为菩萨"等者，贪求经历之行人，以现相说法之人为菩萨也。破佛律仪者，破律仪戒也。律仪戒者，如比丘戒二百五十、菩萨戒十重四十八轻，能止一切恶，生多功德，若破此戒，当堕无间。"潜行贪欲"，即私行淫欲。淫欲为生死之本，魔娆行人，令不得出离生死，故必首先破此一戒。"口中好言诸佛应世"等，此第三节为魔所附之人口说邪法也。"此名魅鬼，年老成魔"等，此第四节诚劝行人当先觉也。贪求经历，似非大过，然心存贪爱，即名邪虑。邪虑既生，魔得其便。若破想阴，则念想俱无，离诸贪求，心如明镜，照物无迹，不复为邪魔之所娆矣！

第三，贪求契合。契合者，心与理相契也。夫忘机寂照，想念不生，则理自冥会。今于定中，澄寂其心，研精覃思，求合于理。爱念潜增，拟心即差，遂招魔怨。文有四节，例前可知。"未闻法前，心自开悟"者，魔力所持，心得邪悟，自谓正智，乃至得通等，皆魔之所作也。而其命果，则为"破佛律仪，潜行贪欲"。色界天中尚无女人，佛岂有男女之相？作是说者，旨在引人行贪欲事，如言"淫欲不碍菩提"等是也。

第四，贪求辨析。一切众生，皆有本觉真心。此真心者，即是万法之本。但息妄念，真心自显，毋须辨析也。贪求辨析，即为邪虑，心中生邪，魔得其便。今之好研究佛学者，不修戒定，但重辨析，皆名邪虑，不可不察也。求元者，研求宇宙之元本也。夫肉身秽恶，贤圣所鄙；父子相生，贪欲为本；佛国清净，迥非五浊；金色庄严，岂即幻躯。事理明白，本不难喻，魔力所持，遂发邪信。便从沦坠，更无觉悟。末世邪师，多作此言，生陷王难，死堕无间，可不悲哉！

第五，贪求冥感。感应之理，如磁与铁，如枹与鼓，若以诚感，应必随之，不用贪求也。若起念妄求，便堕邪虑，魔得乘之。天魔外道，惑乱行人，必作妄语，及现异相。心于邪虑，便失正信，即被魔娆。"破佛律仪，潜行贪欲"，则永堕无间必矣！

第六，贪求静谧。夫忘怀去来者，市朝亦江湖；眷情生死者，山林犹桎梏。爱深寂境，为真修处，即此爱心，便名邪虑，于静取著，故魔得其便。心亡境寂，喧静不二，此是真三摩地，非从贪求得也。阳动阴静，故贪求静谧者，名求阴也。此亦以妄语异相惑乱行人。"诽谤比丘，骂詈徒众"，即是说佛法中罪过也。禀受具足戒者，名为比丘，今以恶心说其罪过。诽谤者，如言出家受戒无有功德等。施以恶口，名为骂詈。此乃阐提之行，当受恶道之报。"佛律仪外，重加精苦"等，即是无益苦行也。外道邪师，倡修无益苦行，诽谤具戒比丘，翻正为邪，广行迷惑，若无觉悟，必堕无间。

问：诽谤比丘，是为魔事。若比丘犯戒，是否可说其过？答：经言，比丘乃指禀受具戒之人，此人是佛法中宝，人天之师，应恭敬供养，岂可说其罪过？或有犯戒者，亦只许于僧中令其忏悔，不得向外人言。若犯根本罪，而不知愧耻，则此人已弃于佛法之外，当摈出僧团，不得更与同住，同僧利养，一众说戒，不复更是比丘矣。于贤圣清净之法，说其罪过，是名诽谤。本是邪外，举其过罪，令不得惑乱行人，此是护持正法，不可名之为诽谤也。

第七，贪求宿命。宿命者，六通之一也。小乘修成，大乘发得。今进不待发，退不从修，作念求之，故招魔事。今人学佛，不修正定，专好神通，其心已邪，招魔堕狱，势所必然，可不戒哉！外道邪师，惑乱行人，唯藉妄语、异相二端。故不信妄语，不惑异相，是乃祛魔第一要务。若能读诵大乘，深达实相，禀受净戒，具修众善，则直趋菩提，永无障难矣！

第八，贪求神力。化元者，变化之元，神通之本。上为贪求宿命通，此乃贪求神境通也。爱染既生，便失正见，故外魔乘之。入瓶处囊，越牖透垣，皆邪魔所现异相也。行者无知，惑为圣人神力所现，遂生邪信，入于"魔网"。"赞叹行淫"等，魔之言也。三世诸佛，皆修梵行，得成菩提。赞叹行淫，明是魔事，而深信不疑者，皆由自己心邪故也。

第九，贪求深空。夫真空不妨妙有，有而性常自空。所以具修万行，了无所著。若欲杜绝众行，以为深空，即同外道断见，拨无因果，故魔得其便。"诽毁戒律"，"潜行贪欲"，以是因缘，生陷王难，死堕阿鼻。《中论》偈云："诸佛说空法，本为破于有。若有著空者，诸佛所不化。"宁起有见如须弥山，不起空见如芥子许。以执空见者，必拨无因果，无三宝功德，亦无十地圣位，无三途恶报，亦无诸佛净土。一切皆无，则毫善不必修，无恶不可作。如是之人，乃诸佛所不化也。若了真俗不二，事理无碍，虽常住寂定，而不妨具修众善；虽涉俗利生，而未尝暂动身心。纵令邪魔森列，其如我何？

第十，贪求永岁。求长生也。父母遗体，血肉之躯，无常不净，犹如泡沫，亦如粪壤，报尽当舍，何爱之有？弃分段生，顿希变易，乃是过分贪求。分段生死，必须断尽三界见思，方始得离。二乘无学、登地菩萨，皆得变易。今具缚凡夫，未断见思，而妄生希冀，欲弃分段，顿成变易，其可得乎？妄念既兴，便感外魔，遂生邪信，失于正见。乃至盛行贪欲，永堕无间。遮文茶者，役使鬼也。毗舍童子，食精气鬼也。

今人学佛，多求长生，未断见思，求弃分段，心中已邪，便致魔娆。至于但求分段幻躯常住人间，永不亡灭，其为迷妄，可谓极矣！昔人所言神仙者，全属虚妄。淮南王自缢，谬言一旦飞升；丁令威远逝，妄称千年化鹤。邱处机号活神仙，死于圊厕；陈希夷卧太华山，未达期颐。黄帝登仙，尚留遗冢；老聃著书，乃是隐沦。秦皇受卢生之罔，汉武为文成所欺。今日科学昌明，人智开发，而犹惑其术，岂不愚哉？后汉牟融作《理惑论》云："观吾所从学师三人，或自称七百、五百、三百岁，然吾从其学，未三载间，各自殒没。"又引《老子》言曰："天地尚不得长久，而况人乎！"故知难有深悟无生，亲见法身，二执俱破，三惑都尽，方始得证常住之性，岂具足惑业之博地凡夫所可妄冀哉？

以上十境，皆是在禅定中已尽色、受，未尽想阴所现之事。问：已尽色阴，则无色、香、味、触之境；已尽受阴，则无苦、乐、忧、喜等受。所缘之境已无，能领之受亦亡，纵有念想，亦复何施？答：例如修四空处定者，已超色界定，是无色阴也；无有苦、乐、忧、喜，是无受阴也。而念想犹存，是想阴未尽也。非非想处，似是无想，实非无想，犹在想阴区宇。若尽想阴，则不得有此十种魔境矣。

"阿难当知，是十种魔"至"保持覆护，成无上道"有十二行文，为第三科结劝弘宣也。如是十境，皆以贪求为本，由是招感外魔，作大妄语，现诸异相，赞叹淫欲，破佛律仪，失正遍知，堕无间狱。佛敕阿难，于末法中，不取寂灭，救度众生，令离魔著，得正知见。是为结劝之至意也。如来明诲，彰灼如是，而乃如聋如盲，不睹不闻，甘堕魔窟，径趋阿鼻，岂非大愚不灵者哉？

楞严经卷十

丁四、示行阴境

"阿难，彼善男子，修三摩提，想阴尽者，是人平常梦想销灭，寤寐恒一，觉明虚静，犹如晴空，无复粗重前尘影事，观诸世间大地山河，如镜鉴明，来无所粘，过无踪迹，虚受照应，了罔陈习，唯一精真。生灭根元从此披露，见诸十方十二众生，毕殚其类，虽未通其各命由绪，见同生基犹如野马。熠熠清扰，为浮根尘究竟枢穴，此则名为行阴区宇。若此清扰熠熠元性，性入元澄，一澄元习如波澜灭，化为澄水，名行阴尽。是人则能超众生浊，观其所由，幽隐妄想以为其本。阿难当知：是得正知奢摩他中诸善男子，凝明正心，十类天魔不得其便，方得精研穷生类本。于本类中生元露者，观彼幽清圆扰动元，于圆元中起计度者，是人坠入二无因论：一者，是人见本无因。何以故？是人既得生机全破，乘于眼根八百功德，见八万劫所有众生业流湾环，死此生彼，只见众生轮回其处，八万劫外冥无所观；便作是解：此等世间十方众生，八万劫来无因自有。由此计度，亡正遍知，堕落外道，惑菩提性。二者，是人见末无因。何以故？是人于生既见其根，知人生人，悟鸟生鸟，乌从来黑，鹄从来白，人天本竖，畜生本横，白非洗成，黑非染造，从八万劫无复改移。今尽此形亦复如是，而我本来不见菩提，云何更有成菩提事？当知今日一切物象，皆本无因。由此计度，亡正遍知，堕落外道，惑菩提性。是则名为第一外道立无因论。阿难，是三摩中诸善男子，凝明正心，魔不得便，穷生类本，观彼幽清常扰动元，于圆常中起计度者，是人坠入四遍常论。一者，是人穷心境性，二处无因；修习能知二万劫中十方众生所有生灭，咸皆循环，不曾散失，计以为常。二者，是人穷四大元，四性常住；修习能知四万劫中十方众生所有生灭，咸皆体恒，不曾散失，计以为常。三者，是人穷尽六根、末那执受，心意识中本元由处，性常恒故；修习能知八万劫中一切众生循环不失，本来常住，穷不失性，计以为常。四者，是人既尽想元，生理更无流止运转，生灭想心今已永灭，理中自然成不生灭，因心所度，计以为常。由此计常，亡正遍知，堕落外道，惑菩提性。是则名为第二外道立圆常论。又三摩中诸善男子，坚凝正心，魔不得便，穷生类本，观彼幽清常扰动元，于自他中起计度者，是人坠入四颠倒见，一分无常，一分常论。一者，是人观妙明心遍十方界，湛然以为究竟神我；从是则计我遍十方，凝明不动，一切众生于我心中自生自死，则我心性名之为常；彼生灭者真无常性。二者，是人不观其心，遍观十方恒沙国土。见劫坏处，名为究竟无常种性；劫不坏处，名究竟常。三者，是人别观我心精细微密，犹如微尘，流转十方，性无移改，能令此身即生即灭。其不坏性，名我性常；一切死生从我流出，名无常性。四者，是人知想阴尽，见行阴流，行阴常流，计为常性，色受想等今已灭尽，名为无常。由此计度一分无常、一分常故，堕落外道，惑菩提性。是则名为第三外道一分常论。又三摩中诸善男子，坚凝正心，魔不得便，穷生类本，观彼幽清常扰动元，于分位中生计度者，是人坠入四有边论。一者，是人心计生元流用不息，计过未者，名为有边；计相续心，名为无边。二者，是人观八万劫，则见众生；八万劫前，寂无闻见：无闻见处，名为无边；有众生处，名为有边。三者，是人计我遍知，得无边性。彼一切人现我知中，我曾不知彼之知性，名彼不得无边之心，但有边性。四者，是人穷行阴空，以其所见心路筹度，一切众生一身之中，计其咸皆半生半灭。明其世界一切所有，一半有边，一半无边。由此计度有边无边，堕落外道，惑菩提性。是则名为第四外道立有边论。又三摩中诸善男子，坚凝正心，魔不得便，穷生类本，观彼幽清常扰动元，于知见中生计度者，是人坠入四种颠倒不死矫乱，遍计虚论。一者，是人观变化元，见迁流处，名之为变；见相续处，名之为恒；见所见处，名之为生；不见见处，名之为灭；相续之因，性不断处，名之为增；正相续中，中所离处，名之为减；各各生处，名之为有；互互亡处，名之为无。以理都观，用心别见。有求法人来问其义。答言：我今亦生亦灭，亦有亦无，亦增亦减。于一切时皆乱其语，令彼前人遗失章句。二者，是人谛观其心，互互无处，因无得证。有人来问，唯答一字，但言其无；除无之余，无所言说。三者，是人谛观其心，各各有处，因有得证。有人来问，唯答一字，但言其是；除是之余，无所言说。四者，是人有无俱见，其境枝故，其心亦乱。有人来问，答言亦有即是亦无，亦无之中，不是亦有，一切矫乱，无容穷诘。由此计度，矫乱虚无，堕落外道，惑菩提性。是则名为第五外道四颠倒性不死矫乱，遍计虚论。又三摩中诸善男子，坚凝正心，魔不得便，穷生类本，观彼幽清常扰动元，于无尽流生计度者，是人坠入死后有相，发心颠倒。或自固身，云色是我；或见我圆，含遍国土，云我有色；或彼前缘，随我回复，云色属我；或复我依行中相续，云我在色。皆计度言死后有相；如是循环，有十六相。从此或计毕竟烦恼、毕竟菩提，两性并驱，各不相触。由此计度死后有故，堕落外道，惑菩提性。是则名为第六外道立五阴中死后有相，心颠倒论。又三摩中诸善男子，坚凝正心，魔不得便，穷生类本，观彼幽清常扰动元。于先除灭色受想中生计度者，是人坠入死后无相，发心颠倒。见其色灭，形无所因；观其想灭，心无所系；知其受灭，无复连缀；阴性销散，纵有生理；而无受想，与草木同。此质现前犹不可得，死后云何更有诸相？因之勘校，死后相无，如是循环，有八无相。从此或计涅槃因果一切皆空，徒有名字，究竟断灭。由此计度死后无故，堕落外道，惑菩提性。是则名为第七外道立五阴中死后无相，心颠倒论。又三摩中诸善男子，坚凝正心，魔不得便，穷生类本，观彼幽清常扰动元，于行存中，兼受想灭，双计有无，自体相破，是人坠入死后俱非，起颠倒论。色受想中，见有非有；行迁流内，观无不无。如是循环，穷尽阴界，八俱非相，随得一缘，皆言死后有相无相。又计诸行性迁讹故，心发通悟，有无俱非，虚实失措。由此计度死后俱非，后际昏瞢，无可道故，堕落外道，惑菩提性。是则名为第八外道立五阴中死后俱非，心颠倒论。又三摩中诸善男子，坚凝正心，魔不得便，穷生类本，观彼幽清常扰动元，于后后无，生计度者，是人坠入七断灭论。或计身灭，或欲尽灭，或苦尽灭，或极乐灭，或极舍灭。如是循环，穷尽七际，现前销灭，灭已无复。由此计度死后断灭，堕落外道，惑菩提性。是则名为第九外道立五阴中死后断灭，心颠倒论。又三摩中诸善男子，坚凝正心，魔不得便，穷生类本，观彼幽清常扰动元，于后后有生计度者，是人坠入五涅槃论。或以欲界为正转依，观见圆明，生爱慕故；或以初禅性无忧故；或以二禅心无苦故；或以三禅极悦随故；或以四禅苦乐二亡，不受轮回生灭性故。迷有漏天，作无为解；五处安隐，为胜净依。如是循环，五处究竟。由此计度五现涅槃，堕落外道，惑菩提性。是则名为第十外道立五阴中五现涅槃，心颠倒论。阿难，如是十种禅那狂解，皆是行阴用心交互，故现斯悟。众生顽迷，不自忖量，逢此现前，以迷为解，自言登圣，大妄语成，堕无间狱。汝等必须将如来语，于我灭后，传示末法，遍令众生觉了斯义，无令心魔自起深孽，保持覆护，销息邪见，教其身心开觉真义，于无上道不遭枝岐，勿令心祈得少为足，作大觉王，清净标指。"

详明五阴魔境有五科，今为第四示行阴境也，即经第十卷第一页初"阿难，彼善男子，修三摩地，想阴尽者"至第八页后面第八行"作大觉王，清净标指"八页文也。

示行阴境，亦有三科：初明尽未尽相，次明十种现境，后为结劝弘宣也。

初明尽未尽相者，谓已尽行阴与未尽行阴之相也。

五阴尽相，昔解不同。今据天如《会解》："五阴尽相不同。在色阴未尽之中，即名字位也；色阴尽者，犹居观行；受阴尽，则在相似初、二两信；想阴尽，则在三、四两信；行阴尽，则在五、六两信；识阴尽，则诸根互用，此在相似七信已去，正是粗垢先落，六根清净也。而其五阴，各尔十魔种子所依，共五十重，皆在观行，初心所发，故有退堕；若入相似，堕义不成。"又引温陵说："五阴尽相，非灭身归无，乃观力洞照不为迷碍而已。"私谓五阴尽相，亦应以天台六即释之。理即位中，一切执有，五阴本空，全不知晓。名字位中，得闻经教，知五阴空，而无观行。观行位中，观色阴空，无质碍相，此观成时，名色阴尽；次观受阴，无领纳相，此观成时，名受阴尽；次观想阴，无缘念相，此观成时，名想阴尽；次观行阴，无生灭相，此观成时，名行阴尽；次观识阴，无了别相，此观成时，名识阴尽。是为观行位中五阴尽相也。相似位中，已超四禅，是色阴尽也；破三界见惑，此在初信，是受阴尽也；破三界思惑，此在七信，是想阴尽也；生灭灭已，此在八、九两信，是行阴尽也；寂灭为乐，此在十信，是识阴尽也。此是相似位中五阴尽相也。分证位中，如观音圆通所说：初亡前尘，色阴尽也；次尽内根，受阴尽也，三空观智，想阴尽也；四灭谛理，生灭既灭，行阴尽也；寂灭现前，识阴尽也。此分证位中五阴尽相也。相似位中尽界内五阴，分证位中尽界外五阴，此其异也。究竟位中，妙觉极果，五阴之法，全体即是三德秘藏，不可更说尽未尽相也。

　　想阴尽故，即无有梦，故曰"梦想销灭"也。以无想故，眠觉一如，故曰"寤寐恒一"也。浮想息灭，则"觉明虚静"。晴如觉明，空如想灭，故曰"犹如晴空"。前尘影事，谓六尘境。如是尘境，于自心中妄现，如镜中之影也。粗重者，简非微细。浮想尽故，无粗重影事；而行、识二阴犹在，则微细之念犹有存也。微细之念犹存，必有微细之境与之相应，此即《起信》所言三细是也。虽有根识缘诸境界，而无想像，则如镜照物，无粘无迹，虚受照应，了无陈习。能含万象为虚，物来不拒为受，随物显形为照，无有取舍为应。陈习，谓受、想之陈故习气也。唯一精真者，唯一识阴也。灭想阴故，生灭根元从此披露，此生灭根元即行阴也。行阴披露，所未见者，唯一识阴而已，以识阴为精真也。此言想阴尽相也。

"生灭根元从此披露"等，言想尽行现也。行者，生灭迁流之义。想阴已尽，则生灭根元从此披露。此生灭根元，即所谓"同生基"也。谓十二类生，皆以生灭迁流为其基本也。各命由绪者，众生各各生命之因由端绪，此即各各众生本识中之业苦种子。以未见识阴，故犹未通。而众生同以生灭行阴为根元基本，则已见矣。此行阴者，乃根尘动转之枢要，众生生灭之窍穴。但见行阴，而未见识阴，是犹处于行阴区宇。是谓想尽而行现也。

行阴若尽，迁流性澄，归一藏识，名"入元澄"。元习，谓生灭根元习气。澄元习者，令其不动，归一识阴，如澄水也。众生以迁流为业性，迁流若尽，即超众生浊。行阴生灭，微细难觉，故名"幽隐"。本自非有，故言"妄想"也。此言行阴尽相也。

次明十种现境，即有十章。章有三节：一、起妄计，二、辨邪论，三、结堕外道。

第一，二无因论。想阴已破，欲界爱染不生，超烦恼浊，故十类天魔不得其便也。以行阴未尽，犹见生灭，故有此中十种禅那狂解。于所知境界，别生异见，执之为是，故名之曰"心魔"也。想阴尽者，在三、四两信，是时已任运断三界见惑，进断思惑，岂可更有起诸妄计，堕落外道之事？故知今言想阴尽者，乃是伏惑，非谓断也，是乃观行位中之事。观智强者，寂尔如空，不起心魔。观力弱者，则不免别生异见，堕外道耳。

生类本者，同生基也。谓一切众生迁流之根元也。生元露者，众生生灭之根元，以尽想阴故，今得披露也。幽清者，言此行阴幽隐清虚，是为一切生灭之元本也。毕见十二类生生灭迁流之枢要窍穴，故言"观"也。行阴遍故，名之曰"圆"。生灭迁流，莫不皆然，名为"扰动"。此言起妄计也。

正辨邪论，复有二种：一者计本无因，二者计末无因。八万劫者，定中发宿命通之所见也。八万劫外，冥无所见，外道由此建立冥谛。八万劫前，冥无所见，遂谓一切法皆无因而有。此计本无因也。八万劫后，亦无所见。此计末无因也。

"是则名为第一外道，立无因论"，结堕外道也。

第二，四遍常论。此计有四：一计心境为常，二计四大为常，三计行阴相续为常，四计行阴为不生灭理。计此四种以为常住，故名为"常"。由此四计，遍一切法，故言"遍"也。

正辨邪论，即有四种：一计心境，谓于定中观心境二法，知二万劫中，十方众生，心境依正，不曾失灭，计为常也。二计四大，谓于定中观于四大，知四万劫中，十方众生，四大之体，不曾失灭，计为常也。三计行阴，"六根"与"末那执受，心意识中本元由处"，即生灭根元，谓行阴也。定中观之，知八万劫中，一切众生，行阴相续不断，计为常也。四计行阴为不生灭理，谓想能运动，想阴尽故，运动已息，既无运动，即无生灭，计此不生灭理为常住也。其实所计不生灭理，即是生灭之行阴。真不生灭，须尽识阴然后方见。今以生灭为不生灭理，故为邪计也。

"是则名为第二外道，立圆常论"，结堕外道也。

第三，一分无常、一分常论。此计亦四：初计我常彼无常；二计劫不坏为常，坏为无常；三计我心为常，一切死生为无常；四计行阴为常，色、受、想为无常也。

第四，四有边论。此计亦四：初计过未不见为有边，现在相续为无边；二计八万劫中见有众生为有边，八万劫前寂无闻见为无边；三计一切众生现为我知，众生为有边，我能遍知一切众生，我为无边；四计行阴生灭，一切众生，一身之内，即生即灭，世界亦尔，生为有边，灭为无边也。

第五，四种不死矫乱遍计虚论。此计亦四：初计行阴常变、生灭、增减、有无，有其八义，不能定答，故乱其语；二观行阴念念灭处，故但言无；三观行阴念念生处，故唯言是；四有无俱见，故一切矫乱也。外道计天常住，名为不死，计不乱答，得生彼天。以不知故，不敢定答，乃成矫乱也。

第六，十六有相论。此计行阴相续，无有断绝，故计死后有相也。执现今形色，是我本体，言色是我；计我有此身，言我有色；计此身属我，言色属我；计我在身中，言我在色。此于色阴起四执也。受、想、行三阴，亦各有四，是为十六有相论也。不言识者，以行阴未破，识未当情故耳。

第七，八无相论。此见色、受、想三阴已灭，当知行阴亦应还灭，故计死后无相也。现在四阴犹不可得，未来四阴亦必非有，故有八计，毕竟无相。从此推论，有为无为，染净诸法，因果俱无，是断见外道也。

第八，八俱非论。此见色、受、想阴已灭，故非有，例知行阴亦非有；又观行阴非无，例知色、受、想阴亦复非无。故计死后俱非，为八俱非也。又见行阴迁变，生中有灭，故非有；灭中有生，故非无。色、受、想等，皆名诸行，悉有生灭。亦有八俱非义也。

第九，七断灭论。计身灭，即欲界人天也；欲尽灭，即初禅也；苦尽灭，即二禅也；极乐灭，即三禅也；极舍灭，即四禅及无色界也。人天为二，四禅为四，无色界合为一，言七处灭也。色、受、想三阴已尽，例如行阴亦尔，故计七处断灭，死后不复生也。

第十，五涅槃论。计五处为涅槃也。因修观行，发欲界定，于观心中，见圆明相，而生爱慕，即计欲界为涅槃；

或以初禅已离欲染，无复忧心，得轻安乐，计为涅槃；或以二禅极喜，计为涅槃；或以三禅极乐，计为涅槃；或以四禅苦乐双亡，舍念清净，计为涅槃。迷有漏天，作无为解，于此五处，得少轻安，计为涅槃，是为五涅槃也。

"阿难，如是十种禅那狂解"至"作大觉王，清净标指"有六行文，结劝弘宣也。如是十种邪见，皆由心发，故言"心魔"。则与前三阴中外魔异也。以已尽色、受、想三阴，欲界天魔不得其便。然以行阴犹在，见有生灭，故犹不免别生异见，执之为是，自言登圣，成大妄语，堕无间狱。苟能深入禅定，以慧照察唯心境界，不取不著，如斯邪见自然消灭，直趣菩提，无复障难矣！

丁五、示识阴境

"阿难，彼善男子，修三摩提，行阴尽者，诸世间性幽清扰动，同分生机倏然隳裂，沉细纲纽补特伽罗，酬业深脉感应悬绝。于涅槃天将大明悟，如鸡后鸣，瞻顾东方已有精色。六根虚静，无复驰逸，内外湛明，入无所入。深达十方十二种类受命元由。观由执元，诸类不召，于十方界已获其同；精色不沉，发现幽秘，此则名为识阴区宇。若于群召已获同中，销磨六门，合开成就，见闻通邻，互用清净。十方世界及与身心如吠琉璃，内外明彻，名识阴尽。是人则能超越命浊，观其所由，罔象虚无，颠倒妄想以为其本。阿难当知：是善男子穷诸行空，于识还元；已灭生灭，而于寂灭精妙未圆。能令己身根隔合开，亦与十方诸类通觉，觉知通泯，能入圆元。若于所归立真常因，生胜解者，是人则堕因所因执，娑毗迦罗所归冥谛成其伴侣，迷佛菩提，亡失知见。是名第一，立所得心，成所归果，违远圆通，背涅槃城，生外道种。阿难，又善男子穷诸行空，已灭生灭，而于寂灭精妙未圆。若于所归览为自体，尽虚空界十二类内所有众生，皆我身中一类流出；生胜解者，是人则堕能非能执，摩醯首罗现无边身，成其伴侣。迷佛菩提，亡失知见。是名第二，立能为心，成能事果，违远圆通，背涅槃城，生大慢天，我遍圆种。又善男子穷诸行空，已灭生灭，而于寂灭精妙未圆。若于所归有所归依，自疑身心从彼流出，十方虚空咸其生起，即于都起所宣流地作真常身、无生灭解。在生灭中早计常住，既惑不生，亦迷生灭，安住沉迷；生胜解者，是人则堕常非常执，计自在天成其伴侣。迷佛菩提，亡失知见。是名第三，立因依心，成妄计果，违远圆通，背涅槃城，生倒圆种。又善男子穷诸行空，已灭生灭，而于寂灭精妙未圆。若于所知，知遍圆故，因知立解，十方草木皆称有情，与人无异；草木为人，人死还成十方草树，无择遍知；生胜解者，是人则堕知无知执，婆吒、霰尼执一切觉，成其伴侣。迷佛菩提，亡失知见。是名第四，计圆知心，成虚谬果，违远圆通，背涅槃城，生倒知种。又善男子穷诸行空，已灭生灭，而于寂灭精妙未圆。若于圆融根互用中已得随顺，便于圆化一切发生，求火光明，乐水清净，爱风周流，观尘成就，各各崇事，以此群尘发作本因，立常住解；是人则堕生无生执。诸迦叶波并婆罗门，勤心役身，事火崇水，求出生死，成其伴侣。迷佛菩提，亡失知见。是名第五，计着崇事，迷心从物，立妄求因，求妄冀果，违远圆通，背涅槃城，生颠化种。又善男子穷诸行空，已灭生灭，而于寂灭精妙未圆。若于圆明计明中虚，非灭群化，以永灭依为所归依；生胜解者，是人则堕归无归执，无想天中诸舜若多成其伴侣。迷佛菩提，亡失知见。是名第六，圆虚无心，成空亡果，违远圆通，背涅槃城，生断灭种。又善男子穷诸行空，已灭生灭，而于寂灭精妙未圆。若于圆常，固身常住，同于精圆，长不倾逝；生胜解者，是人则堕贪非贪执，诸阿斯陀求长命者成其伴侣。迷佛菩提，亡失知见。是名第七，执着命元，立固妄因，趣长劳果，违远圆通，背涅槃城，生妄延种。又善男子穷诸行空，已灭生灭，而于寂灭精妙未圆。观命互通，却留尘劳，恐其销尽，便于此际坐莲华宫，广化七珍，多增宝媛，纵恣其心；生胜解者，是人则堕真无真执，吒枳迦罗成其伴侣。迷佛菩提，亡失知见。是名第八，发邪思因，立炽尘果，违远圆通，背涅槃城，生天魔种。又善男子穷诸行空，已灭生灭，而于寂灭精妙未圆。于命明中分别精粗，疏决真伪，因果相酬，唯求感应，背清净道，所谓见苦、断集、证灭、修道。居灭已休，更不前进；生胜解者，是人则堕定性声闻，诸无闻僧，增上慢者，成其伴侣。迷佛菩提，亡失知见。是名第九，圆精应心，成趣寂果，违远圆通，背涅槃城，生缠空种。又善男子穷诸行空，已灭生灭，而于寂灭精妙未圆。若于圆融清净觉明发研深妙，即立涅槃，而不前进；生胜解者，是人则堕定性辟支，诸缘独伦不回心者成其伴侣。迷佛菩提，亡失知见。是名第十，圆觉泯心，成湛明果，违远圆通，背涅槃城，生觉圆明不化圆种。阿难，如是十种禅那，中途成狂，因依迷惑，于未足中生满足证，皆是识阴用心交互，故生斯位。众生顽迷，不自忖量，逢此现前，各以所爱先习迷心，而自休息，将为毕竟所归宁地；自言满足无上菩提，大妄语成。外道邪魔，所感业终，堕无间狱；声闻、缘觉，不成增进。汝等存心秉如来道，将此法门于我灭后传示末世，普令众生觉了斯义；无令见魔自作沉孽，保绥哀救，销息邪缘，令其身心入佛知见，从始成就，不遭歧路。如是法门，先过去世恒沙劫中，微尘如来乘此心开，得无上道。识阴若尽，则汝现前诸根互用，从互用中，能入菩萨金刚干慧，圆明精心，于中发化，如净琉璃，内含宝月；如是乃超十信、十住、十行、十回向、四加行心，菩萨所行金刚十地，等觉圆明，入于如来妙庄严海，圆满菩提，归无所得。此是过去先佛世尊，奢摩他中，毗婆舍那，觉明分析微细魔事。魔境现前，汝能谙识，心垢洗除，不落邪见。阴魔销灭，天魔摧碎，大力鬼神褫魄逃逝，魑魅魍魉无复出生。直至菩提，无诸少乏，下劣增进，于大涅槃心不迷闷。若诸末世愚钝众生，未识禅那，不知说法，乐修三昧，汝恐同邪，一心劝令持我佛顶陀罗尼咒；若未能诵，写于禅堂，或带身上，一切诸魔所不能动。汝当恭钦十方如来，究竟修进，最后垂范。"

详示五阴魔境有五科，今为第五示识阴境也，即经第十卷第八页末后，及第九页初"阿难，彼善男子，修三摩提，行阴尽者"至同卷十四页前面第七、第八行"十方如来，究竟修进，最后垂范"五页半文也。

示识阴境，亦有三科：初明尽未尽相，次明十种现境，后为结劝弘宣。此后复有总劝八行经文，总结五大科也。

初明尽未尽相，此中有二：初明识阴区宇，次明识阴尽相。

明识阴区宇者，初明行阴尽相，次明识阴现相。

"世间性"，谓世间法同以行阴生灭为性也。"幽清扰动"，此行阴之相也。行阴隐密，故言"幽"；离想浮动，故言"清"；"扰"亦是动，谓生灭也。同分生机者，一切众生，同以生灭为机要也。倏然隳裂者，修胜定故，生灭机要忽尔而破也。沉细犹隐密也，纲纽犹机要也。十二类生，皆以行阴为纲纽，而此纲纽，沉隐微细，不易识也。补特伽罗，义为数取趣，总指十二类生也。酬业深脉，指行阴，酬业谓果报，深脉谓幽深之脉络。行阴生灭，生灭即业，由业感果，果以酬业。行阴幽深，而能感果，故言"深脉"也。业能感果，故言"感"；果以酬业，故言"应"。行阴尽故，即无有业，是则无感；业因既亡，果报亦息，是则无应。因果皆亡，故言"悬绝"。如以绳悬物，悬绝则无所系矣。"涅槃"名第一义天。得无生忍，名"大明悟"。明悟在近，故名曰"将"。五阴在如长夜，阴都尽如大明。前三阴尽，如鸡初鸣；惟有一阴，故言"将大明悟"。言无明长夜，尽在不久，涅槃性天，明悟在近。"瞻顾东方，已有精色"，言东方初现微明，天将晓也。此言行阴尽相也。

行阴既尽，生灭已息，故虽有六根，无复驰逸。生机已灭，故为"虚"；根不驰逸，故为"静"也。内外湛明者，内灭生机，外不驰逸，故为"湛明"。湛者深也，明者照也。行阴为浮根尘究竟枢穴，今行阴尽，枢穴已空，虽欲深入，而无可深入，故曰"入无所入"也。受命元由者，谓识阴也。十二类生，皆以藏识种子为受命元由也。观此识阴，名为"观由"。执持元由，不复趣果，名为"执元"。由是不复于十二类中受生，故言"诸类不召"。召犹招也。十方世界一切众生依之与正，皆识所变，同以识为体。识阴现，故言"获其同"也。精色者，即前文"已有精色"之"精色"同义。不沉者，不复沉隐也。行阴尽故，言"已有精色"；识阴现故，言"精色不沉"。皆谓涅槃性天，将大明也。识阴深细，故言"幽秘"。今已显见，故曰"发现"。此言识阴现相也。行阴已尽，识阴始现。自此至识阴尽前，皆为"识阴区宇"也。

明识阴尽相者。群召，谓十二类生受生之因，即"受命元由"是也。一切众生，依之与正，皆识所变，同以此识为本，识阴现故，已获其同也。即于同中，"销磨六门"。六门，六根之门也。"合"谓合一，"开"谓开通。合六根门，而为一体，令见闻觉知，互相为用。六根互隔，犹如邻里，今通而为一，故言"通邻"。此乃天台所明，六根清净，即十信相似位也。世界身心，皆唯识现，今识阴尽，唯见觉体。觉体明妙，如净琉璃，一无障碍，故"内外明彻"，是为识阴尽也。"命"体即识阴也，识阴已尽，故超命浊，识是觉明初起，虚无影像，元无自体。罔象，不实貌。此言识由迷于觉体而起，唯是虚无不实，昏迷颠倒之妄想而已，此言识阴尽相也。

次明十种现境，即有十章。如是十章，皆有两节：初、约其所计，二、判属邪徒。

第一，因所因执。穷诸行空，行阴尽也。于识还元，返识循元也。此处言"元"，非指妙明，乃赖耶初形之时，谓元也。已灭生灭，灭行阴也。"而于寂灭，精妙未圆"，以识阴未破，犹有微细生灭，未臻寂灭，故精真妙明，未得圆满。此言识阴欲尽未尽时也。根隔合开者，暂于观中令己自身六根互用也。诸类通觉者，亦见诸类众生同以此识为体也。觉知通淴淆者，谓六知根淴合无隔也。能入圆元者，圆元，谓识元也。诸识之本，故名为"元"；遍一切法，故言"圆"也。入者，以识元为所入，而归向之也。所归，即识元也。立真常因者，立此识元为真实常住，能生一切诸法之因也。而实识元，犹有微细生灭，非是常住，虚妄颠倒，非是真实。诸法无生，非因缘生，今立识元为真常因。是第一种妄见也。

因所因执者，因，谓万法之因；所因，指识元。执识元为真常，是万法之因，故名"因所因执"。而实万法无因，虚妄生灭。今计有因，为真为常，即与外道所执冥谛同也。娑毗迦罗，认藏识为冥谛，谓从冥谛生一切法。立识元为万法之因，且以之为所归之果。是则违圆通而背涅槃，堕于外道种类中矣！

第二，能非能执。若于所归览为自体，"所归"即识元也。前计识元为真常，能生万法，为所归之果。今揽此识为我自体，谓一切众生皆从我身流出。是第二种妄见也。

能非能执者，计我为能生，而我实非能生也。以一切众生皆由自识变现，非我能生彼也。摩醯首罗，即大自在天。现无边身者，此天妄计我能现起无边众生也。计我能生彼，能成彼事，为"大我慢"。我遍一切，名"我遍圆"。

第三，常非常执。即于都起所宣流地者，都起，谓自己身心与十方虚空所生起也。宣流地，谓宣通与流出之处也。此计本识能生身心世界，身心世界皆从此处宣通流出，遂执本识是真是常，不生不灭，以此为所归依也。而实本识是生灭法，本觉常住，迷而不解，本识生灭，执为真常，沉迷于此，坚执不转。是第三种妄见也。

常非常执者，执本识为常住，而实非常住也。自在天，即摩醯首罗，此天现有生灭，妄计为常。成其伴侣者，此计本识以为常住，与计自在天为常住者同也。以非常为常，故名"倒圆"也。

第四，知无知执。"若于所知，知遍圆故"，"所知"

即识阴也。识能变现一切诸法，遂执一切诸法亦复有知，名"知遍圆"。"因知立解"等，由此执故，计十方草木，皆有知识，皆为有情。无择遍知者，谓于有情无情，无所拣择，一切有知，决定不谬。是第四种妄见也。

草木无知，执为有知，故云"知无知执"。婆吒霰尼，即《涅槃经》中婆私吒及先尼也。执一切觉，谓执一切草木等皆有知觉。以无知为有知，名"倒知"也。

第五，生无生执。根互用中已得随顺者，于观行中六根互用，暂得相应也。于一根中圆发诸用，遂计一切法皆能"圆化"，"发生"圣果。圆化，谓一切变化。发生，谓一切法中皆能发生常住之果。是故求火乐水，爱风观尘，各各崇事。是第五种妄见也。

四大之性，实不能生常住之果，执为能生，故云"生无生执"。"迦叶波"等，事火外道也。迷失唯心所现之理，而于四大随顺崇事，以求常住，因果俱妄。一切诸法，同名变化，颠倒虚妄，计为常住，故名"颠化"。

第六，归无归执。执识心中空虚无物，为"明中虚"也。一切诸法，皆变化有，名为"群化"。非者破也，灭者无也。四阴已尽，识心空虚，便非灭诸法，谓悉皆空无，此断灭邪见也。永灭依者，谓彻底断灭，以此为归依之处也。是第六种妄见也。

归于无归，名"归无归"。舜若多者，虚空之神。以断灭因，成断灭果，此即无想外道之类也。

第七，贪非贪执。"若于圆常，固身常住"者，识阴精明，湛不摇处，名之为常。遂谓色身亦应常住，同于识精。是第七种妄见也。

色身虚妄，本是无常，实不可贪，以为长久。今坚贪著，妄执长生，故云"贪非贪执"。阿斯陀者，长寿仙也。命元者，生命之元，外道执为常住者也。"长劳"之"劳"，应作"牢"。以坚固妄想为因，求长久坚牢之果。妄延者，妄冀延年也。

第八，真无真执。观命互通者，"命"为命元，即是识阴，是十二类生受命之元。一切众生同以识阴为受命之元，故言"互通"。识阴若尽，一切众生命即皆尽，故却留尘劳，不欲证真，由是广化七珍，多增宝女，恣受欲乐，增长生死，图命不灭。是第八种妄见也。前之七种，通名外道，此则邪魔而已。

本求证真，今反纵欲，是以非真为真，故云"真无真执"。吒枳迦罗，未见正译。此既能化欲境受用，即是欲界自在天类也。以邪思惟为因，炽盛欲事为果，是天魔也。

第九，定性声闻。命明者，因穷识阴，深明众生受命元由。受命元由，即生死根本也。苦集为粗伪，道灭为精真。修道为因，感灭为果。法界平等，无生无灭，名"清净道"。证灭已休，更不前进，是为"背清净道"。是第九种妄见也。

迷识阴为涅槃，是为"无闻"。未得谓得，未证谓证，故云"增上慢者"。唯欲证灭，名为"精应"；居灭已休，名为"趣寂"。为空寂之所缠缚，名"缠空"也。

第十，定性缘觉。圆融觉明，即识精也。立此为涅槃，不知实是流注。住于此处而不前进，以是堕为定性缘觉。是第十种妄见也。

认识精之觉了，修还灭之泯心，守流注之湛明，乏悲化之妙用，为"不化圆种"也。

后为结劝弘宣，即经"阿难，如是十种禅那"至"圆满菩提，归无所得"十三行半文也。

中途成狂者，犹在观行，未至相似，故言"中途"也。十种现境中，前七是外道，八是邪魔。如是等类，"所感业终，堕无间狱"。后二已断见思，登于圣位，故但云"不成增进"也。如是十种，皆名"见魔"。前八迷一真谛，起界内邪见；后二迷于中道，起界外邪见。无有一佛不破五阴而得菩提者，五阴都尽，心得开明，故曰"乘此心开，得无上道"。诸根互用，即圆教相似七信，界内思惑已尽也。便能从此超历诸位，经信、住、行、向、四加行心、十地、等觉，而至妙觉。妙庄严海，是福究竟；圆满菩提，是智究竟；归无所得，是理究竟。福即解脱，智即般若，理即法身。不纵不横，三德秘藏，于兹具显。

总结劝者，即经"此是过去先佛世尊"至"究竟修进，最后垂范"八行文也。

此是总结别显五阴魔境中五大科文也。修止观之人破五阴时，激动无始界中无明烦恼种子，每一阴有十种，故有十种阴魔。若不先觉，信邪为正，即被魔娆，堕于无间。故佛兴大悲，详示魔境，令末世行人得以辨认，直趣菩提，不遭邪魔。此是十方如来究竟了义之说，又是出世最后时说，故云"最后垂范"也。

详明五阴魔境中第二别显五阴已竟。

丙三、除断顿渐

阿难即从座起，闻佛示诲，顶礼钦奉，忆持无失。于大众中重复白佛："如佛所言，五阴相中，五种虚妄为本想心，我等平常未蒙如来微细开示。又此五阴，为并销除？为次第尽？如是五重，诣何为界？唯愿如来发宣大慈，为此大众清净心目，以为末世一切众生作将来眼。"

佛告阿难："精真妙明，本觉圆净，非留死生及诸尘垢，乃至虚空，皆因妄想之所生起。斯元本觉，妙明真精，妄以发生诸器世间，如演若多迷头认影。妄元无因，于妄想中立因缘性，迷因缘者称为自然，彼虚空性犹实幻生，因缘、自然，皆是众生妄心计度。阿难，知妄所起，说妄因缘；若妄元无，说妄因缘，元无所有，何况不知，推自然者？是故如来与汝发明，五阴本因同是妄想。汝体先因父母想生，汝心非想，则不能来想中传命。如我先言：心想醋味，口中涎生；心想登高，足心酸起。悬崖不有，醋物未来，汝体必非虚妄通伦，口水如何因谈醋出？是故当知：汝现色身名为坚固第一妄想。即此所说临高想心，能令汝形真受酸涩。由因受生，能动色体，汝今现前顺益违损，二现驱驰，名为虚明第二妄想。由汝念虑，使汝色身，身非念伦，汝身何因随念所使种种取像，心生形取，与念相应？寤即想心，寐为诸梦，则汝想念摇动妄情，名为融通第三妄想。化理不住，运运密移，甲长发生，气销容皱，日夜相代，曾无觉悟。阿难，此若非汝，云何体迁？如必是真，汝何无觉？则汝诸行念念不停，名为幽隐第四妄想。又汝精明湛不摇处，名恒常者，于身不出见闻觉知，若实精真，不容习妄。何因汝等曾于昔年睹一奇物，经历年岁，忆忘俱无，于后忽然复睹前异，记忆宛然，曾不遗失？则此精了湛不摇中，念念受熏，有何筹算？阿难，当知此湛非真。如急流水，望如恬静，流急不见，非是无流，若非想元，宁受妄习？非汝六根互用开合，此之妄想无时得灭。故汝现在见闻觉知，中串习几，则湛了内，罔象虚无，第五颠倒微细精想。阿难，是五受阴，五妄想成。汝今欲知因界浅深，唯色与空是色边际；唯触及离是受边际；唯记与忘是想边际；唯灭与生是行边际；湛入合湛，归识边际。此五阴元重叠生起，生因识有，灭从色除。理则顿悟，乘悟并销；事非顿除，因次第尽。我已示汝，劫波巾结，何所不明，再此询问？汝应将此妄想根元心得开通，传示将来末法之中诸修行者，令识虚妄，深厌自生，知有涅槃，不恋三界。"

流通分有四：初为文殊请问经名，次为广辨七趣因果，三为详明五阴魔境，四为显示弘持功德。

三、详明五阴魔境，复有三科：初为总明真妄，次为别显五阴，后为除断顿渐。前二科已讲讫，今为第三除断顿渐也。

除断顿渐者，从经第十卷十四页前面第八行"阿难即从座起，闻佛示诲"至同卷十六页后面第七行"知有涅槃，不恋三界"二页又七行余文也。

除断顿渐，复有两科：初、阿难问，次、如来答。

"阿难即从座起，闻佛示诲"至"以为末世一切众生，作将来眼"五行经文，阿难问也。问有三意：一、问妄想，次、问除断，三、问边际。诣何为界，谓以何处为边际也。

如来解答，亦有三章：初、答妄想，次、答边际，

三、答除断。如是三章，要在除断。

初答妄想者，"精真妙明，本觉圆净，非留生死，及诸尘垢"，此显真觉之中本无妄想也。死生，苦道也。尘垢，业与烦恼也。无有死生及尘垢者，谓无惑业苦三道也。业由惑起，苦由业感，总之皆是妄想而已！

"乃至虚空，皆因妄想之所生起"至"如演若多，迷头认影"不足二行文，此言众生世间与器世间，皆由妄想之所生也。虚空无为，尚是妄想所生，岂况一切有为之法乎！

"妄元无因，于妄想中立因缘性"至"五阴本因，同是妄想"四行余文，此言五阴全是妄想，非因缘生，非自然有也。妄者，虚妄，谓非真实。譬如有人，谓绳为蛇，谓机为鬼。本无蛇鬼，虚妄言有，何可说言，以某种因缘，故有蛇鬼？更不可说，如是蛇鬼是自然有也。于妄想中立因缘性者，谓本非因缘，言因缘者，唯依妄想而立耳。"彼虚空性，犹实幻生"者，谓虚空无为，尚是幻生，何况世界及与众生？若知妄之起处，可说妄有因缘。妄本是无，则更有何因缘可说？何况不知，执为自然！

"汝体先因父母想生"至"第五颠倒微细精想"二十行不足文，此显五阴同是妄想也。

初显色阴是妄想。色阴，即自己身体及器世间也。文中但显自己身体是妄，以是推知器世间亦妄想之所生也。

我今此生，托父母遗体以为身。父母遗体，本从想爱流出；识托于中，亦由想爱而来。执此遗体以为胜境，由是结成胎藏。是则三处，皆是妄想。以妄想故，成此色身。犹如心想酢味，口中涎生，酢物未来，口水如何因谈而出？如是色阴名坚固者，以此色身似有体质，宛然可见，其实只是妄想而已。

次显受阴是妄想。受谓领受前境。境本虚妄，而能动色体，生起苦乐。犹如临高想心，能令足心真受酸涩。如是受阴名虚明者，照境而领，虚通无碍，其实只是妄想而已。

三显想阴是妄想。想谓念虑，而能驱役此身。"心生"是想，"形取"则身随之矣。若人醒时，由想役身；若人寐时，因想成梦。如是心想名融通者，融通心色，摇动妄情，驱役色身，其实只是妄想而已。

四显行阴是妄想。行阴谓生灭迁流。"甲生发长，气销容皱"者，谓此色身念念生灭，新新不住，是即行阴之相也。前以心识迁流为行阴相，此以色身生灭为行阴相，其义一也。若此行阴非我身者，云何我身为彼所迁？若此行阴即是我身，云何我今了不知觉？非我既不可，是我又无凭，宛转虚妄，不可穷诘。如是行阴名幽隐者，幽微沉隐，难于觉察，其实只是妄想而已。

五显识阴是妄想。此以见闻觉知为识阴之相。识之根本，乃赖耶也。若此识阴是精真者，不容习妄。今能受熏持种，是习妄也。如是识阴，似是真常，实非真常。犹如暴流，望如恬静，而实流注不息。须至六根互用，相似位中，任运破见思时，方能灭除分段之识。"见闻觉知，中串习几"者，谓此赖耶是诸识之中串习几要，所言"精明湛不摇处"也。罔象，似有实无之状。非有形质，故曰"虚无"。似真实妄，故言"颠倒"。望前诸阴，最为微细，故言"微细精想"也。

"是五受阴，五妄想成"，此五即是众生所受报法，故通名"受"。此结五阴同是妄想也。

初答妄想竟。

次答边际者，"汝今欲知因界浅深"至"湛入合湛，归识边际"二行半文是也。边际者，界限之极际也。界亦因义。

"唯色与空，是色边际"者，色谓形色，空谓显色。无色之处，名为虚空，而实虚空亦是色之所显。故色与空，为色阴界限之极际也。

"唯触及离，是受边际"者，触有顺违，故有苦乐二受，离无违顺，则为舍受。故触与离，为受阴界限之极际也。

"唯记与忘，是想边际"者，想谓取像攀缘。记忆固是攀缘，忘失亦非无缘。以忘失但是心性昏昧，非无攀缘也。故记与忘，为想阴界限之极际也。

"唯灭与生，是行边际"者，行阴唯是生灭。略举生灭，以摄于异。唯灭与生，为行阴界限之极际也。

"湛入合湛，归识边际"者，湛者，澄寂不动之义。澄生灭之行阴，入于精明湛不摇处，为"湛入合湛"。归者，以识阴为诸法之极际而归之也。

三答除断者，"此五阴元，重叠生起"至"何所不明，再此询问"二行余文是也。言除断者，谓顿除与渐尽之义也。

从细至粗，从内感外，为"重叠生起"。一切诸法，唯识所变，故"生因识有"。先悟色空，后除诸阴，故"灭从色除"。名字位中，悟五阴空；观行位中，观五阴空；相似位中，除分段五阴；分证位中，除变易五阴；妙觉究竟，诸阴都尽。一阴尽故，四阴俱销，是为"乘悟并销"。譬如掘井，名字位中，如知地中有水；观行位中，如施工不已；相似位中，如见湿土；分证位中，如得清泉；究竟位中，如掘井已成，惠利多人。功有次第，事非顿成，是为"因次第尽"。渐中有顿，顿中有渐。知并销故，能开妙慧；知次第故，不废精进。

劫波巾结者，巾喻真性，结喻五阴。结尽解已，唯有巾在，诸阴除灭，唯一真性。何所不明，而劳再问耶？

"汝应将此妄想根元"至"知有涅槃，不恋三界"二行文，结劝弘宣也。

"妄想"谓五阴，"根元"谓根本。五阴摄一切法，故一切法皆以妄想为根本也。知五阴是妄想故，即悟一切诸法唯是虚妄，了无真实。于是深厌生死，求趣涅槃，何三界之可恋乎？

流通分中第三详明五阴魔境已竟。

乙四、显示弘持功德

"阿难，若复有人遍满十方所有虚空，盈满七宝，持以奉上微尘诸佛，承事供养，心无虚度，于意云何，是人以此施佛因缘，得福多不？"

阿难答言："虚空无尽，珍宝无边。昔有众生施佛七钱，舍身犹获转轮王位，况复现前虚空既穷，佛土充遍，皆施珍宝，穷劫思议尚不能及，是福云何更有边际？"

佛告阿难："诸佛如来，语无虚妄。若复有人身具四重十波罗夷，瞬息即经此方他方阿鼻地狱，乃至穷尽十方无间，靡不经历。能以一念，将此法门于末劫中开示未学，是人罪障应念销灭，变其所受地狱苦因成安乐国；得福超越前之施人百倍、千倍、千万亿倍，如是乃至算数譬喻所不能及。阿难，若有众生能诵此经，能持此咒，如我广说，穷劫不尽；依我教言，如教行道，直成菩提，无复魔业。"

佛说此经已，比丘、比丘尼、优婆塞、优婆夷、一切世间天人、阿修罗，及诸他方菩萨、二乘、圣仙童子，并初发心大力鬼神，皆大欢喜，作礼而去。

流通分第四显示弘持功德者，即经第十六页后面第七行"阿难，若复有人"至经终"皆大欢喜，作礼而去"十六行不足文也。

十方虚空，盈满七宝，广大心也；奉上诸佛，承事供养，第一心也；心无虚度，长时心也。如是布施，心境俱胜，故所获福德无有边际。弘者，说法也。以此法门开示末学，灭罪得福，不可思议。持者，诵持也。能诵此经，能持此咒，直成菩提，无复魔业。弘言福德，持言智慧。而实弘经亦得智慧，诵持亦获福德，绮互言耳。说法为弘，诵持为持，弘有弘的意义，持有持的意义，故用"弘持"二字。同服醍醐，咸沾妙益，故欢喜也。

解全经已竟。(《大意》中所说经文页数行数，均依上海市佛教协会一九八七年印行本。)